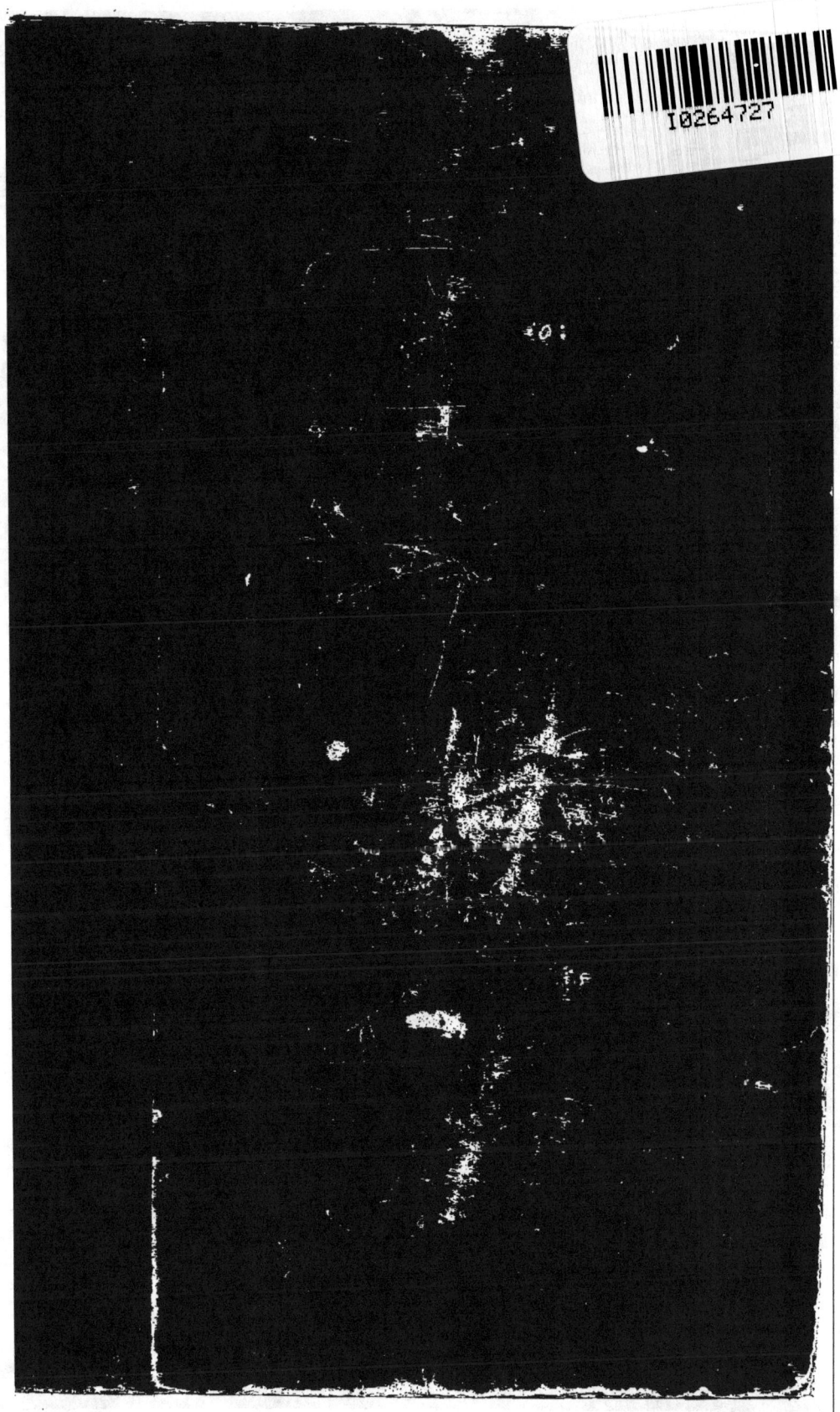

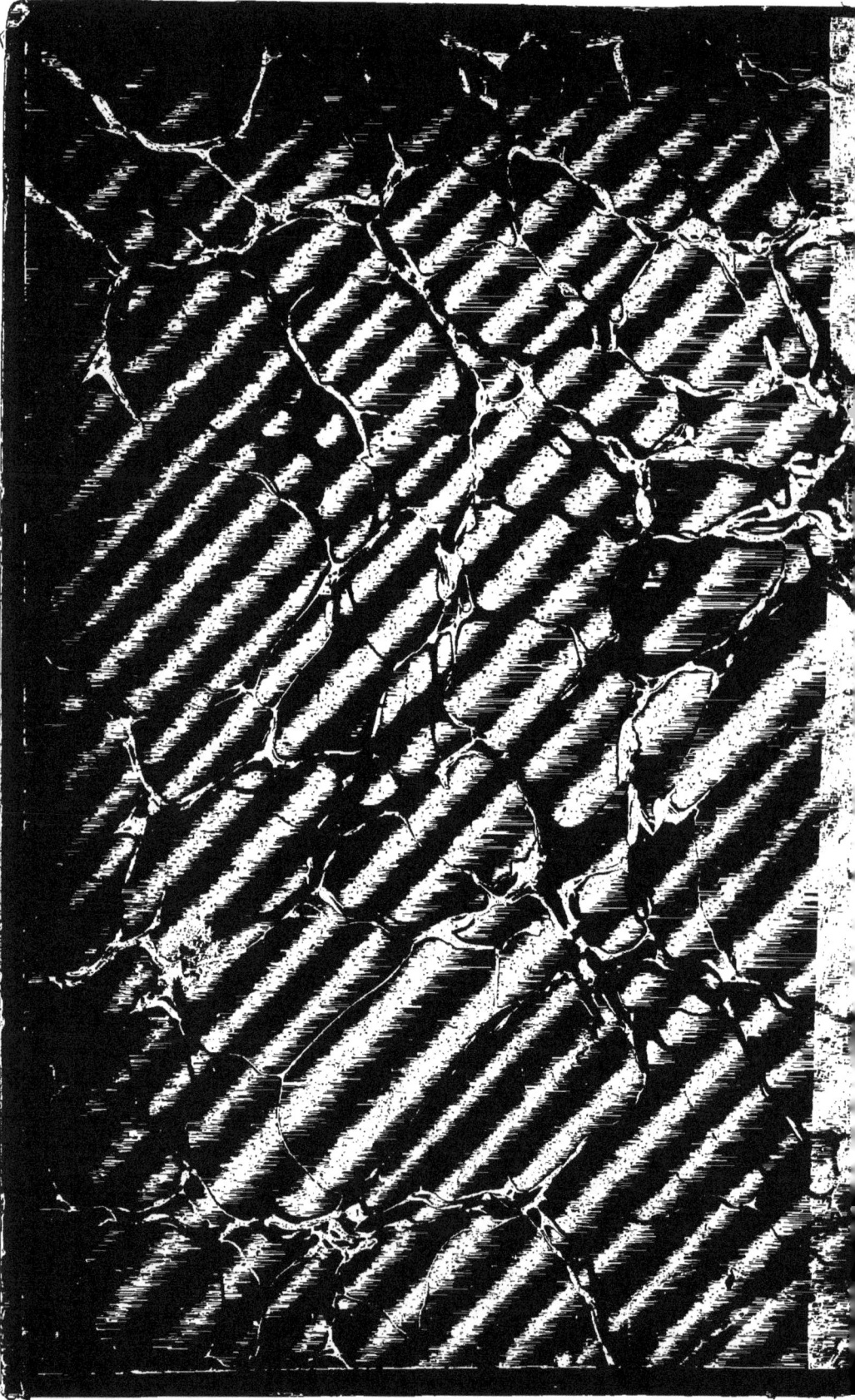

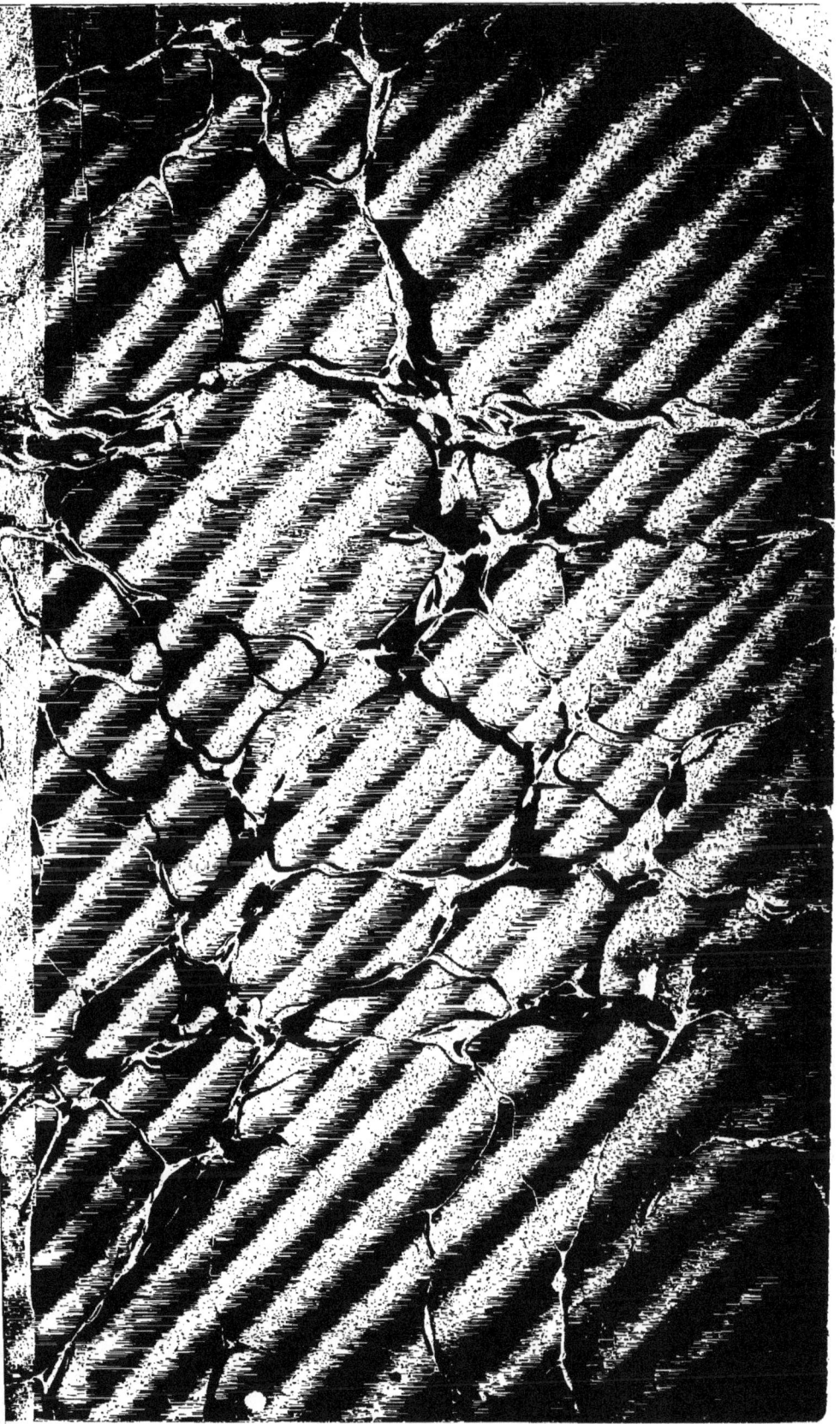

UNE NIÈCE DE MAZARIN

LA

PRINCESSE DE CONTI

D'APRÈS

SA CORRESPONDANCE INÉDITE

PAR

ÉDOUARD DE BARTHÉLEMY

PARIS
LIBRAIRIE FIRMIN-DIDOT ET Cie
56, RUE JACOB, 56

1875
Tous droits réservés

ANNE-MARIE MARTINOZZI

PRINCESSE DE CONTI.

Paris. — Typographie de Firmin-Didot et Cie imprimeurs de l'Institut, rue Jacob, 56.

UNE NIÈCE DE MAZARIN

LA
PRINCESSE DE CONTI

D'APRÈS

SA CORRESPONDANCE INÉDITE

PAR

ÉDOUARD DE BARTHÉLEMY.

PARIS
LIBRAIRIE FIRMIN-DIDOT ET CIE
56, RUE JACOB, 56

1875.

Tous droits réservés.

A

MADAME LA COMTESSE DE MERCY-ARGENTEAU

NÉE CHOISEUL-PRASLIN.

Ma cousine,

Je vous remercie de m'avoir permis de présenter au public, sous votre patronage, celle des nièces de Mazarin qui devint princesse de Conti.

Bien différente de ses cousines, Anne-Marie Martinozzi ne fut pas comme Olympe Mancini, comtesse de Soissons, impliquée dans des intrigues sans fin et compromise par de terribles accusations; ni comme Marie Mancini; qui, après avoir failli épouser Louis XIV, mena avec le prince Colonna une vie d'aventures dénouée par le divorce; ni comme Hortense Mancini, qui abandonna aussi son mari et fut la reine d'une cour de lettrés à Londres; ni comme Marie-Anne Mancini, qui rendit médiocrement heureux le duc de

Bouillon, mais eut au moins le mérite d'être la première protectrice de la Fontaine. On ne peut la comparer qu'à Laure Mancini, si parfaite, suivant les contemporains, que son mari, le duc de Mercœur, inconsolable de sa perte, entra dans les ordres, et à sa sœur, Laure Martinozzi, duchesse de Modène, femme de tête et de vertu, très-Française par le cœur,

La princesse de Conti d'ailleurs a fait moins parler d'elle, et il serait même difficile de raconter sa vie, si le temps n'avait respecté une précieuse correspondance qui met en pleine lumière son âme toute de foi, de dévouement et de passion. A ce titre, c'est une figure originale au milieu du dix-septième siècle, où les grandes dames ne brillèrent pas précisément par de grandes démonstrations d'amour à l'égard de leurs maris. C'était une femme douée de tous les dons enviables et dont ses contemporains ont unanimement loué la vertu : « C'étoit une sainte, » a dit Mme de Sévigné ; jugement que formula pareillement Massillon en prononçant l'oraison funèbre du prince François-Louis, son second fils.

Je souhaite que vous pensiez comme moi qu'une pareille femme méritait d'être tirée de l'oubli, et que vous appréciiez ce livre avec une bienveillance égale à celle dont vous avez fait preuve pour ses devanciers.

·Veuillez, ma cousine, agréer de nouveau mes remercîments, avec l'expression de mon respectueux attachement.

E. DE BARTHÉLEMY.

Paris, le 14 août 1875.

PRÉFACE.

Nous mettons aujourd'hui en lumière une des figures de femmes les plus sympathiques qu'ait produites le dix-septième siècle. Nous voulons parler d'Anne-Marie Martinozzi, l'une des nombreuses nièces de Mazarin, qui épousa le prince de Conti. Un écrivain agréable, mais qui n'aimait pas assez à creuser les sujets qu'il étudiait, a consacré un très-intéressant volume aux nièces de l'Éminence italienne, et nous avons été profondément surpris en le voyant accorder treize pages seulement à l'histoire de la vie véritablement très-curieuse d'Anne-Marie Martinozzi. M. Amédée Renée n'a pas même eu connaissance de la volumineuse correspondance de la princesse, soit avec son mari, soit avec son directeur spirituel, conservée à la Bibliothèque de la rue Richelieu, non plus que du passage important que lui attribuent les rédacteurs du Nécrologe de Port-Royal, qui la comptaient à bon droit parmi leurs plus zélés protecteurs. Ces lettres avaient déjà attiré l'attention d'un érudit auquel échappent bien peu de curiosités. M. Ludovic Lalanne, dès 1860, en avait inséré dans son excellente et regrettable *Correspondance littéraire* un certain nombre, surtout de celles écrites par la princesse à son mari. Nous avions été frappé, en parcourant ces extraits, de la chaleur des sentiments de son auteur, de l'amour profond, ardent même, voué par Anne-Marie à son époux, qui semble l'avoir médiocrement mérité, puis des élévations religieuses qui marquent la seconde partie de la correspondance et lui donnent un cachet tout à fait différent. Nous avons voulu rechercher alors tout ce que les contemporains avaient dit et écrit sur cette princesse ; nous avons interrogé Mlle de Montpensier, Mme de Sévigné, Mme de

Motteville, l'abbé de Cosnac, l'abbé de Choisy, et il nous a semblé que ces notes, jointes à des détails inédits que nous avons été assez heureux pour retrouver, pourraient servir à composer une étude qu'on ne lirait pas sans intérêt.

Nous y avons ajouté un certain nombre de pièces curieuses et peu connues, et nous avons cru que nos lecteurs verraient également avec plaisir de courtes notices sur les deux fils de la princesse de Conti.

ANNE-MARIE MARTINOZZI

PRINCESSE DE CONTI.

CHAPITRE PREMIER.

Naissance de Mlle Martinozzi. — Le prince de Conti. — Négociation de leur mariage. — L'abbé de Cosnac. — Le duc de Candale. — Mariage. — Vardes. — Ses tentatives galantes. — Colère du prince. — Le prince en Catalogne. — Lettres de la princesse. — Séjour à Sedan. — Le roi en devient amoureux. — Éclat à Péronne. — Jalousie du prince. — Il la fait partir de la cour. — Un accident retarde le départ. — Séjour à Montpellier. — Mort de Sarrasin. — Cosnac négocie à la cour pour le prince. — Esprit. — Le prince retourne à l'armée. — La princesse à la Grange. — Reprise de la correspondance. — Cosnac à la Grange. — Retour du prince (janvier 1654 — octobre 1655).

Anne-Marie Martinozzi était fille de Jérôme Martinozzi que les généalogistes officiels qualifient de noble et de comte romain, et de Marie Mazarini, sœur aînée du cardinal. Devenue veuve de bonne heure, et restée peu riche, paraît-il, avec deux filles, Mme Martinozzi dut éprouver un grand soulagement quand, en 1648, son frère la pria de lui envoyer sa fille aînée avec deux de ses nièces Mancini. Mme de Noailles vint chercher en grand équipage ces jeunes filles à Rome et elles furent traitées, en France, sur un pied véritablement princier : leur gouvernante ne fut autre que la marquise de Sénecé qui avait rendu les mêmes services au roi. Mme de Motteville raconte l'arrivée de ces jeunes Italiennes, toutes très-diversement jolies et appelées à une si brillante existence loin de leur patrie : « Mlle de Martinozzi, dit-elle, étoit blonde ; elle avoit les traits du visage beaux et de la douceur dans les yeux. » La reine reçut ces enfants avec une faveur exceptionnelle, envoyant une de ses dames au-devant d'eux jusqu'à Fontainebleau, tandis que le cardinal affectait une extrême indifférence. Marie-Anne avait alors, d'après Mme de Motteville, neuf ou dix ans ; elle fut installée avec ses cousines chez le cardinal, d'où la reine les fit bientôt sortir pour les loger au Palais-Royal. Nous n'en entendons plus parler ensuite pendant plusieurs années : au mois de mars 1653, Laure Martinozzi fut mandée à son tour à Paris. A ce moment, le cardinal pensait sérieusement à marier Marie-Anne, et il avait agréé les hommages du duc de Candale, jeune et brillant général, héritier unique de la puissante maison de Nogaret de Foix, duc d'Épernon et de Candale, et, de plus, possesseur d'une fortune considérable. C'était aussi un élégant cavalier, âgé de vingt-six ans environ, comptant de nombreux succès dans le monde et qui trouvait dans cette alliance de quoi satisfaire son ambition. Il venait d'être désigné pour commander l'armée de Guyenne, poste grandement envié par le prince de Conti au lendemain des dernières hostilités de la Fronde dans le Bordelais. Comme ce prince s'en exprimait amèrement devant son secrétaire Sarrasin, celui-ci lui dit un peu brusquement qu'il ne tiendrait qu'à lui d'exercer ce commandement ; le prince le pria de s'expliquer : « Faites ce qui va faire M. de Candale général d'armée[1] ! » Cette allusion soudaine et directe au mariage du duc avec l'une des nièces de Mazarin, frappa le prince de Conti, qui ne parut nullement s'en formaliser. Sarrasin ne laissa pas les choses se refroidir, et il se

[1] Cosnac.

mit à développer avec une excessive chaleur les avantages d'une pareille alliance, sans que le prince songeât ni à l'arrêter, ni même à le blâmer. De ce jour, Sarrasin, convaincu de la possibilité de faire réussir ce plan, certain que son succès ferait sa fortune, « en devint tellement amoureux » qu'il ne cessa plus d'en parler à son maître, sans paraître jamais l'importuner, ce qui redoublait son zèle.

Armand de Bourbon Condé, prince de Conti, était un homme d'un caractère faible, irrésolu, et envieux de l'illustration qu'avait conquise son frère. Agé de vingt-quatre ans au moment où il paraît dans ce récit, il avait dû à la faiblesse de sa constitution, à son imperfection physique, d'être destiné à l'Église, et il fut de bonne heure pourvu à ce titre des plus riches bénéfices. Mais un beau jour, émerveillé d'une revue à laquelle il avait assisté, ému par la gloire militaire qui entourait déjà le nom du prince de Condé, il réclama une épée, entraîné d'ailleurs dans cette voie par sa sœur, la duchesse de Longueville, qu'il aimait passionnément et qui exerça toujours sur lui une influence décisive. Elle le décida ainsi, comme premier usage de sa liberté, à la suivre dans le parti de la Fronde, après avoir paru attaché à la cour pendant quelques semaines. Arrêté et incarcéré à Vincennes avec son frère en 1650, il reprit ensuite sa place dans l'état-major des rebelles, toujours sous la main de sa sœur. Demeuré d'abord auprès de la princesse de Condé en Berry (septembre 1651), il reçut le titre de lieutenant général de son frère avec le gouvernement de Bordeaux, que, de fait, la duchesse de Longueville partageait avec lui (1652). Il venait de montrer des qualités sérieuses dans son commandement d'Agen et une éclatante bravoure au siége de Miradoux, mais il n'avait ni les habitudes laborieuses, ni la fermeté, ni la suite d'idées d'un administrateur et d'un général : il avait besoin d'être conduit, et la tâche était rendue très-difficile par l'excessive susceptibilité de son caractère ombrageux, jaloux et dominant. A ce moment, il commençait à s'émanciper : un sentiment assez vif qu'il avait éprouvé l'année précédente pour Mlle de Chevreuse qu'on lui avait même destinée, le besoin qu'on avait de lui, le plaisir d'être son maître et de trôner dans une espèce de capitale, les adulations de serviteurs empressés, tout se réunissait pour le porter à secouer le joug et à trouver sa sœur infiniment moins aimable : il résultait de cette situation des tiraillements sans cesse accrus qui nuisaient considérablement à la marche des affaires et donnaient au prince un extrême désir de s'en retirer. Le prince s'était fait une petite cour où ses qualités étaient continuellement exaltées et où l'on ne négligeait rien pour lui faire oublier les chastes ardeurs de sa première jeunesse. Là brillaient Sarrasin, secrétaire de ses commandements, « talent délicat, âme servile [1] »; Marigny, « aussi spirituel et plus méchant [2] »; Guilleragues dont Despréaux vantera plus tard les talents de courtisan, Chémeraut, Barbezières, officier de bravoure, mais pas assez scrupuleux. Marigny fut promptement disgracié. Deux lettrés ne pouvaient demeurer au même rang sur un aussi petit théâtre, et il s'en vengea en entretenant de Paris une correspondance par laquelle il sema habilement des ferments de discorde ; Chémeraut s'unit alors à Sarrasin pour capter absolument leur jeune maître, auquel ils n'eurent pas de peine à monter la tête en lui persuadant qu'on le tenait dans un effacement indigne de son nom et de son intelligence : on lui persuada que sa sœur avait des écarts de conduite à se reprocher depuis le siége de Stenay. Chémeraut même alla si loin que le prince dut cé-

---

[1] Cousin. — [2] Ibid.

der aux instances de la duchesse et le renvoyer. Mais d'autres plus habiles et moins scrupuleux jetèrent le prince de Conti dans les bras d'une femme de la ville, jolie et peu cruelle, Mme de Calvimont, chez laquelle il installa sa cour. C'est aussi à ce moment, qu'entre en scène l'aumônier de la maison, Daniel de Cosnac, qui a laissé de si curieux mémoires, prêtre gascon très-fin, très-habile, ennemi du scandale, mais ambitieux et voulant arriver par tous les moyens. Il avait dès longtemps reconnu l'impossibilité de continuer la lutte et voulait mettre fin à la Fronde : il en parla à un officier de l'armée de Bordeaux, le marquis de Chouppe, qui avait lui-même grande envie d'en sortir et qui n'eut pas de peine à ébranler fortement le prince. Survint une assez grave émeute où Conti courut de réels dangers. Cosnac saisit l'occasion et adressa alors au prince les plus sérieuses observations : sa réponse fut de faire partir pour la cour un envoyé chargé de traiter de l'accommodement, tout en cachant soigneusement cette intrigue à la duchesse de Longueville, auprès de laquelle il parut au contraire redoubler de zèle et de résolution. Ses ouvertures furent facilement accueillies et l'arrangement non moins facilement conclu. Mais il ne put ou n'osa quitter Bordeaux, devant lequel le duc de Candale opérait vigoureusement. On signa les articles le 24 juillet 1653.

C'est à ce moment que Sarrasin l'entretint de la possibilité d'un mariage avec une nièce de Mazarin comme devant le faire complétement rentrer en grâce et l'élever promptement à la plus haute fortune. Sarrasin le pressa longuement ce jour-là, en lui faisant remarquer que son frère avait épousé une nièce de Richelieu. Le prince ne rejeta pas la combinaison, mais il voulait avoir l'avis de Cosnac, qui repoussa bien loin Sarrasin, quand il vint par son ordre lui soumettre son projet. « Cependant, raconte l'évêque de Valence, M le prince de Conti ayant appris dans son lit que Sarrasin et moi nous nous promenions dans le jardin, l'impatience le prit. Le chaud du jour étant passé, il se fit habiller et vint à nous. Il me trouva dans une colère qui me mettoit hors de moi. » Mais cette animation excessive de son aumônier « qui crioit que cette alliance était impossible », froissa vivement le prince qui lui répondit très-vertement, en déclarant « qu'il pensoit pouvoir se marier sans son congé ». Cosnac se retira alors, laissant son ami continuer son plaidoyer dans d'excellentes conditions : il y consacra la soirée tout entière. Le lendemain, les deux interlocuteurs singulièrement radoucis se revirent, non sans un certain embarras, à cause de leur éclat; mais le prince mit tout de suite l'abbé de son avis en lui prouvant que son conseil était désormais inutile. « Ne vous y trompez pas, lui dit-il, je veux faire ce mariage ; c'est moi qui me marie et non pas vous ; je ne suis pas un enfant. » Séance tenante, il lui promit un évêché comme cadeau de noces. Cet engagement calma subitement les ardeurs de M. de Cosnac, qui s'en tira en lui répondant : « Hier je fis mon devoir en m'opposant à vos désirs : aujourd'hui je le fais en respectant vos volontés. » L'abbé de Cosnac, rassuré de ce côté, voulut se procurer encore le concours de Langlade que Mazarin avait envoyé en mission d'observation en Guyenne, et qui adopta les projets de l'abbé, appréciant sans peine « que cette affaire étoit capable de lui faire sa fortune ». Langlade était alors assez gravement malade pour garder le lit, et dès le lendemain Cosnac trouva le moyen de faire entrer chez lui le prince de Conti qui ne le connaissait pas, mais auquel son zélé aumônier avait fait comprendre que personne mieux que Langlade ne pourrait servir utilement d'intermédiaire au sujet du mariage auprès le cardinal. L'alliance fut promptement conclue, et Langlade, après plusieurs conférences intimes, promit de partir dès que sa santé serait un peu améliorée et de faire la proposition du mariage toute simple, sans articles ni conditions.

Peu après, Conti vint s'installer au château de la Grange, près de Pézenas, où il avait donné rendez-vous à Langlade, ce qui ne l'empêchait point d'emmener sa cour et Mme de Calvimont : on s'y amusa beaucoup, et c'est à cette occasion que le prince fit un excellent accueil à un comédien qui commençait à faire parler de lui et s'appelait Molière. Cosnac se montra très-vexé du voyage de la belle Bordelaise : le prince la lui cacha d'abord, puis, quand il fut obligé de lui tout avouer, il consentit, sur ses instantes prières, à l'installer chez son trésorier à Pézénas au lieu de la loger à la Grange.

Cependant les nouvelles que l'on reçut de Langlade annonçaient les meilleures dispositions de la part du cardinal, et le négociateur réclamait promptement l'envoi d'une personne de confiance du prince. Sarrasin fut choisi, et avant de partir il eut l'habileté, voulant désarmer le mécontentement probable de Mme de Calvimont, quand elle viendrait à apprendre la mission dont il se chargeait, d'obtenir pour elle la permission de loger à la Grange, ce qui fut facile, le prince de Conti étant fort las de la peine de l'aller voir à la ville. Cosnac demeura l'intermédiaire entre Sarrasin et le prince, car le secret fut merveilleusement gardé dans toutes ces négociations. Les choses se dessinèrent promptement, et la première lettre de l'heureux ambassadeur portait « que les propositions de mariage avoient été reçues par le cardinal avec toutes les démonstrations de joie et même de respect qu'on pouvoit désirer, et qu'on commençoit déjà d'entrer en matière ».

Le prince de Conti savait qu'il y avait alors deux

nièces de Mazarin à marier en France, Mlle Martinozzi et Mlle Mancini, mais peu lui importait celle dont il obtiendrait la main. Sarrasin préférait la première et pressait vivement Cosnac de décider son maître en sa faveur. Le prince continua à montrer une parfaite indifférence, répétant toujours « qu'il épousoit le cardinal et pas du tout une femme ». Une difficulté semblait cependant s'opposer au projet de Sarrasin, puisque nous avons dit qu'à ce moment le beau duc de Candale faisait sa cour à Anne Martinozzi; mais précisément ce fut la cause du succès de l'affaire. Candale, d'après l'abbé de Cosnac, tout à fait dégoûté de ce projet d'alliance, cherchait à rompre décemment et à s'en tirer d'une façon qui pût lui être utile. « Langlade se chargea donc de négocier avec M. de Candale et de ménager qu'il céderoit à M. le prince de Conti Mlle de Martinozzi; mais il ne laissa pas de faire à M. de Candale un grand mérite envers M. le prince de Conti de l'effort qu'il se faisoit en lui faisant ce sacrifice. M. de Candale en usa de même auprès du cardinal, le faisant prier, malgré son engagement, de songer seulement à ses propres intérêts et à la gloire de sa maison. » Le cardinal, fort embarrassé de se tirer d'affaire pour parvenir à satisfaire le prince, qu'on lui montrait désireux d'avoir exclusivement sa première nièce pour femme, agréa avec empressement ces ouvertures: Cosnac représente le duc comme tellement satisfait de s'être dégagé qu'il ne songea même pas à profiter des avantages que lui donnait son apparent sacrifice; mais il ne se montra pas si oublieux de ses intérêts, et, à quelques semaines de là, il était nommé commandant général de l'armée de Catalogne sous le prince de Conti.

Le mariage était donc conclu de fait sans que Mlle Martinozzi semble même avoir été pressentie. Il paraît qu'elle aimait Candale. Cosnac le dit formellement, en se référant pour ce détail aux lettres de Sarrasin. Quant au prince, il ne changea point, considérant probablement toujours qu'il n'épousait pas une femme, mais le cardinal. Il vint passer quelques jours à Montpellier et y oublia promptement Mme de Calvimont pour une demoiselle Rochette, fort jolie, adroite et spirituelle, ce qui amena la disgrâce et le renvoi de l'ancienne maîtresse. Mais malheureusement le prince ne se borna pas à ces nouvelles amours : comme il aimait la bonne chère, il se laissa trop aller aux plaisirs de ce genre à Montpellier, et son pauvre aumônier nous apprend, sans aucun adoucissement de langage, qu'un soir il se laissa entraîner « d'une façon funeste aux plus belles années de sa vie et surtout à Mme la princesse de Conti ». Cet accident changea le cours des idées du prince et ralentit sa passion pour Mlle Rochette : l'arrivée de Sarrasin et de Langlade lui rappela d'ailleurs qu'il avait à s'occuper de choses plus graves. Il montra alors un désir très-impatient de venir à Paris et de pousser la négociation, malgré les efforts faits par Sarrasin pour lui représenter qu'un trop grand empressement lui nuirait en disposant le cardinal à se montrer moins accommodant. Le prince de Conti, suivant son habitude, ne voulut rien entendre : il précipita son voyage, obtenant, chemin faisant, de Mazarin, la promesse du premier évêché vacant. A Auxerre, où il s'était arrêté dans son abbaye, il fut rejoint par Sarrasin et Langlade qui apportaient « les articles faits aussi avantageux qu'on avoit pu ». Le projet de contrat constatait seulement une dot de 200,000 écus au profit de Marie-Anne Martinozzi, et Cosnac ne put s'empêcher d'exprimer son étonnement en rapprochant un avantage, en résumé, aussi mesquin, de la dignité de connétable que le prince avait fait miroiter à ses yeux dans les commencements pour l'amener à approuver sa détermination. Il s'emporta même jusqu'à lancer le papier par terre en s'écriant : « Eh! Monseigneur vous êtes trahi! on nous marie au denier douze[1]! » Le prince, furieux de cette liberté de langage, sauta au cou de l'imprudent aumônier, le poussa dans sa chambre, et là lui lava, paraît-il, le bonnet d'importance. Mais la pique dura quelques heures seulement. Le prince avait cependant signé le projet sans aucune réflexion, et Sarrasin le reporta aussitôt avec Langlade. Avant de quitter Auxerre, le prince envoya la démission de tous ses bénéfices : Mazarin vint à sa rencontre à Villejuif et le ramena au Louvre dans son carrosse (16 février 1654).

Le mariage était donc chose décidée et nous ferons encore remarquer que la fiancée continuait à ne pas être consultée. Pour Conti, qui épousait le cardinal, la chose était indifférente; mais pour Mlle Martinozzi, qui avait aimé sincèrement et aimait probablement encore le beau Candale, il n'en devait pas être de même. Personne en effet n'était moins tentant comme époux qu'Armand de Conti : « C'étoit un zéro, écrit Retz, qui ne se multiplioit que parce qu'il étoit prince du sang. La méchanceté faisoit en lui ce que la foiblesse faisoit de M. le duc d'Orléans; elle inondoit ses autres qualités, qui n'étoient d'ailleurs que médiocres et toutes semées de foiblesses. » Le cardinal de la Fronde était un juge prévenu contre celui qui avait abandonné sa cause. C'était cependant en effet un triste prince. Beaucoup plus jeune que Condé et que Mme de Longueville, né faible, chétif, d'une taille défectueuse, bossu même, pour dire la vérité, il avait une belle tête ornée d'une magnifique chevelure : assez intelligent, réellement brave, il n'avait aucune initiative : il avait besoin d'être conduit, et ce n'était pas chose fa-

[1] « Voulant dire, ajoute-t-il, que pour 200,000 écus une fois payés on lui retirait 100,000 écus de rente en bénéfices. »

cile avec son caractère ombrageux qui dédaignait le second rang, tout en étant incapable du premier. Sa sœur avait soigné son enfance maladive et pris sur lui de la sorte une grande influence qui s'accrut encore quand, après de brillantes études, il sortit du collége des Jésuites de Paris, jeune abbé, amoureux du monde et des plaisirs, et ne voyant dans sa soutane que le moyen de devenir de bonne heure cardinal. Du reste, léger, égoïste, très-personnel, sans suite sérieuse dans les idées, d'une conduite peu morale, comme nous l'avons vu, d'une santé encore plus fâcheuse, tel était le mari que l'ambition de Mazarin allait donner à la plus aimable de ses nièces.

Marie-Anne Martinozzi, en effet, était alors une charmante jeune fille : elle avait environ seize ans : « Elle était belle et bien faite, » constate Mademoiselle [1] et les contemporains parlent volontiers de « cette merveille aux cheveux blonds ». Il ne paraît pas cependant qu'elle ait fait une grande impression sur le prince, car Cosnac se borne, au sujet de sa première visite à Mlle Martinozzi, à dire qu'il « en parut assez satisfait ». Il lui présenta son fidèle et commode aumônier, et l'accueil fut des moins gracieux. « Elle me reçut avec une froideur incroyable ; à peine me fit-elle l'honneur de me regarder ; elle entretint toujours Langlade, sans tourner la tête de mon côté, et s'il n'eût eu pitié de moi, et, l'avertissant que j'étois un homme dont M. le prince de Conti faisoit grand cas, je crois que je serois sorti de sa chambre sans avoir eu un seul de ses regards. Enfin elle me dit deux mots, mais avec tant de crainte, que je m'imaginai qu'on m'avoit rendu de mauvais offices auprès d'elle, et que son humeur étoit bien extraordinaire. » Il s'en plaignit

---

[1] Mademoiselle dit que ce mariage déplut fort au prince de Condé.

sans plus tarder à son maître, qui lui promit de parler à la jeune fille : « En effet, dès le lendemain, il lui parla de moi si avantageusement, qu'elle s'est fort bien souvenue depuis ce temps-là de me mieux traiter. »

Les choses marchèrent rapidement. Le 21 février, les fiançailles furent célébrées au Louvre par l'archevêque de Bourges[1], à 6 heures du soir : « La fiancée, lit-on dans la *Gazette,* étoit vêtue d'un habit de velours noir tout brillant de l'éclat des diamants dont il étoit couvert. Il y eut bal ensuite et souper magnifique. Le lendemain, Mlle de Martinozzi, vêtue cette fois d'une robe de brocatelle enrichie de perles, vint trouver son fiancé dans la chambre de la reine, où toute la famille royale et le cardinal l'attendoient : elle fut ensuite conduite à la chapelle de la reine où Mazarin célébra le mariage : après la cérémonie, la princesse offrit un dîner à son époux ; le soir, on représenta le *Cid* sur le théâtre de la cour, et Mazarin termina la journée par un splendide souper suivi d'un bal. »

Mme de Motteville, dont le témoignage est toujours si précieux à invoquer, confirme que l'intérêt seul guida le prince de Conti en cette circonstance : « Il étoit heureux, dit-elle, de devenir le neveu de celui qu'il avoit haï et méprisé pour ami. Cette alliance ne parut pas convenir à la grandeur et à la naissance de ce prince, mais l'éclat de la fortune du cardinal étoit si grand qu'il pouvoit, en effaçant la bassesse de sa race, élever sa famille à la participation des plus suprêmes dignités. Mlle de Martinozzi avoit de la beauté, avoit beaucoup de douceur, beaucoup d'esprit et de raison ; ces qualités si agréables à un mari ont été perfectionnées par sa piété, qui a été si grande qu'elle a eu l'honneur de suivre le sien dans le chemin

---

[1] M. Amédée Renée dit, nous ne savons pourquoi, que ce fut à Compiègne ; Cosnac est formel.

austère de la plus sévère dévotion. Mais elle a eu cet avantage sur lui, qu'elle a donné à Dieu une âme toute pure et dont l'innocence a servi de fondement à ses vertus. »

Mazarin combla son nouveau neveu aux dépens de l'État ; il lui donna le gouvernement de la Guyenne et le commandement en chef de l'armée de Catalogne, en lui adjoignant, comme nous l'avons déjà dit, Candale pour lieutenant général. En même temps il faisait reconstruire à ses frais, sur le quai Malaquais, l'hôtel de Brienne, qui prit le nom d'hôtel de Conti ; mais aussi il prétendait diriger complétement le jeune ménage, et l'un de ses premiers soins fut d'amener un certain refroidissement entre le prince de Conti et l'abbé de Cosnac, dont il redoutait l'influence. Il profita pour cela du premier jour du mariage, et, d'après l'accueil fait par la princesse à M. de Cosnac, on aurait pu supposer qu'il dut avoir peu de peine à la décider ; mais il paraît que depuis son mariage Mme de Conti avait modifié son jugement sur l'aumônier de son mari, car Cosnac nous apprend lui-même que le prince, au moment de rejoindre l'armée, lui ayant offert de l'accompagner ou de demeurer à Paris pour s'occuper de ses affaires, il se décida pour ce dernier parti à cause de l'excellent accueil de la princesse et d'après ses conseils particuliers. « Elle me témoigna qu'elle ne seroit pas fâchée que je demeurasse auprès d'elle. » Il est probable qu'elle était bien aise de pouvoir secouer un peu de la tutelle de son oncle, et qu'elle désirait par conséquent conserver avec elle une personne sur laquelle elle pût compter.

Le parlement ayant évoqué la poursuite du procès contre le prince de Condé, par convenance les jeunes époux quittèrent Paris ; ils se retirèrent pendant quelques jours dans le château du cardinal à Chilly, avec le marquis de Vardes, qui avait entrepris de faire une cour assez vive à la princesse, cour qu'il avait peut-être déjà commencée avant le mariage. On sait que M. de Vardes était l'un des seigneurs les plus élégants de la cour, très au fait des intrigues et sans aucun scrupule pour arriver à ses fins. Un jour que le prince de Conti était allé à Paris voir Mazarin, M. de Vardes aborda la princesse et chercha à lui persuader qu'elle devait avant tout devenir la maîtresse absolue de l'esprit de son faible mari, et pour cela éloigner d'elle tous ceux qui avaient été les serviteurs de celui-ci avant son mariage, Cosnac le premier. Mme de Conti raconta toute la conversation à l'abbé, et le prince, mis au courant par sa femme, fit de même. Quelques jours après eut lieu une scène qui ne servit pas peu les intérêts du futur évêque de Valence. Le prince, se promenant au cours en carrosse, avisa Vardes revenant de la chasse, et l'appela pour monter auprès de lui et l'emmener ensuite souper chez l'abbé de la Rivière : Vardes refusa en s'excusant sur sa tenue négligée et sur son extrême lassitude. Le prince de Conti, inquiet de cette défaite, qui ne lui semblait pas sérieuse, revint inopinément à Chilly et entra sans se faire annoncer dans la chambre de sa femme, un peu souffrante et couchée. Vardes était dans la ruelle, « plus propre et plus frisé qu'il ne l'avoit vu de sa vie ». Mais aussi il était trop rusé pour se démonter, et Conti ne put trouver décemment prétexte à donner libre cours à sa colère jalouse. Il expliqua son retour par une très-vulgaire indisposition et se retira en maugréant. Mais cela ne faisait pas le compte de l'abbé de Cosnac, qui ne voulait pas laisser échapper une aussi belle occasion ; il suivit le prince et lui conta quelques petites historiettes propres à augmenter son mécontentement. Le prince était jaloux, et l'abbé de Cosnac nous rapporte cette scène avec un piquant détail. « Je connois l'innocence et la vertu de ma femme, dit le prince ; mais elle a, comme toutes les autres, la vanité de plaire ; et que sais-je si elle éviteroit d'être aimée ? — Monseigneur, répliqua l'abbé, chercher une femme qui ne souffre pas d'être aimée, c'est désirer un cygne noir. — Sur cela le prince de Conti lui parla de Vardes, et pour lors, après lui avoir laissé mitonner le point dont il voyoit que ce prince étoit attaqué : « Je n'ai rien vu, dit-il, qui me puisse faire croire que M. de Vardes se fût oublié au point d'élever ses regards jusqu'à Mme la princesse de Conti ; mais Votre Altesse me fait souvenir d'un rien que je remarquai, il y a quelques jours. Elle jouoit à la prime, et filoit sur un flux qu'elle désiroit, un as qui ne pouvoit être, par la disposition du jeu, qu'un as de cœur ou un as de carreau. C'étoit celui de cœur qui étoit nécessaire ; Vardes, qui voyoit le jeu, lui dit assez haut : « J'espère que ce sera un cœur. » Et puis, en s'approchant plus près de son oreille, comme pour mieux voir la carte, il continua d'un ton plus que demi-bas : « J'en connois un, Madame, qui ne vous manquera jamais. »

Il n'y eut cependant point d'éclat, et de fait il ne pouvait pas y en avoir. La princesse aimait ardemment alors son mari ; ses lettres vont nous le prouver sans laisser le plus petit prétexte aux plus malveillants chroniqueurs de la cour.

L'heure du départ approchait. Le prince dut au commencement du mois de juin rejoindre l'armée en Catalogne. Sa femme l'accompagna en carrosse avec Cosnac jusqu'à Fontainebleau : les deux époux se séparèrent dans cette ville ; au moment de la quitter, et après avoir répété à son aumônier qu'il aurait le premier évêché vacant et chargé sa femme d'y veiller de près, il ajouta : « Madame, je vous laisse l'homme du monde que j'aime le mieux et en qui j'ai le plus de confiance. » Ensuite il lui parla tout bas de quelques affaires, l'embrassa et partit. La princesse reprit aussitôt le chemin de Paris, montrant une très-sincère douleur ; « elle fut toujours enveloppée dans ses coiffes, sans dire un seul mot depuis Fontainebleau jusqu'à Essonne. Elle y dîna, remonta dans son carrosse, et, d'Essonne à Paris, elle ne parla que du regret qu'elle avoit de l'absence de son mari et de l'estime qu'elle avoit pour lui. »

Quelques jours après, la cour se rendit à Reims pour le sacre du roi, et Mme de Conti fit le voyage avec la reine [1]. Elle eut occasion de prouver à son aumônier comme elle tenait à contenter son mari. Le lendemain de la cérémonie, Cosnac apprit la mort de l'évêque de Valence ; il court dans la chambre de la princesse, la réveille sans plus de façon et lui expose la situation. Aussitôt elle se leva, s'habilla et alla trouver son oncle sur l'heure. La négociation fut laborieuse : Mazarin voulait donner Saint-Flour à Cosnac, qui réclamait l'exécution textuelle de la promesse faite au prince : le premier évêché vacant, par conséquent Valence ; il eut gain de cause après les plus curieuses péripéties qui se succédèrent pendant deux jours. Daniel de Cosnac avait alors vingt-quatre ans. Le brevet lui fut remis comme il descendait de chaire à Rethel, où il venait de prêcher devant la cour, qui demeura dans les Ardennes jusqu'aux premiers jours d'août, à cause du siége de Stenay. C'est à cette période qu'appartiennent les lettres suivantes de la princesse, dans lesquelles il est impossible de ne pas reconnaître un vif et profond attachement pour son époux, dont l'ardeur semble avoir été infiniment moindre. On remarquera que cette corres-

[1] Le sacre eut lieu le 7 juin.

pondance commence dès le lendemain du départ du prince.

Reims, 7 juin 1654 [1].

Puisque mon malheur m'a voulu séparer de vous, il me semble que je ne puis mieux ni plus agréablement employer le temps qu'à vous écrire. Je le fais aussi le plus souvent qu'il me sera possible pour vous assurer que j'aurai toute ma vie pour vous l'amitié et la tendresse que je dois, et serai toujours très-reconnoissante de toutes les bontés que vous avez eues pour moi. Nous partons demain d'ici pour aller à Rethel et de là à Sedan : l'on veut assiéger Stenay, M. Fabert commandera les troupes qui feront le siége. On croit qu'on le fera maréchal de France après la prise de Stenay ; l'on m'a dit que Mme de Longueville a écrit à un de ses amis une lettre où elle ne parle que de moi et l'on m'a promis de me la montrer. On dit qu'elle a dit qu'à cette heure elle n'est pas si mal avec vous que l'on croit et que vous commencez à vous radoucir. Je sais bien ce que j'en dois croire là-dessus. Vous savez que l'abbé de Cosnac est évêque de Valence ; je le servis en tout ce que je pus, sachant que vous le souhaitiez. Je n'ai plus de nouvelles à vous mander ; mais bien que je vous aime

---

[1] M. Lalanne a lu 17 juin pour la date ; c'est le 7, puisque la princesse annonce le départ de la cour pour Sedan le lendemain.

de tout mon cœur. Je vous supplie d'en faire de même et de croire que je suis toute à vous. Adieu.

De Rethel, ce 14 juin 1654.

J'ai reçu la lettre que vous avez la bonté de m'écrire. Je vous laisse à penser si elle m'a donné de la joie et si les assurances que vous me faites de votre amitié me sont chères, étant assuré comme vous êtes, que je vous aime beaucoup plus que moi-même. Je ne puis assez vous témoigner la tendresse que j'ai pour vous, mais vous disant qu'elle est selon ce que je vous dois, vous connoîtrez qu'elle est extrême.

Nous sommes à Rethel d'où nous partirons après-demain pour nous en aller à Sedan. On a de fort bonnes nouvelles du siége de Stenay. La circonvallation sera faite dimanche, et l'on croit qu'après quinze jours de tranchée ouverte ce sera une affaire faite. On a pris des lettres que le gouvernement de Stenay écrivait à M. le prince, qui est à Bruxelles, fort amoureux de Mme de Cantecroix [1]. M. le cardinal me demande fort souvent de vos nouvelles, et la reine aussi. Ils me font tous deux fort la guerre sur le chagrin que j'ai d'être séparée de vous. Je vous assure qu'il est bien grand et que rien ne me peut divertir; je crois que je mourrai de joie quand je vous reverrai. J'attendrai ce bonheur

---

[1] L'une des nombreuses femmes du changeant duc de Lorraine.

avec la dernière impatience, et le temps me durera furieusement en attendant ce bienheureux jour, mais il est encore trop éloigné pour y songer. Aimez-moi toujours, mon très-cher, et soyez persuadé que je vous aime de tout mon cœur et que je suis toute à vous.

Sedan, 16 juin 1654.

La lettre qu'il vous a plu de m'écrire de Perpignan m'a donné beaucoup de joie, me donnant des nouvelles de votre santé, mais aussi beaucoup d'inquiétude de savoir que vous alliez dans des lieux assurément bien dangereux, moi qui voudrois plutôt perdre mille fois ma vie que la vôtre fût dans le moindre hasard du monde. Vous pouvez croire que je suis en peine. Je suis fâchée que la plus belle dame de Perpignan ressemble si fort à Cécile[1], craignant que cette ressemblance ne vous lui fasse demander souvent : *ne le permettez jamais*. Je souhaite avec impatience que le temps vienne que vous le puissiez demander à la vraie Cécile, et que je puisse vous dire moi-même que je vous aime plus que moi-même et que je suis toute à vous.

Sedan, le 29 juin 1654.

Je ne puis assez vous remercier de la bonté que

---

[1] Femme de chambre de la princesse.

vous avez de m'écrire aussi souvent que vous faites : c'est la seule chose qui me peut être agréable, éloignée de vous. Tous les jours cette absence me devient plus insupportable; je la souffre avec bien du chagrin et de l'ennui. Croyez que je vous aime mille fois plus que moi-même, et que la plus grande marque que vous me puissiez donner de votre amitié est d'avoir bien soin de vous. Je vous en supplie et vous embrasse de tout mon cœur. Adieu.

Sedan, 27 juin 1654.

J'ai reçu une de vos lettres par Verbouchet, qui m'a été fort agréable. J'ai rendu à M. le cardinal celle que vous lui avez écrite, et lui ai témoigné combien vous lui étiez obligé de la façon obligeante qu'il avoit donné l'évêché de Valence à l'abbé de Cosnac. En vérité, vous avez raison d'en être content, car on ne peut pas faire la chose de meilleure grâce qu'il a fait. L'abbé de Cosnac prêcha devant le roi le jour de la Saint-Jean fort bien[1]. Il s'en est allé à Paris pour quelques affaires qu'il y avoit. Les assurances que vous me donnez de votre amitié me donnent la plus grande joie du monde, et, quoique les marques que vous m'en avez donné m'en devroient bien assurer, je ne laisse pas d'avoir beaucoup de plaisir quand, en vos lettres, vous me dites que vous m'aimez. Rien au monde ne me

[1] C'est en descendant de la chaire ce jour-là que Cosnac reçut le brevet de son évêché.

touche si sensiblement. Croyez, je vous en supplie, que j'en ai toute la reconnoissance que je dois, que je vous aime tout ce que je suis capable d'aimer, et que j'ai autant de tendresse pour vous que de joie d'être toute ma vie sans nulle réserve toute à vous. Adieu, mon très-cher, je m'ennuie bien fort de ne vous point voir.

Sedan, 30 juin 1654.

Les continuelles assurances que vous me donnez de votre amitié me donnent la plus grande joie du monde et les bontés que vous avez pour moi me touchent si sensiblement que je ne puis assez vous témoigner la reconnoissance que j'en ai : croyez qu'elle est égale aux sentiments d'amitié et de tendresse que j'ai pour vous. Après cela vous ne douterez pas que votre absence me soit insupportable : l'affliction, le chagrin que j'en ai augmentent tous les jours, rien ne me sauroit divertir, ni être agréable, éloignée de vous, mon très-cher. Je suis tout à fait en peine de ce que l'on vient de me dire que ce capitaine des galères que vous aviez envoyé avec la nouvelle de la prise de Villefranche et que l'on vous renvoyoit avec des lettres bien importantes, a été pris par des gens de Rocroy, et Montal a envoyé nos lettres à M. le prince ; cela est tout à fait fâcheux. Le siége de Stenay est fort avancé : le roi et M. le cardinal y sont presque tous les jours ; ils en revinrent hier et s'y retournent aujourd'hui.

Je vous supplie d'avoir bien soin de vous, car l'on m'a dit que vous vous exposez si fort que j'en ai une douleur bien grande. Faites quelque chose pour l'amour de moi qui voudrois plutôt perdre la vie que la vôtre fût au moindre danger du monde. Je vous demande cette marque de votre amitié : ne me la refusez point, je vous en conjure, et mettez la mienne aux plus grandes épreuves, et vous connoîtrez que je serai toute à vous.

Sedan, le 8 juillet 1654 [1].

Comme il n'y a rien qui me soit sy agréable esloignée de vostre chère personne que de vous escrire, je n'en veux pas perdre une occasion comme aussy de vous assurer que rien n'est esgal aux sentimens d'amitié et de tendresse que j'ay pour vous et que j'auray toute ma vie. Je m'ennuye furieusement de ne vous point voir et je souffre cette abséance avec des inquietudes bien grandes, et cela mé bien rude de me voir séparée pour si lontant de ce que j'ayme mille fois plus que moy-même. Le siége de Stenay est bien avancé i li a quatre jour que le roy et M. le cardinal i sont et ont couché au camp ; il reviendron demain ; les ennemis sont allés à Arras [2], mais il i a cinq mil hommes dedans

---

[1] M. Lalanne a lu à tort juin, puisque cette lettre mentionne la naissance du fils de la duchesse de Mercœur, lequel naquit le 1er juillet.

[2] L'archiduc Léopold et Condé avaient investi Arras subitement avec 26,000 hommes.

la place et le chevallier de Crequi est allé pour y faire entrer des secours. MM. de Turene et de la Ferté marche de ce costé là. Je feray vos complimens à M. le cardinal et à toutes celles que vous me marquez dans la vostre. Mme de Mercœur est accouchée d'un garson [1], elle ma priee de vous faire ces besai mains. Je fini vous assuran que je suis toute à vous, aime moy mon très cher, et croyez que rien ne me peut être agréable privée de vous [2].

Sedan, ce 1er août 1654.

Quoique je n'aye pas grand'chose à vous mander vous ayant écrit hier, je ne veux pas laisser partir Verbouchet sans vous assurer que je vous aime plus que je n'ai jamais fait, et que l'on ne peut pas avoir plus de tendresse pour vous que j'en ai. Le roi et M. le cardinal s'en retournent demain à l'armée. Stenay sera assurément pris bientôt, puisque tous les dehors le sont déjà, et dès que cela sera fait nous nous en irons à Fère. Voilà toutes les nouvelles. Je vous en dirai une qui ne vous l'est point, qui est que je suis toute à vous. Aimez-moi toujours, mon très-cher, je vous en supplie et vous embrasse de tout mon cœur. Adieu.

[1] Laure Mancini, femme du duc de Vendôme-Mercœur; cet enfant, né le 1er juillet, fut le célèbre duc de Vendôme.
[2] Nous avons donné cette lettre avec l'orthographe de la princesse. Nous ne la conserverons pas dans la suite de sa correspondance pour ne pas en rendre la lecture incommode.

Sedan, ce 5 août 1654.

Toutes les nouvelles que j'ai à vous mander sont la prise de Stenay qui réjouit fort toute la cour: on attend le roi et M. le cardinal ce soir. L'on partira d'ici vendredi à samedi pour nous en aller à Fère. J'attends de votre part avec impatience, vos lettres me donnent la seule joie dont je suis capable éloignée de vous : aimez-moi toujours, mon trèscher, et croyez que je vous aime bien tendrement et que je suis plus à vous qu'à moi-même.

Sedan, 11 août 1654.

Mon cher mari, je ne vous écrirai pas une lettre bien longue, car je suis arrivée à ce soir ici fort fatiguée du voyage et si accablée du monde que je n'en puis plus : mon tout, je vous dirai seulement que je vous aime éperdument, et que les marques que vous me donnez de votre amitié me sont bien précieuses : conservez-la, mon cher enfant ; elle m'est plus chère que la vie et j'ai pour vous un amour extrême : je ne vous ai jamais tant aimé : vous êtes tout mon bonheur et mon unique joie. Ayez soin de votre santé pour l'amour de votre pauvre femme : priez Dieu pour moi. Bonsoir, je m'en vais me coucher, car je n'en puis plus. Je vous embrasse de tout mon cœur, mon pauvre mari.

Charleville, ce 22 août 1654.

Mon cher mari, je reçus avec bien de la joie la nouvelle que vous avez fait des merveilles et que vous vous portez bien. J'en loue Dieu de tout mon cœur, mais je ne serai point en repos qu'Alexandrie ne soit prise et que vous ne soyez hors du péril où vous êtes exposé tous les jours. Je vous laisse à penser, mon pauvre enfant, en quelles peines cela me met : tout ce que j'aime au monde et celui qui seul fait tout le bonheur de ma vie est exposé. Je suis hors de moi et dans des troubles que je ne puis exprimer, mais que vous pouvez comprendre, puisque vous savez si bien par expérience ce que l'on souffre de savoir en péril ce que l'on aime avec l'amour et la tendresse que nous nous aimons. Dieu seul me donne un peu de paix dans tous ces troubles : je remets tout entre ses mains et j'ai une entière confiance qu'il vous conservera pour que nous nous entr'aidions à nous donner à lui. Priez bien Notre-Seigneur pour moi, je vous en conjure. Je suis tout à fait fâchée de quoi on ne m'a pas encore envoyé vos lettres de Paris. J'ai toute l'impatience imaginable de les recevoir : vous savez que c'est la seule chose qui peut me plaire, privée de mon cher mari. Pour m'ôter d'inquiétude Son Excellence m'a envoyé la lettre que vous lui avez écrite, car autrement je ne voulois pas entendre raison. Au reste Son

Excellence en use le mieux du monde pour tout ce qui nous regarde : il m'accorde de la meilleure grâce du monde toutes les choses que je lui demande pour tous nos intérêts, et ce qui m'est bien agréable et qui me donne une grande joie est que, quand vous aurez pris Alexandric, il dit que vous n'aurez plus rien à faire en ce pays-là et que l'on vous enverra votre congé pour revenir. Je vous laisse à penser si je l'en presserai, puisque j'ai une impatience extrême de vous revoir. Je ne saurois plus vivre sans mon cher mari : rien ne me peut être agréable, privée de lui. Nous aurons bien de la joie quand nous nous reverrons : j'en meurs d'envie ; je ne vous prie pas de m'aimer, car je sais que vous faites bien votre devoir là-dessus.

Nous partons demain pour la Fère où l'on ne séjournera point : on ira à Metz, à ce qu'on dit. Daccone vous mandera des nouvelles de la guerre : pour nos affaires Marquiseo vous en informe : les miennes sont de bien aimer mon cher mari et d'être tendrement aimée de lui : ce sont les seules qui me tiennent au cœur. J'espère qu'elles iront toujours bien : je vous conjure d'en avoir bien soin et de votre santé : ce sont deux choses qui me sont bien précieuses. Adieu, mon très-cher : je t'aime plus que ma vie et je t'embrasse de tout mon cœur, mon tout et mon aimable enfant.

P. S. Il faut que je vous dise encore que je vous aime de tout mon cœur et que je me meurs d'envie de te voir, mon cher mari.

CHAPITRE PREMIER.

La cour quitta Sedan peu de jours après l'heureuse issue du long siége de Stenay, pour remonter vers la Picardie, où Turenne opérait de manière à neutraliser les efforts du prince de Condé et à assurer la délivrance d'Arras. On s'arrêta à la Fère, puis à Péronne, pour rentrer à Paris plus tôt que l'on ne pensait, grâce aux succès du maréchal. Mais il se passa à Péronne un incident qui aurait pu prendre d'assez grandes proportions au point de vue de la cour. Il paraît que pendant ce voyage le jeune roi avait fortement apprécié les charmes de sa belle cousine, et il le lui aurait témoigné à diverses reprises, mais surtout dans un bal à Péronne, avec toute l'ardeur d'un prince de dix-sept ans. Les mémoires de Cosnac renferment malheureusement une lacune de trois ou quatre pages relative précisément à cet incident. Par la suite, le nouveau prélat nous apprend que depuis quelque temps il avait remarqué l'inclination croissante du roi. Toujours est-il que la princesse, blessée sans doute des bruits qui circulaient à ce sujet, saisit un prétexte à ce bal pour faire un éclat énorme, mais sur lequel, à défaut de Cosnac, aucun contemporain ne nous renseigne. Le cardinal, excessivement ému, vint et parla au fidèle aumônier qui chercha à excuser la princesse en expliquant sa conduite par la contrariété que lui causaient ces tentatives d'autant plus fâcheuses qu'elle était éloignée de son mari. Mazarin le chargea d'aller lui parler et de lui représenter « combien étoit grande la faute qu'elle avoit faite ». Cosnac obéit, mais il eût soin de dire à Mme de Conti, tout en la priant de se conformer aux ordres de son oncle, « qu'il l'avoit blâmée de son procédé de crainte qu'on ne s'imaginât qu'elle l'avoit concerté avec lui ». Elle se rendit sans résistance à ces observations, vint chez Mazarin, « souffrir doucement ses reproches, et la chose se réduisit à des excuses qu'elle avoit promis de faire au roi ». Louis XIV se tint pour averti; il n'eut plus pour la princesse que « des civilités ordinaires », et il adressa ses hommages à Mlle Mancini, la future connétable Colonna.

Ham, ce 12 août 1654.

Piloy[1] m'a rendu votre lettre et m'a conté toutes vos victoires[2]. Vous pouvez croire si prenant autant de part que je fais à votre gloire si j'en ai eu de la joie, mais il faut que je vous avoue que les assurances que vous me donnez de votre amitié m'en ont donné bien plus : elles me touchent si sensiblement que je ne sais comment vous témoigner les sentiments que j'ai là-dessus. Je vous dirai seulement qu'ils sont pleins de tendresse et de reconnoissance et que je vous aime tout ce que je suis capable d'aimer. La reine et M. le cardinal ont beaucoup de joie de toutes les belles choses que vous faites et vous donnent toutes les louanges que vous méritez, comme fait toute la cour, qui, vous rendant justice, ne sauroit se lasser de vous admirer.

Nous partîmes vendredi de Sedan pour nous en aller à la Fère où nous avons demeuré deux jours, d'où nous sommes partis aujourd'hui et nous irons

---

[1] Colonel de fortune, dont Bussy appréciait beaucoup la bravoure et l'intelligence.

[2] Le prince venait de prendre brillamment Villefranche en Conflans et Puycerda.

demain à Péronne. On se prépare d'attaquer les ennemis dans les lignes samedi ou dimanche, et l'on croit que nous ferons des merveilles.

La ligne qui étoit dans un billet que je vous ai écrit, qui n'étoit point de ma main, étoit de M. Ondedey[1] à qui je l'avois envoyée pour mettre dans une lettre que je vous écrivois, qui, voyant que je ne vous mandois pas bien la nouvelle, l'acheva de mettre. Le chagrin que me cause votre absence est si grand qu'il ne sauroit être comparé qu'à l'impatience que j'ai de vous voir, et je ne saurois voir ce bonheur si éloigné que avec bien de la douleur : ayez aussi un peu d'envie de me voir, mon très-cher, et soyez assuré que je vous aime et aimeray toute ma vie de toute la force de mon cœur qui sera toujours votre.

Ma mère et Mlle de Mancini et toute la parenté m'ont prié de vous assurer de leurs respects.

Perronne, le 18 août.

Je pars pour aller à Arras : vous saurez par d'autres comme il a été secouru. Pour moi, je me contenterai de vous dire que je vous aime de tout mon cœur, et que j'ai autant de tendresse pour vous que d'impatience de vous revoir, et que les assurances que vous me donnez de votre amitié me touchent si sensiblement que je ne puis assez vous témoi-

---

[1] Joseph Ondedeï, évêque nommé de Fréjus.

gner combien elles me sont chères : croyez qu'elles me le sont au-delà de toute chose.

On dit que nous irons demeurer quelques jours à Chantilly et de là à Paris. Je pense bien vous assurer que je m'ennuierai partout, et qu'il est impossible que je puisse me divertir éloignée de ce que j'aime le mieux au monde; ayez aussi un peu d'envie de me revoir, mon très-cher, et croyez que j'ai pour vous toute la tendresse dont je suis capable. Adieu.

Perronne, 1ᵉʳ septembre 1654.

Les nouvelles marques que je reçois de votre amitié me touchent si sensiblement que je ne vous puis exprimer la joie qu'elles me donnent, ni la reconnoissance que j'en ai. Croyez que l'une et l'autre est extrême, et que je vous aime avec toute la tendresse dont mon cœur est capable. Nous partirons demain d'ici pour nous en aller à Paris où nous serons vendredi. Vous me demandez des nouvelles du mariage de Mlle de Mancini[1] : comme il n'y a point de difficulté, je crois qu'il se fera assurément, mais pas encore si tôt. La sortie du cardinal de Retz ayant fait demeurer le grand maître auprès de son père pour voir ce qu'il aura à faire, le maréchal de la Meilleraie est fort excité contre sa

---

[1] Olympe Mancini, qui aurait voulu épouser Conti, pensa ensuite au prince de Modène, puis à M. de la Meilleraye : elle finit par épouser le comte de Soissons en 1657.

femme, ayant su qu'elle avait aidé à la sortie du cardinal de Retz. Pour tous les mariages qu'on a proposés pour ma sœur, je crois que celui du fils du duc de Modène se fera [1], n'y ayant point d'autre difficulté que celle que ledit duc veut que M. le cardinal lui donne outre ce qu'il donne en mariage à sa nièce 150,000 écus que le roi lui doit depuis la guerre de Crémone et M. le cardinal ne le lui veut pas donner présentement, mais il dit que si il veut avoir patience, avec le temps il le fera payer du roi. On attend la régente pour savoir s'il en demeurera d'accord. Puisque vous êtes bien aise de savoir de ces sortes de nouvelles, je m'en informerai et vous en manderai toujours, n'y ayant rien qui me soit si agréable que de faire des choses qui vous puissent plaire : c'est dont dépend tout mon bonheur. J'attends celui de vous voir avec beaucoup d'impatience. Je vous supplie de le croire et que je suis toute à vous. Adieu, mon très-cher, je vous embrasse de tout mon cœur.

Le bruit de l'aventure, dont nous avons parlé, était cependant arrivé aux oreilles du prince de Conti, qui en écrivit sur l'heure à M. de Cosnac le billet suivant :

« On dit publiquement ici que le roi est amoureux ; mandez-moi bien précisément ce qui en est, car de telle seroit que je pourrois y avoir intérêt. Encore une fois, déchiffrez ceci vous seul. Vous savez ce que vous m'avez promis. Adieu, brûlez cette lettre. »

Cosnac communiqua immédiatement ces lignes à la

---

[1] Elle l'épousa le 30 mai 1655.

princesse et, par son ordre, les porta au cardinal pour lui prouver qu'elle ne s'était pas trompée en redoutant l'importance que pouvaient prendre les libertés du roi. Mazarin pria l'évêque de Valence de bien raconter les détails au prince, et cette fois il ne trouva que des éloges à donner à sa nièce. Cosnac s'exécuta et envoya un récit qu'il rédigea avec la principale intéressée. Le prince ne se contenta pas de ses explications et il réclamait à toutes forces le départ immédiat de sa femme pour le Languedoc. On eut beau batailler avec lui, il revenait toujours aussi obstinément à la charge, et enfin de Puycerda il écrivit, le 22 octobre :

« Je veux absolument que ma femme revienne, c'est « là ma dernière volonté ; ainsi elle n'a qu'à partir « celle-ci reçue, sans qu'il soit besoin de concert de « famille pour cela. Que ma femme vienne prompte- » ment. »

Les lettres de la princesse indiquent suffisamment qu'elle ne demandait pas mieux. Chacune respire la plus ardente passion, et dans chacune elle ne rêve que le retour de son mari pour la tenue des États et la permission de l'y rejoindre. Il ne devait certainement venir aucune opposition de sa part. La princesse dans sa correspondance y redouble ses protestations passionnées et l'on sent qu'elle dit la vérité, tout en constatant avec regret que, si son mari est jaloux, il se montre modérément empressé à répondre sur le même ton aux tendresses de sa femme. Ces lettres ne renferment aucune allusion aux billets reçus par Cosnac ; la princesse était censée les ignorer.

Paris, ce 4 septembre 1654.

Nous venons d'arriver à Paris, où l'on croit que

nous ne demeurerons que huit ou dix jours. Je viens de recevoir une de vos lettres si obligeantes et si pleines d'amitié pour moi qu'elle me donne la plus grande joie du monde, mais elle m'a bien aussi fait redoubler le chagrin que j'ai de votre absence, me voyant éloignée de la personne au monde que j'aime le mieux et qui a des bontés pour moi si grandes que j'ai de la confusion de les mériter si peu et de ne les pouvoir pas assez reconnoître. Tout ce que je puis vous dire, c'est que je vous aime de tout mon cœur, et que j'ai pour vous la dernière tendresse, et que je suis plus à vous qu'à moi-même. Adieu, mon très-cher.

Paris, ce 9 septembre 1654.

Je reçus deux de vos lettres, une par l'ordinaire et l'autre par le courrier que M. de Candale a envoyé. Elles m'ont donné beaucoup de joie, et je ne puis assez vous remercier de la bonté que vous avez de me donner de vos nouvelles aussi souvent que vous faites. Je vous supplie de me la continuer, étant la seule joie que je puis avoir éloignée de vous. J'attends celle de vous voir comme la plus grande que je puisse jamais avoir : je crois que vous n'en doutez pas, étant assuré comme vous êtes que je vous aime beaucoup plus que moi-même. En vérité, vous me rendrez justice quand vous aurez un peu d'amitié pour moi qui ai pour vous toute la tendresse dont je suis capable, et qui suis de tout mon cœur toute à vous, mon très-cher.

Paris, 11 septembre 1654.

Quoique j'aie peu de nouvelles à vous mander, je ne laisse pas de vous écrire pour vous en dire qui ne le vous sont point, qui sont que je vous aime avec toute la tendresse dont mon cœur est capable, et quoique je vous assure souvent de cette vérité, comme je la sens infiniment plus, je n'en ai pas un plus grand plaisir que de vous dire que je vous aime, et comme vous êtes la plus aimable personne du monde, vous n'aurez pas de peine à croire que l'on ne vous sauroit connoître sans vous aimer au-delà de toute chose. Au reste on dit pour assuré que vous tiendrez les états en Languedoc. Si cela est vrai, je voudrois bien, si vous le trouviez bon, vous y aller trouver, car j'ai une grande impatience de vous revoir. J'espère que vous voudrez bien me donner cette joie : c'est la plus grande que je puisse avoir jamais. Je vous conjure par l'amitié que j'ai pour vous de me l'accorder; si vous en avez un peu pour moi, vous ne me la refuserez pas. M. le cardinal me dit tous les jours mille biens de vous : il est si content de la manière que vous agissez avec lui qu'il témoigne avoir beaucoup d'amitié pour vous. Je finis, vous assurant que je suis, mon très-cher, toute à vous, et je vous embrasse de tout mon cœur.

Paris, 18 septembre 1654.

Comme le seul plaisir que je puis avoir éloignée de vous est de vous écrire et de vous assurer que je vous aime plus que moi-même, je ne veux pas perdre une occasion de me donner cette joie. Je vous assure donc que j'ai autant de tendresse pour vous que d'impatience de vous revoir, et, comme le bruit continue que vous tiendrez les états en Languedoc, j'attends de votre amitié que vous ne me refuserez pas la joie de vous y aller trouver : je le souhaite plus que toutes les choses du monde, et je souffre avec tant de chagrin votre absence qu'il est bien juste de me donner ce contentement : c'est le plus grand que je puisse jamais avoir. Je suis transportée de joie quand je songe que je vous reverrai, mon très-cher : ayez aussi un peu d'envie de voir la personne du monde qui est la plus à vous. Les gens qui m'avoient dit que Mme de Longueville avoit écrit à M. le cardinal n'étoient pas bien informées, puisque j'ai su depuis que ce n'étoit pas vrai et que S. Ém. ne veut pas d'accommodement avec elle. Je ne crois pas que le mariage de Mlle de Mancini et de M. le grand maître se fasse[1], ce dernier ayant agi d'une façon qui a obligé M. le cardinal à le rompre : je ne sais pourtant ce qu'il en arrivera. Je vous en manderai des nouvelles plus as-

---

[1] Il eut lieu cependant en 1662. Armand de la Meilleraye était grand maître de l'artillerie.

surées par le premier ordinaire, et je finis vous embrassant de tout mon cœur, mon très-cher.

Nantoil, 24 septembre 1654.

Nous partîmes avant hier de Paris et allons coucher à ce soir à Soissons et après à la Fère où nous demeurerons quelque temps à changer de lieu : je ne fais que changer d'ennui, car j'en ai toujours beaucoup d'être séparée de vous, mon cher. Dans votre lettre vous me dites que quelquefois vous me souhaitez auprès de vous et que vous êtes fâché de ne m'avoir point amenée : ç'auroit été la chose du monde qui m'auroit donné le plus de joie, et les fatigues du voyage m'auroient été très-douces, puisqu'elles m'eussent procuré le bonheur de vous voir : j'espère de votre bonté que vous aurez pour agréable que ce soit en Languedoc que j'aye ce contentement : ne refusez pas cette joie à une personne qui vous aime avec toute la tendresse dont son cœur est capable.

On a mis dans la Bastille M. de Fosseuse à cause du cardinal de Retz[1]. M. de Joyeuse se porte un peu mieux, mais il est toujours à grand danger[2]. On traite d'envoyer M. de Roan ambassadeur à

---

[1] François de Montmorency, marquis de Fosseuse, mort en 1685 ; il avait eu à se plaindre assez gravement de quelques domestiques du cardinal et le lui avait fait sentir un peu vivement.

[2] Louis de Lorraine, duc de Joyeuse, mort le 27 septembre des suites de la blessure reçue au siége d'Arras.

Rome¹. Vous pouvez croire que M. le cardinal se porte bien de sa goutte, puisque nous sommes partis : il ne peut pas pourtant marcher. On a envoyé ici le portrait de la princesse Marguerite de Savoie, laquelle il semble que jusqu'à cette heure a la meilleure part de celle qu'on parle pour le mariage du roi. Voilà toutes nos nouvelles. Mandez-moi soigneusement des vôtres en ayant bien soin de votre santé pour l'amour de moi qui suis et serai toujours toute à vous, mon très-cher. Adieu, je vous embrasse de tout mon cœur.

A la Fère, ce 1ᵉʳ octobre 1654.

Je vous écris deux lettres à même jour, une par Vilar² qui est parti de ce matin, et celle-ci par l'ordinaire : toutes deux vous assureront que je vous aime de toutes les forces de mon cœur et que j'ai pour vous toute la tendresse dont je suis capable. J'ai eu bien de la joie de voir dans une de vos lettres que je viens de recevoir que vous voulez que je vous aille trouver à Montpellier quand vous tiendrez les états. C'est la chose du monde que j'ai la plus souhaitée. J'attendrai ce bienheureux jour avec des grandes impatiences et je l'estimerai le plus heureux de ma vie. Vous avez eu bien de la bonté de me vouloir donner cette joie ; aussi bien je ne pouvois plus vivre sans voir mon très-cher,

---

¹ François de Harlay, archevêque de Rouen.
² Villar, premier gentilhomme de la chambre du prince de Conti.

et il est bien juste, après avoir souffert avec tant de chagrin une si cruelle absence, de me donner ce contentement. J'en ai un bien grand de voir que vous ayez envie de voir la personne du monde qui vous aime le plus. Je suis bien fâchée du mal que vous avez eu et je loue Dieu de quoi vous vous portez bien à cette heure. Je souhaite un heureux succès au siége de Puycerda que vous allez faire : je crois que l'on fera ici celui du Catelet. Je n'ai point de nouvelles à vous mander, et je finis vous assurant que je vous aime plus que moi-même.

La Fère, 1er octobre 1654.

Vilar m'a rendu votre lettre, et, quoique il m'ait assuré qu'il vous a laissé en très-bonne santé, l'accès de fièvre que vous m'écriviez avoir eu m'a mise en grande inquiétude, et j'attends l'ordinaire avec impatience pour en avoir des nouvelles. La plus grande marque que vous me puissiez donner de votre amitié, c'est d'avoir bien soin de votre santé, vous assurant que c'est la chose du monde qui m'est la plus chère et pour la conservation de laquelle je donnerois ma vie avec joie. En vérité, mon très-cher, vous me rendez justice d'avoir de l'amitié pour moi, car l'on ne vous sauroit aimer ni plus tendrement ni plus véritablement que je vous aime et que je vous aimerai toute ma vie. Je ne vous donne point de nouvelles, car Vilar vous les dira toutes qui vous rendra celle-ci : il pourra vous dire combien je m'ennuie ici et l'impatience que j'ai de vous revoir : je vous assure que je n'aurai point de joie que ce bonheur ne me soit arrivé, que je souhaite autant que de vous témoigner que je suis plus à vous qu'à moi-même.

La Fère, ce 9 octobre 1654.

Je n'ai pu apprendre qu'avec bien de la douleur que vous ayez été malade, et, quoique vous m'assuriez qu'à cette heure vous vous portiez bien, je ne laisse point d'être fort en inquiétude de votre santé : elle m'est mille fois plus chère que la mienne : pour l'amour de moi, ayez bien soin de vous la conserver. L'impatience que j'ai de vous revoir augmente tous les jours et je ne puis plus vivre sans voir la personne du monde que j'aime le mieux : vous m'avez fait espérer que ce sera en Languedoc que j'aurai ce bonheur : j'espère que vous aurez un peu de joie de voir ma personne qui a pour vous des sentiments pleins de tendresse et qui est très-reconnoissante de toutes les bontés que vous avez pour elle. Je voudrois trouver les occasions de vous pouvoir témoigner l'une et l'autre, mais tout ce que je puis est de vous assurer que je serai toute ma vie de tout cœur toute à mon très-cher.

La Fère, 10 octobre 1654.

Je viens d'apprendre tout présentement que M. le

cardinal trouve à propos que, dès que vous aurez tenus les états, vous vous en veniez à Paris et que je ne vienne point vous trouver en Languedoc : cela me donne bien du chagrin, car cela en ce que je crois me retardera de quelque temps la joie de vous revoir. Je vous conjure, si vous avez un peu d'amitié pour moi, de dépêcher le plus que vous pourrez toutes les affaires que vous avez en ce pays-là pour vous en venir bientôt voir la personne du monde qui vous aime le plus et qui a pour vous toute la tendresse dont mon cœur est capable. J'attendrai le bonheur de vous voir et de vous embrasser avec l'impatience que vous pouvez vous imaginer que peut avoir une personne qui aime aussi tendrement que je vous aime après une si longue et si cruelle absence. Je vous supplie encore une fois de vous en venir le plus tôt qu'il vous sera possible et d'avoir l'impatience de me revoir. Je finis vous assurant encore une fois que je vous aime de tout mon cœur, et que je suis plus à vous qu'à moi-même. Adieu, mon très-cher.

La Fère, 15 octobre 1654.

C'est avec beaucoup de déplaisir que j'apprends la continuation de votre mal, et je serai toujours en inquiétude et n'aurai point de repos jusqu'à ce que j'apprenne votre entière guérison : si vous m'aimez, ayez soin de votre santé qui m'est mille fois plus chère que la mienne. J'en attends des nouvelles avec grande impatience. Dans votre lettre vous me mandez que vous serez bien aise de me voir à Montpellier : j'aurai aussi la plus grande joie du monde de vous y aller trouver. Par Tionville[1] je vous ai écrit que M. le cardinal trouvoit à propos que vous vinssiez bientôt ici et que je ne fisse point ce voyage-là, mais, comme vous pouvez voir, vos volontés régleront toujours les miennes, et, si vous souhaitez que je vienne vous trouver en Languedoc, vous n'aurez qu'à me l'écrire ; ce sera avec beaucoup de joie que j'obéirai à un tel ordre, et l'impatience que j'ai de vous revoir est si grande que si, pour avoir ce bonheur, il falloit aller jusques au bout du monde, j'irois avec joie, pour vous dire que je vous aime de toute la force de mon cœur et que j'ai pour vous toute la tendresse dont je suis capable. Ce sont les sentiments d'une personne qui fait consister son plus grand bonheur à être toute sa vie sans nulle réserve toute à vous. Adieu, mon très-cher ; je vous conjure de m'aimer et vous embrasse de tout mon cœur.

Chantilly, 24 octobre 1654.

J'ai été la personne du monde la plus surprise en voyant votre lettre où vous me mandez que plusieurs personnes ont écrit au lieu où vous êtes que j'avois dit à la reine que, quoique vous fussiez

---

[1] Gentilhomme du duc d'Orléans.

brouillé avec Mme de Longueville, je ne laisse pas de souhaiter qu'elle retourne avec M. son mari. Je croyois être assez connue de vous pour être à l'abri des mauvais offices et j'ai toujours espéré que vous me feriez cette justice d'être persuadé que je n'aurai jamais d'autres sentiments que les vôtres : le temps et toute ma conduite vous feront assez connoître cette vérité sans qu'il soit nécessaire que je m'en justifie : pourtant, pour vous satisfaire sur ce sujet, je vous dirai que de ma vie je n'ai parlé de Mme de Longueville à la reine. Quoique je sois un peu en colère de l'injustice que vous m'avez faite, je ne puis m'empêcher de vous dire que la tendresse que j'ai pour vous augmente tous les jours et que je vous aime beaucoup plus que moi-même. Je suis fort surprise de ce que vous me dites avoir été un ordinaire sans recevoir de mes lettres, n'en ayant point laissé passer sans vous écrire. Vous pouvez croire que je ne perdrois point d'occasion de me donner la seule joie que je sois capable d'avoir, éloignée de vous. J'ai eu bien du déplaisir de votre maladie, mais Sarazin m'a bien réjouie en m'écrivant que vous êtes tout à fait guéri. Ayez bien soin de votre santé, vous assurant que c'est la chose du monde qui m'est la plus chère. Pour mon voyage de Montpellier, j'en ai fort pressé M. le cardinal, qui ne m'a pas voulu permettre de partir jusques à ce qu'on ait réponse des lettres que l'on vous a écrites par Tionville. Pour moi, je souhaite fort d'y aller, et j'attends vos ordres là-dessus, et, dès que vous me manderez de partir, je vous obéirai avec joie, n'ayant point d'autre volonté que la vôtre et une très-grande impatience de vous revoir. J'ai peur que la longueur de ma lettre ne vous ennuie ; c'est pourquoi je finis, vous embrassant de tout mon cœur et vous assurant que je suis toute à vous.

Mme de Mercœur m'a priée de vous assurer qu'elle étoit votre très-humble servante.

Paris, 27 octobre 1654.

Quoique je n'aie point des nouvelles à vous mander, je ne veux pas laisser de vous écrire pour vous en dire qui ne vous le sont point, que je vous aime de tout mon cœur et que la tendresse que j'ai pour vous est si grande qu'il n'en fut jamais une égale : en vérité vous êtes obligé d'avoir de l'amitié pour moi, et comme c'est d'elle seule que dépend tout mon bonheur, je me flatte en espérant que je ne vous serai pas tout à fait indifférente et que vous aurez quelque sentiment de tendresse pour une personne qui n'aime rien au monde que vous. Si je voulois vous dire tout ce que je sens pour vous, je n'aurois jamais fait. J'ai des impatiences de vous revoir les plus grandes du monde, et tant de chagrin et d'inquiétude d'être privée de ce bonheur que je n'ai point de repos. Vous occupez toutes mes pensées, je songe toujours à vous. Souvenez-vous aussi quelquefois d'une personne qui est toute à vous. Je vous dis bien des démences, mais en vérité ce n'est que la moindre partie de ce que je ressens pour vous. J'attends vos ordres pour savoir si j'irai en Languedoc. Si vous ne voulez pas que je fasse ce voyage, je vous conjure de dépêcher le plus qu'il vous sera possible toutes les affaires que vous avez en ce pays-là et de vous en venir bientôt. J'ai la plus grande envie du monde de vous voir et de vous embrasser. Adieu, mon très-cher, aimez-moi autant que je vous aime.

Paris, 25 octobre 1654.

Je reçus deux de vos lettres : vous pouvez croire si elles me sont chères et si elles me donnent de la joie : je vous aime beaucoup plus que moi-même. J'ai eu aussi bien du déplaisir d'apprendre par elles que vous vous étiez encore trouvé mal, et je serai toujours en inquiétude et n'aurai point de repos jusqu'à ce que je sache votre entière guérison : je vous conjure, si vous avez un peu d'amitié pour moi, d'avoir bien soin de votre santé. J'apprends avec bien du déplaisir que vous êtes toutes les nuits à la tranchée et que vous voulez voir toute chose, et que vous exposez une vie qui m'est mille fois plus chère que la mienne. Je vous supplie pour l'amour de moi de conserver avec plus de soin une vie qui m'est si précieuse et pour laquelle je donnerois la mienne de bon cœur. Je souhaite un heureux succès au siége de Puycerda et je crois qu'à cette heure vous en aurez eu raison. Demain j'irai loger à l'hôtel de Condé, M. de Valence m'ayant dit que vous le souhaitiez ; et comme rien au monde ne m'est si cher que de faire des choses qui vous soient agréables, je veux dans les moindres vous faire connoître que vos volontés régleront toujours les miennes. Mlle de Longueville me vint voir hier et me dit qu'elle partiroit bientôt pour aller trouver Mme de Longueville à Quini, une maison qui est à la Croissette, où M. de Longueville se trouveroit, à ce que je peux connoître. Elles ne sont pas fort bien ensemble : elle me dit que Mme de Longueville est fort mal satisfaite de vous : voilà toutes les nouvelles que je sais, et je finis, mon très-cher, en vous embrassant de tout mon cœur.

Paris, 7 novembre 1654.

Verbouhet, qui vous rendra cette lettre, vous dira que je partirai jeudi d'ici : vous pouvez croire que j'ai bien de la joie de vous aller trouver, étant assuré comme vous êtes que je n'aime rien tant au monde que vous. Je crois que vous ne doutez point non plus de l'impatience que j'ai de vous revoir : je vous assure qu'elle est bien grande et que les jours me dureront furieusement en attendant ce bonheur. Je partirai le plus tôt qu'il me sera possible. Quelle joie sera la mienne de vous voir, mon très-cher ! Mon bonheur seroit parfait si vous en avez un peu de voir une personne qui est toute à vous. M. le cardinal a prié M. de Valence de faire ce voyage avec moi. Je finis vous embrassant de tout mon cœur et vous assurant de nouveau que j'ai la plus grande impatience de vous voir. Adieu, mon très-cher.

Roanne, 26 novembre 1654.

Je crois qu'il seroit inutile de vous témoigner l'impatience que j'ai de vous voir et que vous ne doutez pas que je n'aie beaucoup de déplaisir que le mauvais temps m'empêche de faire toute la diligence que je voudrois. Il y a si longtemps que je n'ai eu des nouvelles de votre santé que je vous prie de me renvoyer cet homme pour m'en apprendre : la dernière lettre que j'ai reçue de vous m'apprenoit que vous n'étiez pas tout à fait guéri : cela me donne de l'inquiétude. J'espère que j'aurai la joie de vous voir dans huit jours : elle sera bien grande pour moi : je veux espérer que vous y prendrez un peu de part : si cela est, je serai contente. Adieu, mon très-cher, je suis toute à vous.

Les ordres du prince de Conti n'avaient permis aucun atermoiement et Cosnac avait répondu au billet du 22 octobre que sous quinzaine il conduirait lui-même la princesse en Languedoc; mais un accident retarda le départ d'abord fixé au 12 novembre. Trois jours auparavant, la princesse chassant avec le roi dans le parc de Vincennes, son cheval butta dans un terrier de lapins, se renversa et elle tomba sur la tête. L'accident parut d'abord très-grave ; on rapporta la blessée à Paris mais les appréhensions furent vite dissipées et l'on put partir[1]. Cosnac fut du voyage. On rencontra le prince à Remoulins[2]. « Il reçut Madame sa femme avec mille caresses. » Une fois arrivé à Montpellier où les États avaient été convoqués, le prince emmena son aumônier dans son carrosse et se fit raconter par lui, avec les plus grands détails, l'affaire du bal.

« Sa jalousie me parut forte, écrit seulement Cosnac, et, malgré ce que je lui avois écrit et ce que je disois, il n'en revenoit qu'à peine. » Au même moment on venait apprendre au prince la mort de Sarrasin. Cosnac repousse le bruit que cet accident ait été causé par les suites d'un coup de pelle à feu sur la tête que le prince lui aurait asséné un jour qu'il en avait reçu un prêt d'argent, mais il admet celui qui donnait pour motif de cette mort, du poison mis dans un potage par un mari dont Sarrasin courtisait la femme : « Cela n'étoit pas sans fondement, car elle mourut quelques jours avant lui. » Sa charge de secrétaire des commandements fut donnée à Guilleragues. En même temps le prince attribuait à Cosnac l'intendance effective de sa maison, qui avait grandement besoin d'être mise en ordre. L'évêque de Valence se rendit à Paris pour traiter de cette situation avec le cardinal ; il obtint ainsi l'octroi d'une pension de prince du sang, la permission de vendre le gouvernement du Berry au prix de 200,000 livres devenues indispensables pour liquider les dettes, la charge de grand maître de la maison du roi ; mais ce ne fut pas sans difficultés et au prix de scènes violentes avec

[1] Cosnac est très-incertain pour la date ; il fixe dans ses Mémoires ce départ au 30 novembre.
[2] Petite ville près du pont du Gard.

Mazarin, dont il est amusant de lire le récit dans les mémoires de l'évêque de Valence. Cet habile prélat avait dû demeurer quelque temps absent pour obtenir ces importants arrangements. Durant son éloignement, un homme adroit et fin, littérateur agréable, l'oratorien Esprit, avait su capter la confiance des deux jeunes époux ; Conti cherchait à s'amuser et trouvait dans Cosnac un adversaire résolu de divertissements en effet peu dignes d'un prince. Esprit au contraire approuvait la passion du prince de Conti à courir à Montpellier les bals masqués.

L'hiver se passa ainsi en petites querelles intérieures sans que nous rencontrions dans les mémoires du temps de détails concernant Mme de Conti. Le printemps rappela son mari à la tête de son armée en Catalogne. Esprit resta auprès de sa femme qui s'installa à la Grange, son mari ne s'étant nullement soucié, comme de raison, qu'elle reparût à la cour. La Grange-des-Prés était située à l'extrémité du faubourg même de Pézenas, dans une situation charmante : bâti par le connétable de Montmorency, ce château, « la plus belle maison du Languedoc », d'après Piganiol de la Force, avait passé au prince de Condé, beau-frère du duc de Montmorency, et de là au prince de Conti.

La princesse entretint avec son mari la correspondance la plus active, la plus tendre surtout, lui écrivant jusqu'à trois lettres le même jour, ne trouvant jamais d'expressions assez chaleureuses pour exprimer ses sentiments, excusant même avec une grâce exquise le peu d'empressement de son mari à lui répondre, et supportant avec résignation de fréquentes souffrances que le prince devait entièrement s'imputer.

Mon cher enfant,

Il faut que vous vous moquiez de tous les gens qui vous écriront qu'il faut que je m'en aille à Paris, que l'air de ce pays ne vaut rien, car vous savez comme ils seroient aise s'ils pouvoient nous ôter le peu de ce temps que nous avons à être ensemble, qui est la seule joie que nous ayons dans ce monde. Je voudrois bien savoir si, quand ces personnes-là étoient amoureuses, on leur auroit fait plaisir de les empêcher de voir la personne qu'ils aimoient. Ils en parlent bien à leur aise. Croyez-moi : il seroit bien fou qui le croiroit. Revenez donc bientôt, mon cher amour : je veux mourir de joie entre vos bras. Adieu, mon tout, aimez bien votre chère enfant qui meurt d'amour pour son cher mari.

Pézenas, ce 30 avril.

Mon-très cher enfant,

Je serai bien fâchée de quoi je n'aurai pas la joie de vous revoir aujourd'hui. Je crois que vous ne doutez pas de mon impatience. Je vous suis bien obligée de la bonté que vous avez eue de m'écrire et de me faire savoir des nouvelles de votre santé. La mienne est assez bonne. Je me meurs d'envie de vous voir : venez donc, mon cher enfant, afin d'ôter d'inquiétude la personne au monde qui vous aime le plus tendrement.

A la Grange, ce 17 mai 1655.

J'avois tort, mon cher, d'avoir cru que vous ne vous étiez pas souvenu de m'écrire de Narbonne. Je vous en fais mille excuses, mais je n'ai reçu votre lettre que ce soir : elle m'a donné la seule consolation que je suis capable d'avoir dans votre absence. Les marques que vous me donnez de votre amitié me sont bien chères. Je voudrois vous en pouvoir donner de la mienne qui vous fissent connoître que l'on ne peut pas vous aimer avec plus de tendresse que je vous aime et que j'ai toute la reconnoissance que je dois des bontés que vous avez pour moi. Mandez-moi souvent de vos nouvelles, et je vous conjure par l'amitié que vous avez pour moi de vous bien conserver. Si je vous suis un peu chère, vous le ferez : je vous laisse à juger dans quelles inquiétudes je suis de savoir que vous allez exposer ce que j'aime plus que ma propre vie : encore une fois, je vous supplie d'avoir soin de vous pour l'amour de moi qui suis et serai toute ma vie vôtre.

La Grange, 19 mai 1655 à 4 heures.

Je reçus hier deux de vos lettres, mon cher. Vous avez bien de la bonté pour moi de m'écrire si souvent et des lettres si tendres et si obligeantes. Je serai la plus heureuse personne du monde d'être aimée de ce qu'il y a de plus aimable : c'est un bonheur qui n'en a point d'égal. Rien ne l'est aussi à la tendresse et à la furieuse amitié que j'ai pour mon cher enfant. Je vous supplie d'en être bien persuadé et que cela durera jusqu'au dernier moment de ma vie, et que je suis incapable de jamais rien aimer que vous. J'ai eu une faiblesse à ce matin à la messe, mais que cela ne vous mette pas en peine, car à cette heure je me porte assez bien. Je vous assure que mon plus grand mal est le chagrin que j'ai de ne vous point voir : j'en ai une impatience extrême : je ne doute pas que vous n'en ayez aussi de revoir votre pauvre enfant : si vous m'aimez, je vous conjure de vous bien conserver : rien ne m'est si précieux que votre santé : ayez-en soin pour l'amour de moi, écrivez-moi souvent de vos nouvelles et aimez toujours celle qui vous aimera toute sa vie plus qu'elle-même.

La Grange, 23 mai 1655, à minuit.

Vous avez bien de la bonté, mon cher, de m'écrire si souvent, mais j'ai à me plaindre de quoi vous m'écrivez des lettres si courtes, mais je vous excuse par l'accablement d'affaires que vous avez, et, pourvu que je sois aussi bien dans votre cœur que vous m'assurez que j'y suis, je serai contente : vous êtes furieusement dans le mien ; il est bien à vous, mon cher enfant : je vous aime avec plus de tendresse que je n'ai jamais fait. Conservez-moi la vôtre qui m'est plus chère que la vie : j'ai une extrême impatience de vous revoir et de vous embrasser un million de fois. Je crois que j'irai demain à Notre-Dame des Gros(?) pour prier Dieu pour vous. Dès que votre siége sera achevé [1], je vous supplie de m'envoyer un homme tout aussitôt qui vienne bien vite me dire que vous vous portez bien, car voilà tout ce que je veux savoir, et que vous viendrez voir bientôt votre chère enfant. Adieu, mon tout, je suis mille fois plus à vous qu'à moi-même.

La Grange, 27 mai 1655.

Je suis dans de cruelles inquiétudes de n'avoir point reçu de vos nouvelles depuis si longtemps, n'ayant point eu de vos lettres que de Rose. Mon cher, vous m'aviez tant promis que vous auriez le soin de m'en faire servir souvent! Vous devriez avoir cette bonté pour moi, car si vous pouviez voir dans quel état je suis quand je n'en reçois point, et quel chagrin cela me donne, je vous ferois pitié et cela vous toucheroit le cœur si vous y aviez autant de tendresse pour moi que j'en ai pour vous; mon cher enfant, je vous aime bien tendrement. Aimez-moi, je vous en conjure. Je m'ennuie furieusement de ne vous point voir : je ne peux plus vivre séparée de vous : venez donc, mon aimable enfant, le plus tôt qu'il vous sera possible : j'ai une

---

[1] Du cap de Quiers.

grande impatience de vous revoir et de vous embrasser de tout mon cœur. Adieu, mon tout, soyez assuré que rien ne sauroit m'être agréable privée de vous et que je vous aime plus que moi-même. Adieu encore une fois, mon cher amour, je vous conjure de m'aimer.

La Grange, 29 mai 1655.

Votre lettre m'a donné bien de la joie : elle est venue bien à propos, car j'étois dans un si grand chagrin d'avoir été si longtemps sans en recevoir que je ne faisois que pleurer ; j'avois une si grande inquiétude, je n'avois point de repos : toutes les choses mettent en peine quand on aime aussi tendrement que je vous aime. J'ai des sentiments bien tendres et bien passionnés pour vous, et, si je l'ose dire, j'ai bien de l'amour pour mon cher enfant. Voilà une déclaration bien hardie, mais je serai fort contente de l'avoir faite si elle vous donne autant de joie que j'en ai eu des assurances que vous me donnez de votre amitié : conservez-la-moi, mon très-cher : elle fait tout le bonheur de ma vie. J'attends avec impatience la nouvelle de la prise de Capdaquiers. Je suis bien fâchée, comme vous pouvez croire, de ce que vous me dites, que peut-être vous ferez le siége d'Ampurias, puisque cela me retardera la joie de vous revoir, et, quoique vous m'assuriez que ce sera pour peu de temps, quand ce ne seroit qu'un jour, ce seroit furieusement long pour moi. Je vous supplie de revenir bientôt : croyez-vous que l'on puisse demeurer si longtemps sans vous voir? Non en vérité : quand on vous connoît bien, on n'a de plaisir au monde que quand on est auprès de mon cher enfant. Je vous envoie vos lettres de Paris : du moins si je les ai ouvertes, c'est parce que devant votre départ vous me l'ordonnâtes ainsi, car autrement je n'aurois jamais pris cette liberté. Pour moi, je n'ai pas reçu de nouvelles autres que de celles qui concernent vos affaires domestiques, lesquelles je crois que vous ne vous souciez guère de savoir. Je vous promets que j'aurai bien soin de ma santé : vous en devez bien être assuré puisque vous savez que toutes les choses que vous aimez me sont chères. Conservez bien la vôtre pour l'amour de moi, je vous en conjure. Voilà une lettre bien longue, mais je prends tant de plaisir à vous écrire que, si je me croyois, je ne finirois point. Écrivez-moi souvent de vos nouvelles. Mandez-moi si vous croyez revenir bientôt. Adieu, mon tout : je vous embrasse de tout mon cœur et je vous supplie d'être persuadé que rien n'est égal à l'amitié que j'ai pour vous; mon cher amour, je vous conjure de m'aimer.

La Grange, 1er juin 1655, à 10 heures.

L'abbé de Roquette vient d'arriver qui m'a rendu votre lettre[1]. J'en avois reçu une autre il y a deux

---

[1] L'abbé de la Roquette, depuis évêque d'Autun, avait été le grand vicaire du prince de Conti pour ses nombreuses abbayes.

jours avec la nouvelle de la prise de Guadaquiers de laquelle je me réjouis tout à fait avec vous. Mais ma grande joie est d'apprendre que, nonobstant tous les dangers et toutes les fatigues que vous avez courus pendant ce siége, Dieu merci, vous vous en portez bien. Mon cher enfant, si vous m'aimez, ayez soin de votre santé : elle m'est mille fois plus précieuse que la mienne. Vous me dites dans votre lettre que vous irez faire le siége d'Ampurias. Mais l'abbé de Roquette m'a dit que vous n'iriez pas à celui-là, mais que vous croyez aller à celui de Cavilléon. Voilà une fort méchante nouvelle pour moi, puisque, si cela est vrai, je ne verrai de longtemps mon aimable enfant. J'en ai un chagrin horrible et je n'en parle que les larmes aux yeux. Je suis au désespoir toutes les fois que j'y songe, car je vous aime par-dessus toutes choses, mon cher amour, et j'ai une furieuse tendresse pour vous. Je n'ai de joie au monde que quand je suis auprès de vous et je souffre horriblement quand j'en suis séparée. Je crois que vous avez aussi bien de l'impatience de me voir, et vous m'avez donné tant de marques de votre amitié et je suis si persuadée que vous en avez pour moi que j'aurois tort si j'en doutois. Mon cher enfant, si vous m'aimez, revenez le plus tôt possible, je ne puis plus vivre sans vous : je vous aime de tout mon cœur. Adieu, mon tout, je suis et serai jusqu'au dernier moment de ma vie sans nulle réserve toute à vous. Aimez-moi, je vous en prie. Je crois que vous ferez bien d'écrire à ma mère et à ma sœur sur son mariage.

La Grange, 6 juin 1655.

Mon très-cher et très-aimable enfant, j'envoie pour savoir des nouvelles de votre santé et pour avoir en même temps le plaisir de vous dire que j'ai pour vous toute la tendresse et l'amour dont mon cœur est capable. Mon cher enfant, je m'ennuie si furieusement de ne vous point voir! Tout de bon je ne puis plus vivre séparée de mon cher amour. Mon tout, il m'est bien cruel d'être privée si longtemps de tout ce que j'ai de cher au monde et de ce que j'aime mille fois plus que moi-même. Je me meurs d'envie de vous embrasser un million de fois, mon cher et mon aimable enfant. Je vous assure que si vous pouviez voir de la manière que vous êtes dans mon cœur, vous en seriez tout à fait aise. Vous en êtes absolument le maître, mon cher amour. Si vous m'aimez, ayez bien soin de votre santé. Je mourrois de douleur si vous ne l'aviez pas aussi bonne que je vous la souhaite. Je vous suis infiniment obligée de la bonté que vous avez de m'écrire si souvent et des lettres si tendres; mon cher, je suis bien sensible aux marques que vous me donnez de votre amitié : croyez que je la sens d'une manière que je ne saurois vous exprimer et que j'en ai la reconnoissance que je dois; conservez-la-moi, mon cher amour, et soyez assuré qu'elle m'est mille fois plus chère que la vie. Adieu, mon tout, je vous embrasse de tout mon cœur et je vous conjure de m'aimer autant que je vous aime.

La Grange, 6 juin 1655.

Quoiqu'il n'y ait qu'un moment que je viens de vous écrire, je ne veux point laisser partir le sieur Lobe, mon médecin, que j'envoie auprès de vous pour avoir soin de votre santé jusqu'à ce qu'il en vienne un de Paris pour vous, sans vous dire, mon cher enfant, que je vous aime de tout mon cœur et que rien n'est égal à l'amour et à la tendresse que j'ai pour mon aimable enfant. Ayez la bonté de me faire savoir souvent de vos nouvelles et ayez bien soin de vous conserver pour l'amour de votre pauvre femme qui a une impatience extrême de vous revoir. Bonsoir, mon tout : je suis plus à vous qu'à moi-même. Je vous conjure de m'aimer et d'être assuré que rien ne peut jamais égaler l'amour que j'ai pour mon cher enfant que j'embrasse un million de fois.

La Grange, 10 juin 1655.

Je suis en une extrême impatience de recevoir de vos nouvelles, n'en ayant point eues depuis quatre jours. J'ai ai un si grand mal de tête de n'avoir pu dormir toute la nuit que vous vous contenterez que cette lettre ne soit point longue : elle vous assurera, mon très-cher enfant, que je vous aime bien tendrement, et que j'ai une furieuse impatience de vous revoir; mon cher amour, revenez le plus tôt qu'il vous sera possible, tout de bon je ne saurois plus vivre privée de mon aimable enfant que j'aime et que j'aimerai jusqu'au dernier soupir mille fois plus que moi-même. Adieu, mon tout, si vous m'aimez ayez bien soin de votre santé. Je vous embrasse de tout mon cœur et je vous conjure d'aimer votre chère enfant.

La Grange, 19 juin 1655, à 10 heures du matin.

Mon cher amour, je ne vous écrirai que trois lignes parce que je me trouve un peu mal. J'eus avant-hier une fièvre de rhume, mais je n'en ai point aujourd'hui et je me porte assez bien. Que cela ne vous mette point en peine, car ce n'est rien. Je ferai tout ce que l'on voudra pour avoir bientôt une parfaite santé, puisque je veux vivre pour mon cher mari et pour l'aimer avec un amour le plus grand et le plus véritable qui fût jamais. Mon adorable enfant, j'ai une impatience extrême de vous revoir et de vous embrasser un million de fois. Vous faites toute ma joie, vous êtes mon amour, tout mon bien et tout ce que j'ai de cher au monde. Je vous aime bien tendrement, mon aimable enfant, je suis toute à vous: aimez-moi si vous voulez que je vive et croyez que je meurs d'amour pour mon cher et adorable mari que j'embrasse de tout mon cœur. Je vous écrirai une longue lettre dans deux jours que j'espère que je me porterai tout à fait bien. Adieu, mon tout, aimez bien votre chère femme.

P. S. Au nom de Dieu et si vous m'aimez, ayez bien soin de vous conserver. Ne soyez pas en peine de ma santé, je me porte bien.

La Grange, 16 juin 1655.

Je suis bien aise de trouver l'occasion du président pour vous écrire. Il vous dira que je me porte bien, et moi je vous dirai, mon cher enfant, que le chagrin que j'ai d'être séparée de vous est si grand que, si vous ne revenez pas bientôt, je tomberai malade quoi que vous en puisse mander M. Esprit ; ce n'est pas l'air de ce pays ici qui me fait mal, car le meilleur du monde me sera fort méchant quand n'y verrai pas mon cher mari, et que j'aurai toutes les inquiétudes que j'ai de le savoir dans des lieux où il a tant de peine et où il se hasarde tous les jours. Mon cher amour, si je vous suis un peu chère et si vous m'aimez, ayez plus de soin que vous en avez de conserver ce qui m'est mille fois plus cher que ma propre vie. Je vous conjure de m'écrire dans combien de jours vous croyez que nous aurons la joie de vous revoir et de nous embrasser un million de fois. J'en meurs d'envie, mon cher amour, et de vous donner de nouvelles marques de la plus grande amour qui fût jamais. Oui, je vous aime, mon cher enfant, et avec une furieuse tendresse, et vous aimerai de même jusqu'au dernier moment de ma vie. Je vous le proteste, mon tout et mon adorable enfant, et que rien n'égalera jamais le violent amour que j'ai pour vous. Je ne saurois assez vous dire la joie que me donnent vos lettres, combien je les relis de fois. Vous avez bien de la bonté pour une pauvre femme de lui écrire si tendrement. Je les baise mille fois, c'est la seule consolation que j'ai dans votre absence. Mon cher amour, conservez-moi cette amitié si tendre que vous m'avez toujours témoignée et que vous m'avez promise : elle fait tout le bonheur de ma vie.

La Grange, 17 juin 1655.

Mon cher amour, vous avez trop de bonté pour moi de m'avoir renvoyé mon médecin et d'être si fort en peine de ma santé ; elle est présentement fort bonne et vous ne devez plus en être en peine : si vous m'aimez, ayez bien soin de la vôtre : autrement je mourrois de douleur. Si vous saviez comme je vous la souhaite, mon adorable enfant ! Votre lettre m'a si fort attendrie et toutes les amitiés que vous me faites m'ont donné tant de joie, que tout de bon je suis bien aise d'avoir été malade puisque cela m'a procuré de nouvelles preuves de l'amitié de mon adorable enfant. Tout de bon vous avez raison de m'aimer, car j'ai une si furieuse amour pour mon cher mari et une si grande tendresse que rien ne la peut égaler que l'impatience que j'ai de le revoir : j'en meurs d'envie, mon cher enfant. Mandez-moi quand vous croyez que j'aurai cette joie et ayez un peu d'impatience de voir votre chère femme qui vous aime tant et si tendrement. Au reste, je ne puis assez vous dire quel soin a eu de moi depuis que je me suis trouvée mal, M. Esprit, et, comme je crois que c'est pour l'amour de vous, je vous supplie de vouloir bien le remercier. Le Gagneur partira dans deux jours pour aller auprès de vous : je lui envie bien le bonheur qu'il aura. Adieu, mon tout, je vous embrasse un million de fois et de tout mon cœur. Aimez bien votre chère enfant qui meurt d'amour pour son cher mari.

La Grange, 17 juin 1655.

Quoiqu'il n'y ait que quatre heures que je vous ai écrit, je ne veux point perdre d'occasion de vous dire, mon cher enfant, que je meurs d'amour pour vous et que l'impatience que j'ai de vous embrasser est extrême. Dès les moments que Castilion sera pris, je vous conjure de m'envoyer dire que vous vous portez bien et que vous viendrez bientôt voir la personne du monde qui vous aime le plus tendrement. Si vous m'aimez, ayez bien soin de vous conserver pour l'amour de moi, puisque votre santé m'est mille fois plus précieuse que la mienne. Adieu, mon cher amour, je suis toute à vous : conservez-moi votre amitié, elle fait tout le bonheur de ma vie, et soyez assuré que je vous aimerai jusqu'à la mort avec un amour le plus grand et le plus véritable qui fut jamais. Mon aimable enfant, je vous embrasse du meilleur de mon cœur. Au reste, je vous supplie de vous souvenir que vous m'avez promis, s'il vient à vaquer une compagnie dans votre régiment, de la donner au fils de la Rivière. M. Esprit me dit que cela me fait mal d'écrire après souper, c'est pourquoi vous vous en prendrez à lui si ma lettre n'est pas plus longue. Je finis en vous assurant que je vous aime de tout mon cœur. Adieu, mon tout.

La Grauge, 17 juin 1655.

J'ai reçu deux de vos lettres aujourd'hui : je vous laisse à penser si elles me sont chères et si les marques que vous me donnez de votre amitié me touchent sensiblement, étant assuré comme vous êtes que vous faites tout mon bonheur. Oui, mon cher amour, vous êtes toute ma joie et tout mon bien, et je n'en puis jamais avoir qui ne me vienne de mon aimable enfant que j'aime éperdument et avec une tendresse furieuse. Mais il me semble, mon cher et aimable enfant, que je ne vous témoigne pas assez le violent amour que j'ai pour vous. Mais si vous m'aimez, mon tout, dites-moi ce qu'il faut faire pour vous en donner de véritables marques, et vous connoîtrez par les preuves que je vous donnerai que rien ne peut jamais égaler l'amour et la tendresse que j'ai pour mon aimable mari. Aimez-moi si vous voulez que je vive, mon cher amour. Je suis assurée que, si vous pouviez voir combien vous êtes avant dans mon cœur et avec quelle tendresse je vous aime, vous en seriez tout à fait aise. Oui, mon cher enfant, je meurs d'amour pour vous. Je suis tout à fait fâchée de la blessure qu'a eue mon pauvre père Talon, quoique vous m'assuriez que ce ne soit rien. Dites-le-lui, je vous en prie, et assurez-le de mon amitié. Adieu, mon ange, je vous embrasse un million de fois et j'ai une impatience extrême de vous voir. Aimez-moi autant que je vous aime et revenez bientôt embrasser votre chère femme.

La Grange, ce 19 juin 1655.

J'attends avec impatience la nouvelle de la prise de Castilion, et j'espère que, quand cela sera fait, vous viendrez voir votre chère enfant qui a une impatience extrême de vous revoir et de vous embrasser un million de fois, mon cher amour. En vérité vous me ferez justice quand vous aurez de l'amitié pour moi, car je la mérite par l'emportement d'amour et de tendresse que j'ai pour vous. Oui, mon aimable enfant, je vous aime tout ce que je suis capable d'aimer, et je vous aimerai jusqu'au dernier moment de ma vie mille fois plus que moi-même. Je vous conjure d'avoir bien soin de votre santé pour l'amour de moi; si je vous suis un peu chère, vous le ferez. Au reste, j'ai vu dans la lettre de l'évêque de Valence ce qu'il vous écrit de moi; il vous mande que je suis mal satisfaite de lui par des mauvais offices qu'on lui a rendus auprès de moi qui sont imaginaires, car je ne l'ai été que par sa lettre qu'il avoue lui-même avoir été un peu forte, à laquelle j'eusse répondu aussi fortement sans l'égard que j'ai eu pour vous. Je crois que ma mère et ma sœur viendront ici, car je les supplie de vouloir bien prendre cette peine, craignant pour ma santé de voyager par les grandes chaleurs; elles seront ici dans huit jours. Mandez-moi si vous reviendrez bientôt, je ne puis plus vivre séparée de mon cher mari : je crois que je mourrai de joie en revoyant mon cher amour. Ayez aussi un peu d'impatience d'embrasser votre pauvre femme qui vous aime tant et si tendrement. Je vous conjure de m'aimer; je ne puis point vivre sans votre amitié : elle fait tout mon bonheur, et je mourrois de douleur si j'y voyois la moindre diminution. Adieu, mon tout : j'ai bien de l'amour pour vous, croyez-moi : l'on ne vous sauroit connoître sans vous aimer de toute sa force, car vous êtes bien aimable, mon cher enfant : je vous aime aussi du meilleur de mon cœur. Mme de Mercœur m'a priée de vous faire ses compliments.

CHAPITRE PREMIER.

La Grange, 21 juin 1655.

J'ai reçu ce matin une de vos lettres qui m'a donné une furieuse joie, par laquelle vous m'assurez que dans cinq ou six jours j'aurai celle de vous revoir. Si vous en avez impatience, croyez, mon cher amour, que la mienne n'est pas moindre que la vôtre, et qu'en attendant ce bonheur les moments me dureront des siècles. J'envoie Arnaud pour savoir le jour que vous arriverez ; mon cher enfant, je crois que je mourrai de joie en vous embrassant. Ayez aussi un peu d'impatience de voir la personne du monde qui vous aime le plus et qui a pour son cher mari toute la tendresse et l'amour dont son cœur est capable, duquel il est absolument le maître. Soyez, je vous en conjure, bien persuadé de cette vérité, et, si voulez que je vive, mon adorable enfant, aimez-moi aussi tendrement que vous me l'avez promis.

Mon cousin est arrivé aujourd'hui[1]. Je crois qu'il n'est pas nécessaire de l'envoyer auprès de vous, puisque vous m'assurez que vous reviendrez bientôt. Je serai fort aise que vous le trouviez à votre gré et qu'il fût assez heureux pour vous plaire. Adieu, mon ange, je meurs d'amour pour vous et ai une impatience extrême de vous embrasser un

---

[1] Philippe-Julien Mancini, duc de Nivernais, après son oncle Mazarin. Né en 1639, il épousa Mlle de Damas-Thianges et fut un des beaux esprits du temps.

million de fois. Aimez-moi autant que je vous aime. Adieu, mon cher amour et mon unique bien.

La Grange, 1er juillet 1655.

Mon très-cher et très-aimable enfant, l'impatience que j'ai de vous voir augmente à tout moment. J'espère que j'aurai bientôt la nouvelle de la prise de Castilion, et qu'après cela j'aurai la joie de voir mon cher amour. J'en meurs d'envie et de l'embrasser un million de fois; mon cher enfant, je vous aime bien tendrement et votre amitié fait tout mon bonheur. Je retiens ici votre valet de pied pour avoir encore une fois le plaisir de vous écrire que je vous aime mille fois plus que moi-même. Je vous conjure, mon cher mari, de revenir le plus tôt qu'il vous sera possible et de donner cette joie à votre pauvre femme qui ne peut plus vivre séparée de son adorable enfant, qu'elle aime de tout son cœur. Oui, je vous aime, mon cher, avec une tendresse que rien ne peut jamais égaler, et je vous aimerai jusqu'à la mort mille fois plus que ma propre vie. Adieu, mon ange, adieu, mon adorable enfant, je suis toute à vous : aimez-moi, mon tout. Je ne puis vivre sans votre amitié. Je vous embrasse de tout mon cœur, et je vous supplie, par l'amitié que vous avez pour moi, de venir bientôt voir la personne du monde qui a pour vous les sentiments les plus tendres et les plus passionnés et qui ne compte pour rien les jours de sa vie qu'elle passe étant séparée de son cher amour.

La Grange, 24 août (1655)

Je prends mon temps pour vous écrire un moment avant que d'être saignée, qu'on avance de quelques jours, parce que je me trouvai un peu mal hier après que vous fûtes parti, mon cher enfant; il ne faut pas que cela vous mette en peine, car ce n'est rien : on vous écrira après que j'aurai été saignée et vous mandera si je m'en trouve bien. Si vous m'aimez, ne vous inquiétez point, car je vous assure que ce n'est rien : j'espère que vous aurez eu la bonté de m'écrire de Narbonne et que je recevrai votre lettre ce soir. Je l'attends avec une impatience extrême, et, puisque c'est la seule consolation que je puis avoir séparée de mon cher mari que j'aime avec une tendresse que rien ne peut égaler, je vous conjure de me la donner souvent : mon cher amour, aimez-moi autant que je vous aime, et soyez assuré que je vous aimerai jusqu'à la mort avec tout l'amour et toute la tendresse dont je suis capable. Adieu, mon tout, je suis plus à vous qu'à moi-même. Je vous embrasse un million de fois. Je vous demande pardon d'avoir mal écrit : je crois que vous ne pourrez pas lire ; mais, pour Dieu ! que vous y voyez que je vous aime de tout mon cœur, et je serai contente.

La Grange, 27 août (1655?).

Vous avez bien de la bonté pour moi, mon cher enfant, d'être si fort en peine du peu de mal que j'ai eu. Je vous écris cette lettre pour vous en ôter, en vous assurant que je me porte bien, et que je n'ai point d'autre mal que le chagrin que j'ai de me voir privée de mon cher mari, que j'aime avec une furieuse tendresse. Je vous conjure, mon cher amour, d'avoir bien soin de votre santé et d'aimer votre chère enfant, qui se meurt d'amour pour vous, et qui vous aimera toute sa vie avec une passion la plus grande et la plus véritable qui ait jamais été. Adieu, mon ange, je suis toute à vous. Il vient d'arriver un gentilhomme de M. de Vendôme qui m'a donné la lettre que vous trouverez ci-jointe. Adieu, mon cher mari, je vous embrasse du meilleur de mon cœur et je vous aime bien, mon tout.

Au mois de juillet Cosnac revint à la Grange; il y trouva la princesse alitée et Esprit plus accrédité que jamais auprès d'elle. Nous avons vu que Mme de Conti n'ignorait pas les accusations que l'évêque formulait alors contre elle, et nous avons aussi vu comme elle les refutait en parlant d'une lettre peu convenable que l'irascible prélat lui avait adressée et dont il a bien soin de ne dire mot dans ses Mémoires. Il se rendit en Catalogne pour rendre compte au prince de ses affaires; il le trouva occupé au siége de Palamos (août-septembre), que la mauvaise volonté du duc de Vendôme fit manquer, et revint à la Grange, où il vit la princesse encore souffrante, et repartit aussitôt.

Le prince de Conti ne rentra à Pézenas qu'au mois d'octobre pour la tenue des États, mais la correspondance de sa femme est interrompue à dater du 1er juillet, soit que ses lettres aient été perdues, soit que sa santé l'ait mise pendant quelque temps dans l'impossibilité d'écrire.

CHAPITRE II.

Conversion du prince. — Le P. de Ciron. — Ses hésitations, ses angoisses. — Le prince accepte toutes ses conditions. — Il devient austère janséniste. — Résistance de la princesse. — Sa conversion. — Elle se brouille avec l'évêque de Valence. — Scène de jeu. — Lettres de la princesse. — Son amour semble augmenter pour son mari. — Lettres du prince. — Il rentre en France. — Nouvelles hésitations de la princesse. — Naissance d'un fils. — Travaux religieux du prince. — Mme de Longueville. — Sa liaison avec sa belle-sœur. — Leur ardeur janséniste. — L'abbé de la Vergne. — Mme de Mondonville. — Austérité du prince (octobre 1655 — octobre 1657).

C'est à ce moment que remonte le changement si profond opéré dans les caractères du prince et de la princesse de Conti. L'idée religieuse s'était réveillée soudainement chez l'un comme chez l'autre sans qu'ils se fussent concertés. Souvent malade par suite de ses anciennes débauches, fréquemment exposé par le hasard des batailles, car il se comportait toujours bravement au feu, le prince de Conti paraît avoir fait de sérieuses réflexions pendant sa dernière campagne et être rentré à la Grange avec des idées très-fermement dirigées vers la religion ; l'influence de sa sœur revenue complétement à Dieu à cette époque dut avoir également une grande action sur lui à cet égard. Toujours est-il que, pris assez gravement à son retour de Pézenas, il crut, pendant qu'il recevait le docte Pavillon, évêque d'Aleth, entendre une voix qui lui disait : « Voilà l'homme auquel il faut que tu t'abandonnes pour te convertir à Dieu tout de bon. » Cet avertissement triompha de ses dernières hésitations, et le soir même il s'ouvrait au pieux évêque en se déclarant prêt à lui obéir sans aucune réserve. Cette conversion déplaisait extrêmement à Cosnac, tout évêque qu'il fût, parce qu'il sentait que son influence, due à l'intrigue, allait nécessairement s'amoindrir et que la princesse ne pouvait tarder à entrer dans la même voie.

Anne-Marie Martinozzi ne savait presque rien de sa religion, à ce que nous apprend le père Rapin. « Comme elle n'aymoit que son mari, ajoute-t-il, et qu'elle en faisoit son idole, ne voyant, ne connoissant alors rien au monde de si grand, elle se faisoit une espèce de religion de n'estimer et de n'admirer rien que lui. Aussi elle n'eut pas de peine à entrer aveuglément dans tous ses sentiments sans les examiner. » Le père Rapin insiste sur ce point pour expliquer le zèle avec lequel elle adopta les erreurs du jansénisme. Cosnac, lui, ne manque pas d'exprimer nettement son mécontentement contre Esprit, l'accusant d'avoir résolu, faute d'autres moyens pour nuire à l'évêque de Valence, « de mettre de la dévotion dans le cœur de la princesse ». Le reproche est au moins piquant dans la bouche d'un prélat.

Le prince et la princesse revinrent passer l'hiver à la cour. Conti avait opéré sa conversion sans aucune arrière-pensée ; il allait chaque jour à la messe, restant tout le temps à genoux par l'ordre de l'évêque d'Aleth, observant rigoureusement les jeûnes, se privant absolument du théâtre — contre lequel bientôt il allait écrire un rigoureux Traité, — portant le cilice et employant la discipline. Mgr Pavillon, ne voulant pas laisser son œuvre inachevée, avait confié le prince à un homme qui ne pouvait que le faire marcher vivement et nettement dans la voie du salut ; le soin fut donc remis au père de Ciron, chancelier de l'Université de Toulouse, alors député à l'Assemblée générale du clergé, qui avait connu

CHAPITRE II. 73

Armand de Bourbon aux États de Pézenas l'année précédente[1]. Il paraît que cette mission parut singulièrement lourde au révérend père, et nous trouvons à cet égard les plus curieux détails dans un volume de la Bibliothèque nationale contenant diverses notes manuscrites relatives au père de Ciron[2]. Lui-même se charge de nous apprendre ses inquiétudes par une lettre adressée le 12 avril 1655 à l'un de ses amis :

« Je n'ai pas été à la campagne, et j'en ai été empêché par une fâcheuse rencontre que je ne saurois vous cacher. M. le prince de Conti, voulant se donner à Dieu et mener une vie vraiment chrétienne, a traité de ce dessein avec M. d'Aleth avant son retour des États et l'a obligé de me nommer sur la demande qu'il lui fit d'une personne en qui il pût prendre une entière confiance. M. d'Aleth, en cette occasion, a dépouillé tous ses sentiments d'amitié et a tendu ce piége à mon salut en un temps auquel je suis si surchargé de moi-même que je ne puis me supporter. En vérité voilà ce qui me manquoit pour me crucifier entièrement. J'aurois bien mieux aimé être condamné à avoir le fouet de la main du bourreau que d'accepter cet emploi, si je ne croyois que Dieu l'a ordonné. Selon le sentiment présent, j'aimerois mieux la mort. » Il ajoutait : « Si cela vient à se découvrir dans Paris, comme il est à craindre,

---

[1] Gabriel de Ciron, député du second ordre à l'Assemblée du clergé de 1656, provoqua la publication des instructions de saint Charles Borromée aux confesseurs pour arrêter les désordres causés par le relâchement des mœurs. Godeau mentionne ce fait dans une de ses lettres pastorales où il traite le R. P. de Ciron de « personnage de savoir et de piété ». Après avoir fondé la congrégation des Filles de l'Enfance à Toulouse, il continua sans cesse de s'occuper de bonnes œuvres ; il se signala par un rare courage dans la peste qui désola Toulouse et mourut dans un âge avancé.

[2] Fonds français, n° 19347.

et que l'on écrivît à Toulouse que je prends la qualité de directeur de M. le prince de Conti, soyez assuré en avance qu'il n'en est rien. Voilà une occasion de damnation pour moi! » Ces angoisses n'étaient nullement exagérées : le R. P. Pinette, dans une lettre écrite à l'occasion de la mort du R. P. de Ciron[1], disait : « Ce que j'ai le plus admiré en lui, ce fut de le voir comme je l'ai vu dans des agonies indicibles lorsque M. d'Aleth lui manda qu'il ne pouvoit en conscience refuser la conduite de M. le prince de Conti. » Au même moment l'évêque de Châlons-sur-Marne s'exprimait bien plus fortement : « Ce qu'il fit de plus considérable est la conduite qu'il garda avec M. le prince de Conti qui mit sa conscience entre ses mains. Et, comme il avoit beaucoup de confiance et d'amitié pour moi, il me découvrit la peine terrible qu'il avoit à se charger de l'âme de ce grand prince. Il ne s'y résolut qu'avec une étrange contradiction. »

Un des Pères de l'Oratoire se charge ensuite de nous tracer ce tableau : « Après que M. de Ciron, notre très-honoré Père, eut été prié par M. d'Aleth, qui lui en écrivit, de se charger de la conduite de M. le prince de Conti, il se prosterna contre terre dans sa chambre, où il versa une grande abondance de larmes, et le père Bain, entrant dans sa chambre, le trouva en cet état, et, lui ayant demandé quel malheur lui étoit arrivé, il lui dit qu'il lui en étoit arrivé un fort grand, puisque M. d'Aleth, pour qui il avoit une grande déférence, l'obligeoit de se charger de la conduite de M. le prince de Conti[2]. » Mais il prit enfin bravement son parti : cependant, avant de s'embarquer à vouloir confesser le prince, il exigea une conférence qui eut lieu le vendredi saint. Le prince de Conti se rendit à l'Oratoire dans la cellule

[1] En 1676. — [2] Lettre du 18 avril 1656, *loc. cit.*

du R. P. Pinette et accepta les conditions du père de Ciron qui n'étaient certes pas douces : abandon de 40,000 écus de rente que le prince avait indûment amassés sur les revenus de ses anciennes abbayes, réparation des dommages causés par les troupes qu'il avait commandées dans nos guerres civiles, profession publique de sa religion, sage règlement de sa maison, retranchement du superflu, payement de toutes ses dettes. Le prince consentit à tout. M. de Ciron fut parfaitement content de l'entretien ; mais il n'oublia pas facilement ses tourments, il l'a écrit lui-même : « Vous saurez un jour jusqu'à quel point de peine je fus abandonné le vendredi saint dans la conversation avec M. le prince de Conti, et combien de larmes je versai nonobstant la dureté naturelle de mon cœur. Mon Dieu ! si ç'avoit été pour mes péchés, que j'aurois de joie ! Il me semble que depuis le samedi saint je suis fort déchargé[1]. » Le prince n'en demeura pas à des promesses, il s'exécuta résolûment. Guy Patin nous l'apprend dans une lettre du 13 septembre suivant, où il énumère les mêmes renoncements et ajoute : « Cela n'est-il pas beau qu'un prince se mette en état d'amendement avant que de mourir[2] ? »

[1] L'évêque de Chatans ajoute en effet dans sa lettre citée plus haut : « Aussitôt que le prince lui eut ouvert son cœur et eut commencé à lui faire sa confession générale, toute la peine de ce bon abbé s'évanouit, et il m'avoua qu'il n'avoit plus trouvé dans cet office de charité que de la consolation et de la facilité. »

[2] Le prince fit plus encore : il voulut se flageller pour ses fautes passées, et, dans le recueil auquel nous faisons ces curieux emprunts, nous trouvons la copie d'une lettre écrite alors par lui « à un gentilhomme dont il avoit enlevé la femme dans le temps de ses débauches ». Il s'agit de M. de Calvimont. Le prince y exprime ses regrets et ses excuses avec une rare humilité : « Monsieur, la juste douleur que vous cause l'injure que vous avez reçue de moi est d'une nature que la douceur avec laquelle vous me la témoignez augmente ma confusion. Je vous assure qu'elle étoit bien grande depuis longtemps, mais, en vé-

La princesse ne pouvait demeurer simple spectatrice de cet émouvant spectacle ; elle aimait trop son mari pour ne pas vouloir l'imiter en tout et pour ne pas le suivre dans la voie où il s'engageait. Il est probable que le prince, qui dès le début dut en entretenir la princesse,

rité, votre lettre l'a mise à un point que je ne puis exprimer. Si le déplaisir que j'ai de ce qui s'est passé pouvoit diminuer le vôtre, je vous proteste que j'en aurois une extrême consolation, n'étant pas juste que, le crime étant à moi seul, j'en portasse la peine avec vous. J'ai une telle horreur du mien que, si je pensois que toutes les satisfactions du monde pussent vous le faire oublier, je vous les ferois avec une grande joie. Cependant je vous supplie de voir que j'emploie ici tout ce que j'ai d'autorité pour vous rendre tous les services dont je suis capable et pour vous témoigner même que je me suis affectionné à votre service. » Et l'auteur du recueil ajoute cette note : « Outre cela, il dit au gentilhomme qui lui apporta la lettre qu'il auroit le dernier plaisir de s'humilier en présence de l'offensé, qu'il n'exigeroit pas de lui de le venir voir, parce qu'il savoit que cela ne lui seroit pas agréable, mais que, si c'étoit sa volonté, il l'assuroit qu'il se jetteroit à ses pieds pour recevoir de lui le traitement qu'il jugeroit le pouvoir satisfaire. »

Ce même recueil contient trente-six lettres ou fragments de lettres du prince au P. de Ciron : les dix-huit premières sont sans date : elles remontent évidemment aux débuts de sa conversion et témoignent d'une grande conviction et d'une véritable foi. Nous n'en citerons qu'une : « Je suis bien en peine de votre mal. Le mien est un fonds d'orgueil inexplicable dont je vous dirai tous les détours lorsque nous nous verrons. Le remède ne consiste pas dans les humiliations extérieures, d'autres y trouveroient leur compte, mais dans une véritable contrition de mon néant que je n'ai que dans mon entendement et non dans mon cœur. Toutes les choses extérieures, si je réussis, élèvent mon orgueil, et les remèdes extérieurs de l'orgueil sont des piéges pour un autre de mes vices. Par-dessus cela je suis dans une immortification étrange, et, sous l'ombre que je travaille beaucoup, je ne refuse aucun soulagement à mon corps ni à mon esprit. M. d'Aleth m'a donné un papier écrit de votre main sur l'humilité, qui m'a fait un peu entrer dans la connoissance de la pratique de cette vertu, qui est la conviction du néant de l'homme. Priez et faites prier pour moi. J'espère vous voir au plus tôt. Je commence toutefois ce voyage avec une santé un peu douteuse. Il me passe par l'esprit que je ne vivrai pas longtemps. Je ne m'appuie pas toutefois là-dessus, car j'ai besoin d'une longue pénitence. »

avait confié ses projets à la fin de sa dernière campagne à Esprit ; nous avons vu avec quelle vivacité Cosnac reprocha à celui-ci ses efforts en ce sens, et il ajoute avec une singulière amertume qu'Esprit avait prévenu son maître « qu'il avoit travaillé à cela durant son absence et qu'elle y avoit les plus belles dispositions du monde ». Les progrès cependant furent d'abord assez lents. « Outre une paresse d'esprit qui lui étoit naturelle, dit le père Rapin, elle faisoit consister la grandeur à parler peu, ce qui la rendoit un peu particulière. Mais elle assaisonnoit cela d'un air de qualité qui ne laissoit pas de la rendre estimable à ceux à qui elle ne parloit pas, et ceux qui avoient trouvé accès auprès d'elle pour la faire parler lui trouvèrent bien de l'esprit, mais un certain genre d'esprit un peu caché, qui ne se découvroit pas à tout le monde, dont la princesse avoit coutume de se servir pour mettre ses sentiments à couvert, ce qui dans la suite lui donna la réputation d'avoir apporté en France un peu de cette dissimulation qui est ordinaire aux gens nés en Italie ; mais après tout ce fut avec un peu de défauts et beaucoup de vertus que cette princesse étoit née, et sa principale vertu, ou plutôt le motif de toutes les autres, fut une grande complaisance pour son mari et une passion de lui plaire qui fut la seule dominante en elle ; et ce ne fut que par là qu'elle conçut de l'estime pour la nouvelle opinion et qu'elle devint janséniste comme sa belle-sœur la duchesse de Longueville, avec cette différence qu'elle étoit trompée sans le savoir et que sa belle-sœur vouloit bien l'être. » Le portrait est trop complet pour que nous ayons voulu le raccourcir [1]. La princesse de Conti prit part aux pre-

---

[1] Cette paresse de caractère l'exposait parfois à paraître manquer même de savoir-vivre : elle se mettait souvent trop à son aise et n'ob-

mières conférences religieuses uniquement pour plaire à son mari ; elle écoutait volontiers Esprit, mais froidement, sans conviction encore, ni entraînement. « La princesse, écrit mademoiselle de Montpensier, n'étoit point dévote d'abord, et ne songeoit point à la retraite qu'elle a faite depuis : mais elle craignoit que, ne vivant pas de même que son mari, elle eût moins de considération. » Elle avait assisté aux entretiens du prince avec l'évêque d'Aleth, comme à Paris elle suivait ceux du père de Ciron, son mari ayant soin qu'ils eussent lieu chez elle pour qu'elle n'eût aucun motif de s'en dispenser. Elle éprouvait cependant des inquiétudes, des luttes, parfois très-vives, qu'elle dissimulait soigneusement. Les apparences cependant témoignaient d'un progrès que Cosnac constate toujours avec mauvaise humeur. Elle eut à ce moment une singulière querelle avec lui, qui marqua sa complète rupture. Un soir l'évêque de Valence vint dans la chambre du prince, qui était alité, et la princesse le pria de jouer avec elle une pistole : on commença à jouer en quatre points. Le sort se prononça pour elle, et en peu de temps elle gagna cent pistoles : cette mauvaise chance semble avoir quelque peu aigri le prélat, qui dit assez brusquement à sa partenaire : « Ce jeu commence à tourner en ridicule. » Mais la princesse répliqua : « Je voudrois bien, pour la rareté du fait, ayant commencé par une pistole, vous pouvoir ruiner avant que de quitter les cartes. » Il fallut continuer. Au bout d'un quart d'heure encore

---

servait pas les plus strictes exigences de la politesse. Au sujet de sa négligence à répondre à Mme de la Mailleraye, la duchesse de Longueville écrit un jour à Mme de Sablé : « Je suis quasi honteuse de ce que vous me mandez de la princesse de Conti. Elle ne fait pas cela par dessein de manquer aux gens, mais il est vrai qu'elle ne sait pas comment il faut procéder avec le monde. »

Cosnac perdait mille pistoles. Le jeu cessa, et la princesse dit en riant à l'évêque qu'elle comptait être payée le lendemain. Cosnac ne prit pas cela au sérieux, mais le lendemain de bonne heure un valet de la princesse vint lui réclamer la somme ; il voulut croire encore à une plaisanterie un peu prolongée et répondit qu'il viendrait s'acquitter à son lever. Il s'y rendit en effet, mais sans rien apporter, et la princesse lui répéta nettement sa volonté d'être payée sans aucun retard. Le soir, chez la reine, Mazarin en parla assez vivement au prélat et le quitta sur ces mots peu encourageants : « Ne vous brouillez pas avec elle, payez-la. » Il courut alors dès le lendemain chez Mme Cécile, première femme de chambre de la princesse et lui remit deux cents pistoles en la priant de dire à sa maîtresse que le reste était représenté par huit cents pistoles qu'il lui avait prêtées en trois fois. Le soir, Mme Cécile lui rapporta la somme en lui disant que la princesse entendait tout avoir « parce que, pour les huit cents que je lui avois prêtées, je m'en étois bien remboursée sur les affaires de la maison ». Le reproche était sanglant et, il faut l'ajouter, immérité ; mais Cosnac ne voulut plus discuter : il courut chez son banquier, s'acquitta séance tenante et alla se consoler en racontant ses doléances à la duchesse Mercœur qui ne put que lui témoigner son inutile sympathie. A quelques jours de là, Mazarin prit encore à part le malheureux Cosnac pour lui apprendre que sa nièce faisait tous ses efforts pour obtenir son renvoi dans son diocèse, en ajoutant qu'il fallait absolument qu'il y eût une cause sérieuse pour « la rendre si animée ». Cosnac vint aussitôt chez elle et feignit de la remercier de ce qu'elle voulait bien s'occuper de lui, comme s'il ne savait rien. Elle lui parla en pleine confiance, persuadée de son ignorance jusqu'à ce que, exaspéré par cette trop grande fausseté, il se laissa aller à lui dire ce qu'il avait sur le cœur. « Je sais tout, conclut-il, Madame, hors ce qui peut m'avoir attiré de vous un procédé que j'ai si peu mérité et où j'ai tant de peine à vous reconnoître.— Je lui dis encore cent choses avec tant de vivacité, que, la voyant accablée de confusion, je crus que le respect m'obligeoit à me retirer. » La reine étant intervenue et le prince de Conti, qui au fond aimait Cosnac et surtout sentait qu'il avait besoin de lui, ayant imité cet exemple, un certain raccommodement ou du moins un apaisement s'opéra. Conti en profita pour faire agir l'évêque, qui lui fut fort utile pour l'obtention du commandement de l'armée d'Italie qu'il désirait vivement : il fallut seulement beaucoup de démarches avant d'arriver à la solution souhaitée à l'hôtel de Conti.

C'est évidemment à cette période que remontent les dernières résistances de la princesse au sujet de sa conversion. Ses agitations intérieures, jointes à de fréquentes indispositions, expliquent jusqu'à un certain point cette humeur maussade et taquine dont le pauvre évêque de Valence semble avoir eu particulièrement à souffrir. Il paraît qu'elle fit à ce moment « des efforts pour éteindre les faibles restes de sa foi languissante », pour endormir les inquiétudes qui l'assaillaient ; elle essaya de ne plus croire à rien et de repousser les aspirations qui l'entraînaient au contraire vers le bien. La maladie qu'elle devait à l'inconduite de son mari faisait des progrès inquiétants : « Mme la princesse s'est trouvée beaucoup plus mal avant-hier, écrit Colbert le 29 juillet 1656 à Mazarin ; pour sauver cette princesse, il faut que Votre Excellence trouve moyen de la séparer de M. le Prince, autrement il est impossible qu'elle puisse échapper à la maladie dont elle est attaquée. »

La réponse du cardinal est curieuse : « Il faut faire en sorte que les médecins disent librement à M. le prince de Conti que, s'il ne se sépare de sa femme, il la fera absolument mourir. Vous pouvez lui dire de ma part que le plus grand mal que Mme la Princesse ait, c'est l'amour que lui a pour elle, et que je le prie de le lui témoigner en la manière que les médecins disent, parmi lesquels M. Valot en parle en des termes assez précis. » Le cardinal ajoute un post-scriptum qui est important : « Vous me dites en une autre lettre que je viens de recevoir, que ledit prince de Conti se disposoit à partir mardi ; mais j'apprends que les cabaleurs l'empêcheront tant qu'ils pourront. C'est pourquoy, parlez avec fermeté, et dites-luy, jusques-là que, s'il ne vient, c'est me déclarer qu'il n'a aucune amitié pour moy et qu'il me préfère ceux qui assuremment n'en ont aucune pour luy, qui ne songent qu'à leurs affaires et à tascher de se rendre nécessaires, et qui préjudicient à sa réputation. Vous en pourrez parler encore en ces termes à Mme la Princesse et luy dire qu'elle ne la fera pas longue si son mary est toujours auprès d'elle, et que ceux qui la flattent, luy parlant autrement, la veulent perdre. Dites-luy aussy, l'obligeant auparavant au secret, que Gourville se vante desjà de la gouverner, et je ne m'en estonne pas, car il avance aussy qu'il fait la mesme chose à mon esgard et qu'il sçait bien comme il faut me mener [1]. »

Gourville avait connu le prince de Conti à Bordeaux d'abord, où la cour l'avait employé comme négociateur secret auprès de lui, puis à l'armée de Catalogne, où il avait eu l'intendance des vivres et d'où il était revenu avec lui en 1655. Il s'était insinué assez avant auprès

---

[1] *Corresp. de Colbert,* par P. Clément, I, 456.

de la princesse, et on peut sans médisance lui attribuer la disgrâce de l'évêque de Valence, mais celui-ci se vengea : « Un de ces messieurs de la cabale contre moi, qui étoit auprès de Son Altesse, dit-il dans ses mémoires, et qui ne m'aimoit pas, étant venu à Paris, et M. le Cardinal s'étant plaint devant lui, il lui dit que c'étoit par mes conseils et que j'avois beaucoup empiété sur l'esprit de Mᵐᵉ la Princesse. » Au mois d'avril 1656 Gourville fut mis à la Bastille ; il y resta jusqu'au mois de septembre[1].

Il ne paraît point que les sages conseils du cardinal aient été suivis : les deux époux demeurèrent ensemble, le prince avançant de plus en plus dans la voie des austérités, la princesse toujours souffrante et hésitante. L'année s'acheva au milieu de ces occupations, et l'hiver se passa sans amener d'incidents à recueillir. Le prince avait obtenu le commandement de l'armée d'Italie, et il alla en prendre possession au commencement du mois de mai 1657. « En partant, dit Cosnac, il me fit plus d'amitiés que je n'en attendois : il me promit de ses lettres, me demanda des miennes en me recommandant madame sa femme dans toutes les affaires qu'elle auroit à la cour. » Mais il ne promit rien, tout en répondant poliment et en ayant même à subir ensuite les instances du cardinal : « Tout ce qui s'étoit passé, joint à l'extrême indifférence que la princesse me témoignoit, me fit croire que je ne pouvois plus faire dans sa maison qu'un mauvais personnage. » Il s'éloigna sous

---

[1] Nous ne pouvons facilement nous expliquer le langage de Mazarin dans sa lettre du 26 juillet, alors que Gourville était encore à la Bastille. Du reste la cabale, pour employer le mot usité, était alors fort déconcertée, comme le remarque Cosnac avec satisfaction : avant le départ du prince de l'armée, nous voyons l'archevêque de Sens exilé dans son diocèse, Candale en Catalogne, la Rochefoucauld à Verteuil, Gourville disgracié, Langlade également.

prétexte d'affaires de famille qui l'appelaient à Amiens, puis, dans la pensée de se rendre enfin dans son diocèse, il vint pour faire ses adieux à la cour alors à la Fère. On lui prodigua les plus flatteuses gracieusetés, et c'est là que le cardinal le prit un soir à part pour lui parler de l'antipathie que lui causait le père de Ciron, et lui annoncer son intention de le faire mettre à la Bastille : « C'est un janséniste qui fait des cabales dans Paris, sous prétexte de dévotion ; M. le prince de Conti et ma nièce ne se conduisent que par ses conseils. » Cosnac assure qu'il plaida contre une mesure aussi rigoureuse et conseilla de renvoyer simplement l'abbé à Toulouse, ce qui fut exécuté un peu plus tard ; mais, certaines indiscrétions aidant, Cosnac eut auprès du prince de Conti la réputation d'avoir provoqué une sévérité qu'il avait au contraire considérablement fait adoucir[1]. De la Fère, le prélat prit le chemin de Valence, où il arriva dans les premiers jours du mois de septembre et où il s'empressa d'entreprendre une visite diocésaine à la nouvelle que le prince de Conti allait passer par là, en revenant d'Italie, excessivement mécontent de l'affaire du père de Ciron et se plaignant hautement de son ancien aumônier à ce sujet.

La princesse cependant avait repris sa correspondance plus active, plus tendre que jamais avec son mari ; on y voit qu'elle en avait fini avec ses fameux doutes religieux et que la foi la plus vive s'était emparée d'elle. Chacune de ses lettres en témoigne, et elle ne cesse de répéter à son mari que la pensée de Dieu et celle de l'éternité devaient être les seuls mobiles de la vie ici-bas.

[1] Voir, plus bas, les lettres de la princesse du mois de juillet de 1657.

A Paris, ce 7 mai 1657.

Mon cher mari, je suis en grande impatience d'avoir de vos nouvelles. J'espérois que Chanest arriveroit aujourd'hui, mais il n'est point arrivé : vous savez que c'est la seule chose qui m'est agréable, privée de mon cher enfant qui a toute mon amitié. Je suis bien assurée que j'ai grande part à la sienne et qu'il m'aime aussi tendrement que je l'aime. J'ai eu bien du chagrin depuis que je suis arrivée ici ; j'ai trouvé un grand bruit sur les affaires de la maison du roi, et je sais comme monsieur le cardinal vous avoit écrit une lettre assez rude sur ce sujet. Il m'en a parlé se plaignant de ce que vous avez fait à Fontainebleau tout le contraire de ce que vous étiez demeuré d'accord avec lui. Comme je m'étois fort informée de la chose devant que de le voir, afin de lui faire connoître qu'il avoit tort, je lui en parlai assez fortement. Je lui dis sur ce qu'il se plaignoit que vous eussiez permis aux pourvoyeurs qu'en cas qu'ils ne fussent point payés de quitter ; que c'étoit une chose que tous les autres grands maîtres avoient faite, et que, s'il ne me croyoit pas, je le lui ferois voir. Guilleragues vient de me porter la lettre de Son Éminence pour vous, que je croyois que vous aviez déjà vue et que que M. d'Estrade lui a donnée, parce qu'on lui a dit qu'elle étoit un peu fâcheuse ; il ne l'a pas voulu porter. Je l'ai ouverte croyant que vous le trou-

veriez bien. Je fus encore hier chez S. Ém. et y
menai Marande et nous lui fîmes si bien voir que
vous n'aviez rien changé de ce que vous lui aviez
dit et que vous aviez tout fait dans l'ordre que je
crois que nous le convainquîmes ; mais, comme
vous pouvez penser, il n'eut garde de l'avouer.
Bréquigny vous dira les autres choses sur quoi
l'on a fait des bruits. Pour moi, j'ai ordonné aux
maître d'hôtel et contrôleurs de suivre les ordres
que vous leur avez donnés ponctuellement et qu'ils
me laissent le soin du reste. Je vous avoue pour
moi que cela ne m'a donné de la peine que par le
chagrin que je suis assurée que cela vous donnera.
J'aurois souhaité pouvoir vous l'ôter de tout mon
cœur et avoir mille fois le chagrin que cela vous
donnera, mais il faut que vous le souffriez avec
joie pour l'amour de Dieu et que vous soyez bien
aise d'avoir cette peine pour la lui offrir. J'en ai
parlé au milord, qui m'a dit qu'il croit que vous
ferez bien de répondre à S. Ém. un peu fortement
lui disant vos raisons. A moi aussi, il me semble que
cela seroit bien. La cour est partie aujourd'hui :
pour moi, je demeure à Paris pour me baigner et
je n'irai retrouver la reine qu'après que j'aurai
pris les eaux de Forges. Bréquigny vous dira
toutes les nouvelles d'ici : pour moi, je vous dirai
que je m'ennuie furieusement de ne vous point
voir, que je ne saurois avoir de joie sans vous, que
vous êtes tout mon bien, que je n'aime rien au
monde que vous, et qu'en vous disant tout cela je

vous assure que je ne vous dis que la moindre partie de ce que je suis pour mon bien cher mari. Adieu. Priez Dieu pour moi, je vous en supplie.

Paris, 8 mai 1657 [1].

Mon cher enfant j'ai reçu avec beaucoup de joie une de vos lettres : c'est la seule que je suis capable d'avoir quand je ne vois pas mon cher mari qui fait tout le bonheur de ma vie : jai un furieux chagrin d'être séparée de lui : je crois qu'il en a aussi de ne point voir sa pauvre femme : elle vous aime avec un amour extrême et il ne peut être égalé que par celui que je sais que vous avez pour moi : aimons-nous, mon cher mari, mais aimons-nous en la crainte de Notre-Seigneur ; n'aimons que lui qui est notre souverain bien, et il faut être à lui sans nulle réserve : priez bien Dieu pour moi, car j'en ai un furieux besoin. J'ai parlé au milord [2] de l'affaire de 130,000 livres : il la trouve juste ; c'est un bon homme et qui est bien à Dieu. Marquisio vous a informé de toutes nos affaires, et

[1] Le même jour, le prince écrivait de Moulins au P. de Ciron : « Je ne puis vous rien écrire de mon intérieur, car, outre qu'il faut un peu de séjour à Lyon pour me mettre devant Dieu afin de vous en informer plus en détail, il est présentement si diversifié de soucis et d'inquiétudes, de recueillement et de sécheresse, que rien n'est si bizarre, presque aucun jour ne se ressemblant. J'ai presque toujours ma misère devant les yeux depuis mon départ, et cette parole dans la mémoire que vous me dites en relaxant ma pénitence : *Tantum ne libertatem des in occasionem carnis.* J'espère par la miséricorde de ce Dieu, non pas autre chose, de la mettre en pratique. »

[2] Ce mot désigne le P. de Ciron.

c'est pourquoi je ne vous dis rien : on ne peut pas en mieux user qu'a fait Mme de Liancourt; elle souhaite fort que celui qui est dans Nanteuil y demeure : je serois de méchante grâce de le lui refuser : mandez-moi votre volonté là-dessus, et vous pouvez croire qu'on fera ce que vous ordonnerez. On avoit investi Cambray où il n'y avoit que cinq cents hommes dedans : Monsieur le prince, qui venoit avec quatre mille hommes, croyant que l'on avoit assiégé..., on lui dit par le chemin que c'étoit Cambray, et il prit des guides pour s'y en aller et entrer dans la place. Dans cette affaire entre mort et pris, il n'y a eu que ce seul Barbesiere que le malheur suit en tout lieu. La cour est à la Fère : on ne sait point encore ce que fera l'armée de Flandre. S. M. m'a fait écrire sur ce que je lui avois mandé de retenir l'argent de Chemerault : que cela n'avoit pas été payé à M. Guepuan pour remettre la compagnie dans l'état qu'elle devoit être et pour réparer les désordres que la compagnie des gens d'armes avoit faits, mais qui avoit été payé et qu'il n'y avoit rien à faire : qu'on ne devoit pas faire difficulté de le retenir à la Bastille jusqu'à ce que vous eussiez réglé ce qu'il devoit donner et qu'il eût fait, puisque je ne l'avois point fait; du reste ce pourquoi vous manderez, s'il vous plaît, ce que vous croyez qu'il soit obligé de donner et qu'on donne ordre à cette affaire. Je ne sais si je m'explique bien, mais je me fie en votre esprit qui fait que vous entendez à demi-mot ce que l'on vous dit. Ce que je vous conjure de bien comprendre, c'est l'amitié que j'ai pour vous; mais je le crois impossible, puisqu'elle est extrême et que rien ne le peut exprimer. Aimez-moi de tout votre cœur, je vous en prie. Bonsoir, mon cher mari; je suis toute à vous, je vous le proteste.

Paris, 11 mai 1657.

Charay est arrivé. J'ai eu bien de la joie en recevant ses chères lettres. Les marques de votre amitié me sont si chères que, quoique j'en suis assurée, je ne laisse point d'en être furieusement touchée. Mon cher mari, l'amour que j'ai pour vous est extrême; je crois que rien ne le peut égaler que celui que vous avez pour moi. Conservez-le-moi, mon cher enfant, je vous en prie; mais il faut aimer Notre-Seigneur plus que toute chose, car nous ne sommes rien : il faut être bien à lui et le prier qu'il nous fasse la grâce de ne nous aimer qu'en lui pour l'amour de lui, et qu'il nous mette bien dans le cœur qu'il faut toutes nos espérances à lui et que tout le reste n'est que vanité. Je donnerai votre lettre au milord avec les mémoires que vous avez envoyés de vos terres. Nous avons commencé une neuvaine pour vous à la Sainte-Épine. J'y suis allée aujourd'hui y entendre la messe : c'est un bon homme et qui est bien à Dieu. J'ai su ce que vous mandez à Marquisio sur nos affaires : tout de bon, on ne peut pas en user d'une manière plus obligeante que vous faites pour moi. Ce n'est pas pour vous faire un compliment, car nous n'en sommes point là.

Je ne veux rien dire de nos affaires, car je dirai à Marquisio de vous en informer. Les bruits qu'il y avoit eu pour la maison du roi sont tout à fait apaisés. Je crois être obligée de vous dire qu'on ne peut pas ni plus fortement parler ni mieux pour vos intérêts sur cette affaire que fit Marande à S. Ém. devant moi. Je crois qu'il est inutile que je vous supplie de m'écrire souvent, puisque je sais que vous y prenez autant de plaisir que moi. Adieu, mon cher enfant; je vous aime plus que moi-même, je vous le proteste.

M. de Longueville a été à Paris et m'a été voir; il est allé à la cour; il m'a dit que le mariage de sa fille se fera à son retour.

Paris, ce 11 mai 1657.

Quoi qu'il n'y a que deux heures que je vous ai écrit, je le fais encore avec joie par un courrier que vous envoie l'abbé de Roquette pour vous dire encore que je vous aime de tout mon cœur. Aimez-moi, mon cher mari, et me croyez toute à vous. Souvenez-vous de prier Dieu pour moi, car j'en ai bien besoin : je suis si méchante! Adieu, mon tout; bonsoir, mon cher mari, je suis plus à vous qu'à moi-même. Tout le monde dit que l'affaire de l'abbé de Roquette est honnête, entre autres M. Esprit, qui dit qu'il faut écrire pour lui ; mais, comme il a dit à sa présence, je ne lui dirai pas. Vous savez comme il aime à se mettre bien avec les domestiques ; mais, pour parler sérieusement, on dit que c'est une chose qui ne s'est jamais faite. Je crois qu'il n'est pas besoin de vous le recommander : vous verrez combien vous y êtes intéressé.

Paris, 15 mai 1657 [1].

Mon cher mari, j'ai une impatience horrible que le courrier arrive afin d'avoir de vos nouvelles : c'est la seule consolation qui me reste, privée de vous qui êtes tout mon bien et mon unique joie. Je vous aime de tout mon cœur, mon cher mari, et vous m'aimez bien aussi. Je vous proteste que je suis aussi sûre de vous que de moi. Je sais que nous nous aimerons toujours et que nous sommes le bonheur l'un de l'autre. Écrivez-moi des lettres bien longues, je vous en prie, au nom de Dieu. Ayez bien soin de votre santé, elle m'est mille fois

---

[1] Le même jour le prince écrivait de Lyon au P. de Ciron : « M. de Montaigu nous a joints. Nous sommes trois de notre bord. Nous nous assemblons tous les soirs pour prier et pour conférer de nos obligations chacun en notre poste et pour nous départir entre nous les bonnes œuvres. Nous avons eu ici le bonheur d'assister plusieurs pauvres, de faire sortir un prisonnier et de réconcilier deux familles des plus considérables de Lyon qui étoient à coupe-gorge... Il y a des comédiens ici qui portoient autrefois mon nom : je leur ai fait dire de le quitter, et vous pensez bien que je n'ai eu garde de les aller voir... Je suis assez en paix, avec peu de goût à la prière et au déjeuner (la discipline). »

plus chère que ma vie. Marquisio vous informe de toutes nos affaires, c'est pourquoi je ne vous en dirai rien. Il m'a prié de vous recommander l'homme pour lequel il vous prie. Vous en ferez ce que vous jugerez convenable. Je pars lundi. Barbezière est présentement à la Bastille. On m'a dit une nouvelle que je ne saurois croire jusqu'à ce que vous me mandiez ce qu'il en est, qui est que vous avez donné la main chez vous au prince de Carignan : cela seroit d'une horrible conséquence, car, s'il venoit à Paris, vous seriez obligé de lui donner la main, et par conséquent à tous les princes et à son frère aussi, puisque lui n'est pas fils de souverain et n'est pas plus que les autres princes. Je vous avoue que je ne saurois me persuader que vous l'ayez fait. Mandez-moi ce qu'il en est. Le milord viendra de Forges dans cinq ou six jours après moi : il prie bien Dieu pour nous. C'est un bon homme et qui vous aime bien ; ce n'est pas qu'il le dise, mais je le bien (*sic*) comme l'amitié d'un homme qui est bien à Notre-Seigneur comme il est, et bien précieux et bien solide. Bonsoir, mon pauvre enfant. Je vous aime avec bien de la tendresse et vous êtes bien avant dans mon cœur. Je vous le proteste, mon tout, et que je suis plus à vous qu'à moi-même.

Paris, 15 mai 1657.

Mon cher mari, j'ai reçu avec bien de la joie

une de vos lettres de Lyon. Je ne doute point que vous ne vous ennuyez fort de ne point voir votre chère femme. Vous croyez bien qu'elle a un chagrin qui ne se peut exprimer d'être séparée de vous. Vous êtes toute ma joie, et je n'en saurois avoir quand je ne vous vois pas. Je suis furieusement abattue. Je fus saignée hier et je pris médecine aujourd'hui et je serai saignée demain. L'Arbouste part demain et je vous écrirai une longue lettre par lui. Celle-ci vous dira comme toutes les autres que je vous aime de tout mon cœur, et je crois que, quoique je vous le dise souvent, vous êtes toujours bien aise de le lire. Vous êtes bien avant dans mon cœur, mon cher enfant, et je vous aime bien tendrement. Aimez-moi, je vous en conjure, et priez Dieu pour moi; je vous assure que je me souviens bien de vous dans mes prières, quoique je sois bien misérable. Adieu, mon cher, je vous donne le bonsoir et suis toute à vous.

Paris, 16 mai 1657.

Je reçus avec beaucoup de joie deux de vos lettres. Vous me dites que vous n'avez point reçu de mes nouvelles par l'ordinaire. Il faut que ma lettre soit perdue, car je vous écrivis le jour que j'arrivai à Paris. Je n'ai pas manqué ni un ordinaire ni une seule occasion de le faire: j'y prends trop de plaisir pour en perdre une seule occasion. Mon cher mari, je suis dans un chagrin horrible de ne vous point voir. Je vous ferois pitié si vous pouviez voir l'état où votre absence a mis votre pauvre femme. Je sais bien que vous êtes bien fâché de l'avoir quittée, mais il faut vouloir ce que Dieu veut et être bien aise de souffrir cette peine pour l'amour de lui. Je vous remercie de ce que vous priez Notre-Seigneur pour moi. Je vous assure que vous ne sauriez rien faire qui me soit plus agréable; je ne prie jamais Dieu que je ne me souvienne de mon enfant; je dis toujours : Mon Dieu, faites miséricorde à mon mari, faites-lui la grâce de n'être qu'à vous. Quand vous écrivez au milord, mandez-lui que, s'il a affaire d'argent pour les missions qu'il envoie en Guyenne, qu'il me le demande; je lui ai déjà dit, mais, comme j'ai peur qu'il n'en fasse façon, il sera bon que vous lui mandiez. Je sais ce que Marquisio vous écrit pour nos affaires. Je crois qu'il sera nécessaire que nous vendions nos terres de Berry pour acheter Nanteuil, car autrement il faudroit trouver 500,000 livres. Je verrai vendredi les sieurs Ozonet et Chapion pour savoir leur pensée sur cette terre. Je me suis baignée aujourd'hui et je crois que je demeurerai tout ce mois-ci : après j'irai prendre les eaux de Forges. Ayez bien soin de votre santé, je vous en conjure, mon cher enfant; aimez-moi et soyez assuré que je vous aime avec la dernière tendresse et que je n'aimerai jamais rien que vous. Je vous embrasse de tout mon cœur, mon cher mari, et suis toute à vous.

A Paris, 18 mai 1657.

Mon cher mari, le courrier de l'abbé de Roquette m'a porté une de vos lettres. J'ai bien de la joie de me voir si tendrement aimée de mon cher enfant : son amitié fait le bonheur de ma vie. Vous m'écrivez des lettres trop courtes. Je vous conjure de m'en écrire de bien longues, car c'est la seule consolation que j'ai, séparée de mon cher mari. Mandez-moi comment vous passez la journée, à quoi vous vous divertissez, si vous avez bien du temps pour prier Dieu : les moindres bagatelles que vous me manderez me donneront de la joie, car tout ce qui vient de vous m'est cher. Mon cher mari, il faut nous aimer toujours, mais il faut prier Notre-Seigneur qu'il nous fasse la grâce de nous aimer en lui et pour l'amour de lui : priez-le bien pour moi, je vous en prie, car j'en ai furieusement besoin. Guilleragues se porte mieux et partira lundi et vous portera mon portrait : il seroit parti déjà, sans que je l'ai fait attendre afin qu'il vous apporte mon portrait. Ils sont à présent d'accord Charnu et lui, et Guilleragues en a bien usé. J'ai vu aujourd'hui les sieurs Ozonet et Chapion et Gaumont pour savoir leurs avis sur Nanteuil : ils m'ont dit que nous ne pouvions faire une meilleure acquisition. Mme de Liancourt s'en est rapportée à... Si nous le pouvions avoir à 500,000 livres avec

CHAPITRE II.   95

la part de M. de Montbazon, ce sera une bonne affaire. On présentera une requête au parlement pour pouvoir vendre jusques à la concurrence de 500,000 livres sans que cela nuise en rien au partage. Je trouve que vous avez raison de vouloir pousser l'abbé de Sainte-Croix, car c'est une horrible insolence que la sienne. Il m'a fait prier de le vouloir voir pour recevoir ses excuses : vous pouvez croire si je l'ai voulu. M. Esprit s'en est allé avec M. de Chalon pour quelque temps : il ne m'a pas dit pourquoi c'étoit, mais on m'assure que c'étoit pour voir une fille que M. de Chalon lui veut faire épouser : si cela est vrai, voilà la pauvre Bouse abandonnée[1] : voilà ce que c'est

[1] Jacques Esprit avait d'abord appartenu, sans entrer dans les ordres, à l'Oratoire : sa santé l'obligea à en sortir; il passa alors quelques temps chez M. de Montausier en Angoumois et de là en Languedoc où Tallemant nous dit « qu'il se donna au prince de Conti ». Il renonça ensuite à ses projets de retraite et le mariage dont il est question eut probablement lieu, car nous savons qu'il se maria à cette époque. Le prince de Conti lui assigna 40,000 livres sur le comté de Pézenas, et la duchesse de Longueville lui donna 15,000 livres en argent comptant. Tallemant nous apprend que sa femme était « une assez belle fille », et ajoute que ce fut pour « l'acquit de sa conscience ». Il eut trois filles; deux se marièrent et une se fit religieuse. Esprit fut logé chez le prince avec une pension de 1,000 livres : il prit un grand ascendant sur lui et gouverna véritablement pour lui en Languedoc. Après la mort du prince, il se retira à Béziers, sa ville natale, où il s'éteignit le 6 juillet 1678.

Cosnac raconte une assez plaisante anecdote, qui montre que ce ne fut pas précisément par une grande indépendance qu'Esprit conquit la faveur du prince. « M. le prince s'étoit mis dans sa tête d'aller en masque courir les rues de Montpellier. Je fis pour l'en détourner tout ce que je pus; je lui donnai assez à entendre que le seul plaisir d'être masqué étoit de ne pas être reconnu. (Le prince était complétement bossu. Ceque le monde : allez vous y fier ! Nous ne sommes pas trop bien ensemble : il boude, mais vous savez comme cela m'inquiète.

Paris, 25 mai 1657.

Mon cher mari, je voudrois bien vous voir : je suis si chagrine et si ennuyée d'être séparée de vous que je n'en puis plus : il faut pourtant avoir patience, puisque Dieu le veut : il faut se conformer à sa sainte volonté : je crois que je ferai bien de vous gronder un peu de quoi vous m'écrivez des lettres si courtes : vous ne répondez pas un mot à tout ce que je vous écris. Je me suis plus tourmentée pour les affaires de la maison du roi, et vous ne me mandez pas seulement si j'ai bien ou mal fait. Je crois cependant que vous avez raison et que je suis bien payée de ma peine par le plaisir que j'ai de la prendre pour vous. N'allez pas croire que je suis en colère, car c'est en riant ce que je dis. Vous savez bien que je ne saurois me fâcher contre mon cher enfant et que je l'aime trop pour avoir jamais rien contre lui. J'ai fait merveille sur l'affaire de l'abbé de Roquette : lui-même vous informera de la chose,

---

pendant, personne ne s'y opposant que moi, il se masqua. Dès qu'il eut achevé de s'habiller, Esprit entra dans sa chambre, et, l'ayant considéré longtemps avec un embarras affecté, il s'approcha de moi, et, d'un ton extrêmement fort quoique étouffé, il me demande : — Quel est celui-là ? — Je sortis de là en m'écriant : Oh ! le lâche flatteur ! — On peut juger si Esprit me le pardonna. » La vérité est que Cosnac détestait Esprit, à cause de l'influence qu'il sut prendre sur le prince.

et moi, je vous dirai seulement que S. Ém. en a fort bien usé et qu'il n'a pas voulu voir l'abbé de Sainte-Croix qui étoit allé à la cour pour se justifier [1]. M. Ondedei a fait fort bien aussi. La cour ira à Boulogne. S. Ém. m'a écrit une lettre pleine de douceur. L'armée de Flandre est de quarante mille hommes : il est arrivé sept mille Anglois. S. Ém. m'a envoyé un mémoire des plaintes contre vos troupes en général, mais particulièrement contre les gendarmes. Je lui écrirai demain et je lui manderai, comme vous m'en avez déjà écrit, de savoir si M. de Guepuan n'avoit pas achevé de les payer, de retenir argent pour mettre les compagnies en état et pour réparer les désordres qu'il avoit faits. Barbezière a enlevé Girardin et l'a mené à M. le Prince : il vouloit prendre la Basinière, mais il le manqua. Chemerault me vint voir hier : il me dit qu'il y avoit plus d'un mois qu'il n'avoit vu son frère : on l'a pourtant mis à la Bastille et Tabouret aussi. Mme de Longueville l'a demandé à M. le Prince : Girardin a dit qu'on veut lui faire payer 300,000 livres de rançon. A la fin Mlle de Longueville est mariée. Le mariage de M. Esprit est rompu avec Mlle de Boussy. Il commencera à cette heure à parler de quelque autre, et apparemment il passera sa vie à traîner des mariages. Marquisio vous informera de nos affaires. Ayez bien soin des miennes auprès de vous : je

---

[1] François Molé, fils du chancelier, abbé de Sainte-Croix de Bordeaux.

vous en prie, aimez-moi autant que je vous aime.
Je sais bien que vous m'aimez de tout votre cœur
et que vous m'aimerez toujours, et je suis assurée
de mon cher mari comme de moi-même : apprenez à faire comme moi, à écrire de longues lettres.
N'allez pas croire que je suis fâchée, et apprenez
que, si je l'étois, je ne gronderois pas. Je ne vous
ai jamais tant aimé que je vous aime. Priez Notre-
Seigneur qu'il me fasse la grâce de n'être qu'à lui
et qu'il me fasse miséricorde. Adieu, mon cher,
je vous écrirai demain par Guilleragues.

Chemerault est payé de tout.

Paris, 26 mai 1657[1].

Je vous écrirai deux lettres à ce matin ; toutes
deux ne vous diront que la même chose, et, quand
je vous en écrirois mille, elles seroient toutes remplies de l'amitié que j'ai pour vous. Je crois que,
comme rien ne m'est si agréable que d'assurer
mon cher mari de l'extrême tendresse que j'ai pour
lui, il en est de même et que rien ne peut tant lui
plaire que les marques de mon amitié : je voudrois
lui en pouvoir donner qui lui en fît connoître la
grandeur et qu'il la possède tout entière : je suis
toute à mon cher enfant. Je le prie de m'aimer et

---

[1] Le même jour, le prince écrivait au P. de Ciron : « Je bénis Dieu des saintes dispositions de ma femme, et je vois par sa correspondance aux grâces de J.-C. le peu de fidélité que j'ai à celles que je reçois qui sont très-grandes, et plus grandes que jamais. »

de prier Dieu pour moi : il faut nous donner bien à lui et le supplier de nous faire la grâce de ne nous aimer qu'en lui et pour l'amour de lui. Les choses de ce monde ne sont que vanité : il ne faut pas s'y attacher. Quoique je sois bien misérable, je ne vous oublie point devant Notre-Seigneur. Faites-en de même, je vous en conjure. Adieu, mon cher enfant, aimez-moi autant que je vous aime.

Paris, 27 mai 1657.

Guilleragues, qui vous rendra celle-ci, vous dira que je me porte fort bien, et moi, je vous dirai que je vous aime de tout mon cœur et que je m'ennuie fort de ne vous point voir. Je crois que vous en êtes de même. Mon cher enfant, que nous serions heureux si nous pouvions toujours être ensemble! Au nom de Dieu, écrivez-moi des lettres un peu plus longues : c'est la seule consolation que j'ai, séparée de mon cher mari, que de lire ses chères lettres. Je ferai mes compliments au milord, il prie bien pour vous. Je vous conjure d'avoir bien soin de votre santé, de prier Notre-Seigneur pour moi. Bonsoir, mon cher mari: je suis toute à vous : aimez-moi de tout votre cœur; je vous aime bien, mon enfant.

Paris, 29 mai 1657.

Mon cher mari, je ne veux pas perdre une seule occasion de vous donner de mes nouvelles. Je sais la joie que vous donnent mes lettres et que c'est la seule que vous ayez, privé de votre pauvre femme qui vous aime de tout son cœur et plus mille fois qu'elle-même. En vérité, mon cher amour, rien ne peut égaler la tendresse que j'ai pour vous : elle est extrême ; je vous conjure d'avoir soin de votre santé pour l'amour de moi, elle m'est mille fois plus chère que la mienne. Guilleragues part aujourd'hui qui vous porte mon portrait. Je lui envie bien le bonheur qu'il aura de vous voir, mon cher enfant. Je voudrois bien être à sa place. Mais Dieu ne le veut pas. Priez Notre-Seigneur qu'il me fasse supporter cette peine pour l'amour de lui et qu'il me fasse la grâce de n'être qu'à lui : il ne faut aimer que lui : tout le reste n'est que bagatelle. Je prie Notre-Seigneur de nous mettre cela bien dans le cœur, à mon cher mari et à moi et que nous mourrions plutôt que de l'offenser. Priez bien Dieu pour moi, car j'en ai un furieux besoin. Bonsoir, mon petit enfant; je suis bien à vous, je vous le proteste.

La cour est à Montreuil où elle demeurera quelque temps à cause que les ennemis sont entre Gravelines et Dunkerque. Je partirai d'ici dans dix ou douze jours pour Forges; après que j'aurai pris les eaux, j'irai à la cour : S. Ém. m'y souhaite fort. Je crois n'y pouvoir être qu'au commencement de juillet. A quelque lieu que je sois, il me sera fort désagréable, puisque je ne trouverai pas mon cher mari qui est tout mon bien et tout ce que j'aime au monde.

Paris, 29 mai 1657.

Quoique je vienne de vous écrire et que je l'aye déjà fait par Guilleragues que je croyois devoir partir il y a deux jours, je le fais encore avec joie pour vous dire ce que je vous dirai toute ma vie, que je vous aime tout ce que je suis capable d'aimer, et que je n'aime rien au monde que mon cher mari. Je crois qu'il m'aime bien et son amitié fait tout le bonheur de ma vie : soyez persuadé de cette vérité et me croyez vôtre.

Paris, 1ᵉʳ juin 1657.

Mon cher mary, je vous aime plus que je n'ai jamais fait : vous êtes bien avant dans mon cœur. Je vous aime bien tendrement, faites de même, aimez toujours votre chère femme qui est toute à vous. Je fis hier mes dévotions et je me souvins bien de vous. Il faut être bien à Dieu, mon cher enfant. Priez Notre-Seigneur pour moi qu'il me fasse miséricorde et qu'il me pardonne mes péchés : je suis bien misérable. La cour est retournée à Amiens. Je crois qu'on a assiégé Cambray. Marquisio vous informera de toutes nos affaires. Il m'a dit seulement de vous mander qu'il a été résolu dans le conseil de M. de Liancour et de M. de Montbazon qu'il vendroit Nanteuil. A cette heure il n'est plus question que du prix duquel je crois qu'on demeurera d'accord bientôt. Je vous supplie de m'écrire le plus souvent qu'il vous sera possible, puisque vos lettres sont la seule consolation que j'ay, séparée de mon cher enfant, que j'aime de tout mon cœur. Je vous conjure d'avoir bien soin de votre santé, elle m'est chère. Priez Dieu pour moi et croyez que je suis plus à vous qu'à moi-même.

..... La vraie et solide amitié que de prendre part au bien qu'il nous arrive qui regarde notre perfection : c'est là notre unique affaire, les autres sont jeux d'enfant et n'en méritent pas le nom. Priez Notre-Seigneur qu'il mette cette vérité dans nos cœurs et qu'il nous fasse la grâce de n'aimer que lui. C'est notre unique bien : aimons-le de tout notre cœur. Bonsoir, mon cher mari, je suis toute à vous. Je vous aime avec un amour extrême ; je vous le proteste, mon tout ; je vous aime bien tendrement et je vous aimerai toute ma vie de tout mon cœur.

Forges, 2 juin 1657.

Vous êtes le meilleur enfant du monde, vous m'écrivez des lettres si tendres et si pleines d'amitié que je ne vous puis exprimer la joie qu'elles me donnent. Vous savez, mon cher mari, que je n'aime rien au monde que vous, que votre amitié fait tout le bonheur de ma vie. Conservez-la-moi, mon cher enfant, je ne pourrois pas vivre si je croyais que le temps la peut faire diminuer. Mais je suis assurée que mon cher mari m'aimera toujours, et je suis aussi assurée de vous que de moi. Mais, mon cher, priez-vous bien Dieu pour que cette amitié nous serve pour notre satisfaction et que Notre-Seigneur nous fasse la grâce que nous vivions comme doivent vivre un mari et une femme chrétienne? Il faut bien prier Dieu pour cela, c'est notre grande affaire et la seule pour laquelle nous sommes en ce monde. Dieu nous a fait une grande miséricorde, à vous et à moi ; il faut lui être bien fidèle. Je me réjouis avec vous de quoi vous êtes dans Valence et que les ennemis se sont retirés. Je ne sais si vous ne serez point jaloux, mais je vois bien que j'aime fort M. de Fueldensagne, mais vous ne voudriez pas que je fusse ingrate, et il m'a fait un si grand plaisir de n'avoir point voulu se battre que j'ai dit mille biens de lui. Vous voyez comme je suis ennemie de votre gloire, et si je suis assurée que vous ne m'en voudrez pas de mal ; il faut bien remercier Notre-Seigneur de toutes les grâces qu'il nous fait et lui offrir toutes les peines que vous avez. Conservez votre santé, je vous en prie : vous savez combien elle m'est chère; la mienne est fort bonne. J'ai commencé aujourd'huy à prendre des eaux.

S. É. souhaite fort que j'aille à la cour, mais je crois n'y pouvoir être que dans un mois. Il m'écrit des lettres pleines d'amitié et me fait sa cour en me disant mille biens de vous, car on croit que je vous aime, et vous savez ce qu'il en est. Je ne vous dis point de nouvelles de mon midi, car assurément vous en saurez de plus fraîches de Paris. Le milord n'est pas encore venu ; il est allé voir M. de Longueville à Coulonbier. Je ne sais pas encore quand il viendra. Continuez, je vous prie, de m'écrire de longues lettres et vous serez un bon enfant : elles sont ma seule consolation, privée de mon tout. Je m'ennuie bien de ne le point voir et j'en ai bien du chagrin ; mais Dieu le veut, et il faut avoir patience et le souffrir pour l'amour de lui. Marquisio veut que je demande le bien de M. le Prince à M. le cardinal. Je crois qu'il vous en a écrit la raison ; elles me paroissent assez bonnes, mais je n'en parlerai point que je n'aie su vos sentiments là-dessus ; ils régleront toujours toute ma conduite. Je crois que vous n'en doutez pas ; je vous conjure d'en être persuadé et que rien ne peut égaler la tendresse que j'ai pour vous. Adieu, mon très-cher mari, je vous aime beaucoup plus que moi-même et je serai toute à ce cher enfant, je vous le proteste.

A Gisors, ce 20 juin 1657.

Mon cher mari, je me réjouis avec vous des belles choses que vous avez faites. Il faut bien espérer d'un si heureux commencement. Tout le monde trouve cette action fort belle et d'une grande importance.

Il faut en remercier Dieu et le supplier que ce soit pour sa gloire et pour l'avancement de son règne. Je ne doute point que vous ne l'ayez fait, mon tout. Je suis si chagrine et si inquiète de vous savoir dans des continuels dangers que cela me donne la mort. Vous pouvez penser si, vous aimant aussi tendrement que vous m'aimez, je puis entendre de si tristes nouvelles sans être dans de continuelles appréhensions. Je vous conjure, par l'amour que vous avez pour moi, d'avoir bien soin de vous. Vous savez combien vous m'êtes cher, et que je donnerois ma vie de bon cœur pour la conservation de votre santé. Vous faites bien d'offrir les peines et les fatigues que vous avez à Dieu, car c'est pour lui qu'il le faut souffrir. Priez Notre-Seigneur pour moi, qu'il me fasse miséricorde, et soyez toujours bien à lui. Je serai demain à Forges; le milord y viendra huit jours après. Je crois que j'y demeurerai un mois. J'ai votre portrait avec moi, jamais je n'ai rien vu de si ressemblant. Je l'aime tant! et quand je veux me réjouir un peu, je regarde un peu ce grand enfant que j'aime avec une grande tendresse. Mon cher mari, je ne vous ai jamais tant aimé; je sens une tendresse au fond du cœur pour vous plus grande qu'il me semble que je n'ai jamais sentie. Je voudrois bien vous voir, et quand je regarde cela combien cela est éloigné, cela me donne une profonde mélancolie. Il faut offrir à Notre-Seigneur la souffrance avec joie pour l'amour de lui; il faut le supplier qu'il nous fasse la grâce de ne nous aimer qu'en sa sainte charité, autrement il vaudroit mieux mourir, car nous ne sommes que misère. Priez bien pour moi. Adieu, mon enfant; aimez la pauvre femme et la croyez vôtre.

Paris, ce 5 juillet 1657.

Mon cher mari, je serai toujours dans les dernières inquiétudes jusques à ce que vous ayez pris Alexandrie. Mon cher, je vous conjure d'avoir bien soin de vous conserver pour l'amour de moi. Vous pouvez penser si je suis en peine et si j'ai bien des chagrins. Vous aimant aussi tendrement que je vous aime, vous êtes tout ce que j'ai de cher au monde et tout ce que j'aime. Si vous m'aimez comme je suis bien assurée que vous faites, vous aurez soin de tout mon bien, de toute ma joie, de mon cher enfant; si vous voulez me témoigner votre amitié, vous ne sauriez pas trouver une meilleure occasion. Profitez-en, je vous en prie, mon cher mari. Je ne me fâche point de quoi vous m'écrivez des lettres courtes, car je sais bien que vous n'avez pas de temps de reste; au contraire, j'aime bien mieux que le peu que vous en avez vous l'employiez à prier Dieu. Pourvu que vous me mandiez que vous vous portez bien et que vous m'aimez bien, je suis contente, et, quand vous aurez plus de temps, vous m'écrirez des lettres bien longues. Je suis contente quand j'apprends que vous servez bien Notre-Seigneur, que vous êtes bien à lui. Priez bien Dieu pour moi, je vous en conjure. Montmédy est pris; je partirai demain pour la cour, qui est à Sedan. S. Ém. m'a mandé de partir le plus tôt que je pourrai, afin que l'escorte qui ramènera Mademoiselle à Reims me conduise à Sedan[1]. J'ai reçu la réponse de M. Ondedei sur ce que je vous écrivis l'ordinaire passé, et je vois par ce qu'il me mande qu'on nous avoit rapporté des choses bien plus fortes qu'elles ne sont, et que tous ces bruits ne sont pas grand'chose : tout consiste à ce qu'il croit le milord un homme d'intrigue et qu'il se mêle d'autres choses que de prier Dieu. Je ferai tout ce que je pourrai pour les en détourner et pour

[1] « J'arrivois à Reims en plus bel équipage que je n'en étois partie, dit Mademoiselle ; Mme la princesse de Conti y étoit arrivée, il y avoit un jour, qu'on m'y attendoit pour se servir de mon escorte; elle me vint voir dès que je fus arrivée. Je ne l'avois point vue depuis qu'elle étoit mariée, parce que les deux fois que j'étois approchée de Paris, elle étoit grosse une fois, et elle étoit à Forges. Je la trouvois belle et bien faite; elle étoit fort crue depuis que je l'avois vue. Elle me parla fort de Forges, du profit que lui avoient fait les eaux, de l'espérance qu'elle avoit de se porter bien à l'avenir, car, depuis qu'elle s'étoit mariée, elle avoit été grosse deux fois, et toutes les deux fois elle avoit accouché avant terme, les enfants morts. Je lui fis la guerre de ce qu'on disoit qu'elle n'alloit pas à la comédie, tant elle étoit dévote; à quoi elle me répondit qu'elle iroit avec moi quand je voudrois. M. son mari s'étoit tout à coup jeté dans une extrême dévotion : il en avoit quelque besoin, car avant il ne croyoit pas trop en Dieu, à ce que l'on disoit. Il étoit extrêmement débauché..... on dit qu'il avoit beaucoup de pente à devenir jaloux ; les dévots se rendent fort maîtres des domestiques quand ils sont jaloux ; cela ne plaît pas à une femme. Toutes ces considérations firent sur son esprit ce qu'auroient fait les années. Elle mena à vingt-trois ans la vie d'une femme de cinquante. Je la trouvois fort raisonnable et elle me plut extrêmement. »

le leur faire connoître tel qu'il est. La reine dit qu'il est janséniste : vous savez comme elle lui en veut. Comme on a fort décrié les terres de Berry et que l'on n'a pas trouvé ce qu'elles valoient, qu'on ne trouve personne qui les veuille bien payer, Marquisio croit qu'il faut que nous vendions Dormans. Je crois qu'il faudra le faire pourvu que vous le trouviez bon ; mais, si cela arrive, je suis d'avis, pour punir Charay, qui a décrié les terres de Berry de peur qu'on ne les vendît et que son père n'en eût plus le maniement, qu'on les lui ôte effectivement, enfin de lui apprendre à vivre. Bonsoir, mon cher mari; aimez de tout votre cœur celle qui vous aime avec un amour extrême et qui est plus à vous qu'à elle-même. Adieu, mon tout.

Le milord est encore auprès de votre sœur ; il pourroit bien venir demain matin pour me voir. Je ferai devant que partir mes dévotions; je ne manquerai pas de prier Dieu pour vous.

Forges, ce 11 juillet 1657.

Mon cher mari, j'ai reçu avec bien de la joie la lettre que vous m'avez écrite par le Meni. Il est à la cour. Je ne sais pas encore ce qu'il y a fait ni quand je le verrai; je ne puis apprendre qu'avec bien du chagrin que je serai deux ordinaires sans recevoir de vos nouvelles, puisque la seule consolation que j'ai, privée de mon cher enfant, est de lire ses lettres, de savoir qu'il se porte bien et qu'il

m'aime toujours bien tendrement; je suis bien
assurée que je suis bien avant dans son cœur et
qu'il aimera toute sa vie sa chère femme. J'ai
pourtant la plus grande joie du monde d'en voir
des marques dans ses lettres et dans tout ce qu'il
fait, et, quand il me le diroit cent fois par jour, la
chose du monde qui me seroit la plus chère et la
plus agréable seroit qu'il me dît encore qu'il m'aime. Vous le croyez bien, mon cher, et que l'amour
que j'ai pour vous est extrême. Mais, mon enfant,
il faut aimer Notre-Seigneur par-dessus toute chose
et ne rien aimer que pour l'amour de lui. Priez-le
qu'il nous fasse cette grâce et celle de nous donner
tout à lui; tout le reste n'est que bagatelle. Je
remercie Dieu de tout mon cœur des grâces qu'il
nous fait : il faut lui être bien fidèle. Je me réjouis
de quoi vous avez fait le 24° : priez bien Notre-
Seigneur pour moi, car j'en ai bien besoin. J'ai fait
vos compliments au milord. J'ordonneray qu'on
donne à M. Stitier (?) ce que lui-même a jugé à
propos : je crois qu'il vous en écrit lui-même. Je
lui ai demandé si on pouvoit en conscience avoir
un ordre du roi pour faire arrêter le gentilhomme
qui a fait des insolences que vous me marquez dans
la vôtre : il m'a dit que cela se pouvoit sans difficulté.
Marquisio vous en a écrit : je lui ferai mander ce
soir que je crois à propos qu'on lui envoie un ordre
du roi pour le faire venir. Je crois que je serai
encore ici quinze jours pour achever de prendre les
eaux, qui me font du bien, et je prendrai huit jours

du lait d'ânesse. Le roi et S. Ém. sont à Sedan : la reine est demeurée à la Fère. Chanet vous mandera toutes les nouvelles : Guilleragues et Chanet sont mal ensemble à cause de la charge de secrétaire de la maison du roi. Pour moi, je trouve que Chanet a raison; mais, comme j'aime Guilleragues, je ne veux point m'en mêler et il faudra que ce soit vous qui les accordiez. Vous saurez assurément par eux leur différend.

Forges, 16 juillet 1657.

Le Meni, qui s'en retourne auprès de vous, pourra vous apprendre des nouvelles de ma santé : je lui envie bien le bonheur qu'il aura de vous voir. Je voudrois bien pouvoir être à sa place : je me meurs d'envie de voir mon cher mari, et son absence m'est insupportable. Je l'aime plus que je n'ai jamais fait, et rien ne me sauroit être agréable, privée de lui. Priez Notre-Seigneur pour moi, et qu'il me fasse la grâce de souffrir le chagrin que j'ai de votre absence pour l'amour de lui : il faut se donner tout à Dieu, c'est notre unique affaire et la seule pour laquelle nous sommes au monde, tout le reste n'est que bagatelle. Je me réjouis des grâces qu'il vous fait. Je fis mes dévotions hier et je priai Notre-Seigneur pour vous. J'ai fait vos compliments au milord : j'ai donné déjà ordre pour l'affaire d'Ittier : je me réjouis de la bonne disposition que vous trouvez à l'armée pour faire du bien[1] : Dieu soit béni. Je vous conjure d'avoir bien soin de votre santé pour l'amour de moi. Vous savez combien elle m'est chère. Bonsoir, mon tout, je vous aime avec un amour extrême : aimez-moi, mon cher mari, et croyez-moi toute à vous.

Je ne doute pas que, si vous pouvez m'écrire, vous ne hasardiez de le faire passer par les pays ennemis et que vous ne fassiez toute chose pour cela. Je suis bien assurée de votre soin et du plaisir que vous avez à me mander de vos nouvelles. Vous savez que c'est mon unique joie et la seule que je suis capable d'avoir, séparée de mon cher mari que j'aime de tout mon cœur. Le temps me dure furieusement, en attendant le bonheur de le revoir. J'en ai une horrible impatience, et je n'aurai pas de joie que cela ne soit : aimez-moi bien et me croyez sans nulle réserve toute à vous. Bonsoir, mon cher mari, je vous aime avec un amour extrême, je vous le proteste.

Chanest m'a prié de vous mander que je suis bien contente de lui; je le fais et tout de bon, cela est vrai.

---

[1] « Nous avons porté doucement la plupart de mes domestiques de toute qualité et quelques officiers de l'armée de se confesser et communier. Je le fis ici publiquement le jour de l'Ascension et le ferai encore le jour de la Pentecôte. » (Lettre du prince au P. de Ciron, de Lyon, 15 mai 1657.)

Forges, 18 juillet 1657.

Mon cher mari, j'ai reçu avec beaucoup de joie votre chère lettre ; elle m'en a donné d'autant plus que je craignois de n'en point avoir cet ordinaire et qu'il vous seroit impossible de faire passer vos lettres. Vous avez tant de soin de mon repos que quand je n'en recevrai pas, ce ne sera pas manque de soin : c'est mon unique consolation. Elles sont si pleines de tendresse que je ne puis assez vous exprimer à quel point je suis sensible à votre amitié : elle fait tout le bonheur de ma vie : conservez-la-moi, mon cher enfant, et ayez bien soin de votre santé : ce sont deux choses qui me sont mille fois plus chères que ma vie. Vous avez trop de bonté pour moi de vouloir avoir mon avis sur ce que vous avez donné la main au prince de Carignan ; je trouve que, puisque vous ne l'avez fait qu'après que Madame a protesté qu'en cas qu'il vînt en France cela ne tireroit pas à conséquence et que vous ne le traiteriez que comme les autres princes, vous n'avez pas mal fait, mais je crois qu'il vaudroit encore mieux que cela ne fût pas : je vous dis librement mon sentiment parce que je sais que la bonté que vous avez pour moi fait que vous êtes bien aise que j'en use de la sorte. J'ai fait vos compliments au milord : dorénavant que nous ne serons plus au même lieu et que je ne lui pourrai pas dire de vos nouvelles, soyez soigneux de lui en mander, car il vous aime tendrement et a la plus grande joie du monde de savoir que vous soyez toujours bien à Dieu : c'est où l'on témoigne que je vous suis infiniment chère. S. Ém. m'a parlé du milord en riant et tout le monde m'en fait la guerre, mais les choses n'étoient point comme on vous les avoit dites. J'espère que M. de Valence aura une réprimande parce que je dis à S. Ém. qu'il avoit dit que sans ses prières on l'auroit mis à la Bastille et qu'il avoit fait cela pour nous faire plaisir, à vous et à moi. S. Ém. m'a répondu qu'il n'y avoit pas songé, que le milord n'avoit rien fait, et pourquoi est-ce qu'on l'y auroit mis, et que, pour ce qui étoit de nous faire plaisir, il aimeroit mieux nous en faire que M. de Valence. J'ai avoué hautement le milord pour mon directeur, et tout ce qu'on avoit dit de lui n'étoit que bagatelle et on n'a rien de sérieux contre lui, c'est pourquoi tout ce qu'on vous en pourra mander ne vous doit point inquiéter. Je vous conjure d'avoir bien soin de votre santé pour l'amour de celle qui vous aime mille fois plus qu'elle-même. Je ne sais ni où nous allons, ni où l'on s'arrêtera, cela m'est fort indifférent, car tous les lieux me sont également désagréables, puisque je n'y trouverai pas mon cher enfant. Je ne vous ai jamais tant aimé que je vous aime. Du reste, mon tout, je suis toute à vous, je vous le proteste.

Paris, ce 3 août 1657.

Mon cher mari, je suis dans une peine horrible depuis que j'ai appris par votre lettre que vous avez assiégé Alexandrie. Vous pouvez penser si, vous aimant aussi tendrement que je vous aime, je puis vous savoir exposé à mille dangers, sans être dans de mortelles inquiétudes : elles sont si grandes que je suis toute hors de moi : en vérité, mon tout, ce n'est point vivre que d'avoir une vie si pleine de peines et qui me donnent mille morts. Si je vous suis un peu chère et si mes prières peuvent quelque chose sur vous, je vous conjure, par cette amitié si tendre que vous avez pour moi, de ne pas hasarder une vie qui m'est plus précieuse que la mienne. Au nom de Dieu, conservez-vous, mon cher mari; priez Notre-Seigneur qu'il me fasse souffrir cette douleur avec la résignation que je dois à sa volonté et que je ne vous aime qu'en lui et pour l'amour de lui, car je suis si misérable que je crains tout de ma foiblesse. J'ai bien fait prier Dieu pour vous, pour moi, quoique très-indigne : je n'y manque point tous les jours. Donnons-nous bien à Dieu, le reste est une grande bagatelle. J'arriverai samedi ici où j'attends des nouvelles de S. Ém. pour partir, pour savoir si on m'enverra une escorte, car il est impossible de passer autrement. Je souhaite avec impatience d'y être parce que nos affaires nous pressent, particulièrement les créanciers de M. le Prince et mille autres pour lesquels il faut que j'emploie mon crédit auprès de Ém. Je ferai merveille : je me servirai du chiffre du milord pour vous mander une nouvelle qui est qu'on a fort crié à l'Académie contre la Forture[1] (*sic*). Le voyage qu'il a fait auprès de la désabusée en a été la cause : on l'a traité d'hérétique et d'intéressé. Vous savez qu'il est autant l'un que l'autre : on a fait mille choses contre la dévotion et que les dévots avoient leur fin. Je crois qu'on a l'obligation de tout cela à M. de Valence. Il a pourtant semblé que c'est lui qui a empêché que l'on ne se portât à faire des choses contre, comme à l'éloigner ou le mettre à gage. Mais c'est qu'il joue bien la comédie. Il paroît qu'on est fort aigri à l'Académie contre la Forture. Je crois qu'on a voulu lui faire peur, car on l'a dit à des personnes qui le lui peuvent redire, comme à la reine de Suède, Petrus Currit et autres gens semblables, et à moi on ne me mande rien, au contraire, on m'en fait mille amitiés et on me témoigne être fort content de moi. C'est que l'on veut séparer ses intérêts des miens, afin que, s'il se prenoit quelque résolution contre la Forture, je ne pusse pas m'en offenser. Mais il n'en arrivera pas ainsi, car je prendrai ses intérêts comme les miens, et tout ce qu'on voudra faire contre lui, comme s'il le faisoit à moi, car sur ces sortes de choses il n'y a pas à balancer. En arrivant ici j'écrirai sur

---

[1] Probablement encore le P. de Ciron.

cela à M. Ondedei une lettre très-forte, me plaignant de quoi il ne m'avoit rien mandé de tout ce qui s'étoit dit, et que j'espérois que dès que j'aurois désabusé l'Esprit fort et que je lui aurois fait connoître la vérité des choses, il n'auroit plus rien à dire, et que cependant je le priois de suspendre le jugement qu'il en devoit jusqu'à mon arrivée, et que je répondois de la Forture comme de moi, et que je me chargeois de tout ce qu'il feroit qui pourroit déplaire à l'Académie. Enfin il se dit tant de choses sur cette affaire que je n'aurois jamais fait si je voulois vous la dire. Mais je crois être obligée à vous en dire une qui, je crois, vous mettra en colère, qui est que le Mouton étant allé voir la reine de Suède, c'est lui qui lui a conté toute l'affaire et qui lui a dit que l'Esprit fort lui en avoit parlé, et que la Forture ne se trouveroit pas bien de tout ceci, et tout le reste qui ne finiroit point, et que vous pouvez vous imaginer ; et à moi qui suis sa maîtresse et qui y ai assez d'intérêt, car on a parlé de moi aussi bien que de la Forture, il ne m'en a pas dit un mot, cela est bien étrange. Il a encore dit à la reine de Suède que votre dévotion se refroidissoit tous les jours, que vous ne viviez plus comme vous faisiez ici, quoique pourtant cela aille assez bien. Que Dieu soit béni de tout. Le milord est venu avec moi jusqu'ici : il est présentement à Vaugirard auprès de la reine de Suède qui le souhaitoit avec impatience. Quand je vous verrai, je vous conterai toute cette affaire, car il est impossible de vous en écrire tout le détail. Je vous manderai par le premier ordinaire ce que M. Ondedei m'aura répondu, et, dès que je serai à l'Académie, ce que je ferai sur cela. Je suis résolue de pousser la chose fortement. Que cela ne vous mette point en chagrin : il faut louer Dieu de tout. Marquisio vous informe de nos affaires. Bonsoir, mon enfant : je n'aurai point de joie que je ne vous revoye, j'en meurs d'envie : aimez-moi de tout votre cœur et me croyez vôtre. Je vous embrasse mille fois de tout mon cœur et je vous conjure d'avoir soin de votre santé. Adieu, mon cher mari.

P.-S. — Mon cher, faites comme moi, écrivez-moi des lettres bien longues : je vous en prie : aimez-moi, je vous aime tant ! Vous avez toute mon amitié : j'aurois trop de joie si je pouvois être auprès de vous : ayez un peu d'impatience de me voir, j'en ai une furieuse de voir mon cher mari. Bonsoir, je suis toute à vous. Souvenez-vous de prier Notre-Seigneur pour moi, je vous en conjure.

Péronne, 5 août 1657.

Je prends trop de plaisir à vous écrire pour en perdre une seule occasion, et de vous dire que je vous aime avec une tendresse que rien ne peut égaler, et, quoique je vous en assure souvent, je suis assurée que vous êtes bien aise de le lire dans mes lettres. Je souhaite de tout mon cœur de vous le pouvoir dire bientôt et d'avoir la joie de vous revoir. J'en ai une extrême impatience : j'aurai bien du chagrin à attendre ce bonheur. Je presserai fort S. Ém. qu'il vous permette de revenir bientôt. Il me l'a fait espérer, et je vous laisse à penser si je l'en presserai, puisque vous savez combien vous m'êtes cher et que je n'ai de joie au monde que quand je suis avec mon cher enfant. Je vous conjure d'avoir bien soin de votre santé pour l'amour de moi. Je suis bien aise de savoir que vous soyez toujours bien à Dieu : rien ne me peut donner plus de joie que de voir que vous lui soyez bien fidèle. Il n'y a rien de solide que cela : priez bien Dieu qu'il me mette cette vérité bien avant dans mon cœur. Je suis toute à vous, mon cher mari, et je vous embrasse mille fois, et je t'aime plus que moi-même. Aimez bien votre chère femme.

Péronne, ce 6 août 1657.

Mon cher mari, j'attends l'ordinaire avec toute l'impatience imaginable pour avoir nouvelles de votre santé. Je suis dans toutes les peines du monde de savoir qu'elle n'est pas si bonne que je le souhaite. Je vous conjure d'en avoir bien soin pour l'amour de moi : si vous m'aimez, vous le ferez, puisque vous savez qu'elle m'est plus précieuse que ma vie, et que je la donnerois de bon cœur pour sa conservation. Mon cher mari, je vous prie encore une fois au nom de Dieu de ne point négliger une santé qui m'est si chère et qui fait tout le bonheur de ma vie. Je suis ravie des assurances que vous me donnez que nous ne nous quitterons plus : j'en ai une joie extrême : je crois que je n'aurai pas de peine à vous le persuader, puisque vous savez que je n'ai de bonheur que quand je suis avec mon cher enfant. Je crois qu'il est à propos que vous ne parliez à personne, sans en excepter aucune, de la résolution que vous avez prise sur cela, car je vous réponds qu'on le sauroit aussitôt et nous nous attirerions mille affaires : il faut que nous attendions quand nous serons ensemble, et nous verrons ce qu'il y aura à faire et nous en trouverons assurément les moyens : on trouvera mille difficultés, on pourra demander mille choses qu'on saura bien qu'on ne pourra obtenir : enfin on fera ce qui sera plus facile pour que vous n'y alliez pas, et que l'on trouve des excuses, et que les choses se passent le plus doucement qu'il sera possible ; mais cependant je crois qu'il est bon de n'en point parler. Je presserai fort S. Ém. afin qu'il vous permette de revenir bientôt : je ne sais s'il voudra que vous alliez en Guyenne, mais je verrai ce qu'il m'en dira dans une longue conversation qu'il m'a dit que nous aurons ensemble sur votre retour : je crois, mon cher mari, que je mourrai de chagrin si je ne te vois bientôt : je ne puis plus vivre sans vous : je crois que vous n'en aurez pas moins d'impatience. Quand nous serons ensemble, il ne faut plus songer

120   LA PRINCESSE DE CONTI.

qu'à nous donner tout à Dieu et à faire l'unique chose pour laquelle nous sommes au monde, qui est notre salut. Priez bien Notre-Seigneur pour moi, car je suis bien méchante. J'espère que votre compagnie et votre exemple me rendront meilleure. Vous me dites de ne rien répondre à Brequiny sur le logement du pavillon. Sa lettre est venue avant la vôtre, et je dis à Cabell... de lui mander que, puisque vous le vouliez, j'en étois bien aise et je ne pouvois pas deviner vos sentiments là-dessus.

On a mandé à Chanest que vous étiez fort en colère contre lui : j'en étois fort en peine : je crois que c'est sur ce que je vous avois écrit des terres de Berry. Peut-être vous mandai-je les choses plus fortes qu'elles n'étoient, et de ce qu'il en avoit dit et de la manière qu'il le pensoit : ce pourquoi je vous prie de ne lui en vouloir point de mal [1].

Péronne, 30 août 1657.

Mon cher mari, je n'ai point reçu de vos nouvelles par cet ordinaire, et on en a reçu de M. de Modène : cela me met dans des troubles si grands que je suis toute hors de moi : mon tout, je vous aurois fait pitié, si vous m'eussiez vue, les peines et

[1] « Quoiqu'on puisse m'accuser de beaucoup d'imperfections, ceux qu disent que je suis un intempérant et méprisant les dévots ne me connoissent pas... Je vais faire pendre des gens qui ont pillé une église. » (Lettre du prince au P. de Ciron.)

les chagrins que j'ai soufferts tous ces jours-ci.
Vous pouvez penser que, vous aimant aussi tendrement que je vous aime, je ne puis pas ne pas
avoir de vos nouvelles et vous savoir dans le danger sans avoir des peines mortelles. Il est venu
hier un officier de votre armée qui a dit que le
siége d'Alexandrie étoit levé : je vous avoue que je
n'en ai pas été trop fâchée, car, quoique j'eusse été
bien aise qu'on l'eût pris, mais comme j'aime mieux
votre santé que votre gloire, en vérité je suis bien
aise de vous savoir hors d'affaire. S. Ém. s'attendoit
à cette nouvelle, car il disoit qu'il étoit presque
impossible qu'on le prît, et il en parla le mieux du
monde, disant : « Eh bien, si on ne le prend pas, on
n'y perdra rien ; ce sera une fort belle chose qu'on
vouloit faire et qu'on n'aura pas faite. » Enfin on
vous rend justice là-dessus, et on voit bien que
vous avez fait des choses au-delà de ce qu'on pouvoit espérer. Conservez, je vous en conjure, votre
santé, mon cher enfant. Vous savez combien elle
m'est chère, et aimez toujours votre chère femme
qui vous aime avec un amour extrême. Je m'ennuie
furieusement d'être séparée de vous : j'ai bien de
l'impatience de vous revoir, je crois que je mourrai
de joie quand nous serons une fois ensemble. Il ne
faut plus nous quitter ; mon cher enfant, c'est la
seule consolation que nous ayons en ce monde. Il
ne faut jamais nous séparer, et que l'amitié qui est
entre nous serve à faire la seule chose pour laquelle
nous sommes au monde, qui est notre salut. Priez

bien Notre-Seigneur pour moi, car mes misères sont grandes : elles augmentent tous les jours, et demandez bien à Dieu qu'il me fasse miséricorde. J'attends de vos nouvelles avec la dernière impatience : soyez bien soigneux de m'en faire savoir, je vous en prie, mon enfant ; je t'embrasse de tout mon cœur, mon très-cher mari ; aimons-nous toute notre vie, je t'en prie, mon pauvre et très-cher enfant.

P.-S. — S. Ém. a la goutte : je l'ai vu aujourd'hui, mais comme la reine y étoit, je n'y ai pas pu parler : dès que j'en trouverai l'occasion, je le presserai fort pour votre retour ; je crois que vous n'aurez pas de peine à croire que je n'y oublierai rien, puisque vous savez que je n'ai de joie au monde que quand je vois mon cher mari. Je vous manderai par le premier ordinaire ce que j'aurai obtenu de lui. Je crois que cela ne vous fâchera pas que je presse votre retour, car je ne doute pas que vous n'ayez autant d'impatience que moi que nous soyons ensemble : il m'ennuie furieusement que cela ne soit. Mandez-moi si vous irez dans votre gouvernement, ou ce que vous ferez, afin que je me dispose à vous aller trouver, et je vous demande un rendez-vous afin que nous nous trouvions ensemble en quelque lieu de la province. Nous serons tous deux bien aises de nous revoir, n'est-il pas vrai, mon cher mari ? Je ne sais pas si S. Ém. prétend que vous veniez à la cour ; au cas que vous y veniez, j'irai au-devant de vous bien loin, enfin je n'omettrai rien pour m'avancer cette joie, quand ce ne seroit que d'un moment. Adieu, mon cher mari, je suis toute à vous. Aimez celle qui n'aimera jamais rien que vous.

Metz, 1er septembre 1657.

Mon cher mari, l'impatience que j'ai de vous voir croît à tout moment : les jours me durent des années : en attendant ce bonheur, je crois que je mourrai de joie quand je reverrai mon cher enfant. Mon tout, nous serons bien aises quand nous serons ensemble. Je ne te veux plus quitter : je veux toujours être auprès de mon cher mari pour avoir soin de lui, pour le divertir. Je suis bien assurée que, tant qu'il aura sa chère femme auprès de lui, rien ne le pourra chagriner. Je suis bien en peine de votre santé ; conservez-la, mon cher enfant, pour l'amour de moi. Je crois que ma lettre vous trouvera à Lyon. Dès que le courier que vous m'avez promis de m'envoyer pour m'avertir du jour de votre départ sera arrivé, je partirai tout aussitôt pour vous aller trouver, mon cher mari, car j'ai une impatience extrême d'embrasser de tout mon cœur. Il ne faut plus songer, dès que nous serons ensemble, qu'à nous donner bien à Dieu. Priez-le bien pour moi, je vous en supplie. Bonsoir, mon tout : aimez-moi bien, et soyez assuré que l'amour et la tendresse que j'ai pour vous surpassent toutes choses. Qu'il me tarde que je te voye! J'en meurs d'envie. Je vous embrasse mille fois, mon tout, mon cher mari, et tout ce que j'ai de cher au monde.

A Metz, 3 septembre 1657.

Mon cher mari, j'apprends avec bien du déplaisir que vous vous trouvez mal : vous pouvez penser les inquiétudes que cela me donne, vous aimant aussi chèrement que je fais. J'en suis dans une peine extrême : j'espère que l'air de France vous remettra et que la joie que vous aurez de me revoir contribuera à vous rendre la santé. Je vous conjure d'avoir bien soin de vous conserver pour l'amour de moi. Vous savez que votre santé m'est plus chère que ma vie. J'ai peur que les fatigues du voyage ne vous incommodent, c'est pourquoi je vous supplie de vous coucher tous les jours en arrivant et d'avoir bien soin de vous durant le chemin. Je crois que vous aurez déjà reçu votre congé et que vous serez déjà parti. Je crois que vous ne doutez pas que, si vous ne l'avez pas au plutôt, ce n'est pas manque de le presser et de le demander, car l'impatience que j'ai de vous voir est extrême : elle croît à mesure que le temps approche que je devois avoir cette joie : mon cher mari, nous serons bien aises. Je meurs d'envie de te voir : mon pauvre cœur, mon tout, il ne faut plus nous quitter, et nous aimer toujours de tout notre cœur, et ne nous point soucier de tout le reste. Pour moi, je vous proteste, mon très-cher mari, que je n'aime rien au monde que vous et que tout le reste m'est fort indifférent. Il ne faut plus songer, quand nous serons ensemble, qu'à nous donner bien à Dieu, et à regarder notre salut comme notre seule et unique affaire. J'espère que vous contribuerez à me rendre bonne, car je suis bien méchante. Priez Notre-Seigneur pour moi; je le bénis de tout mon cœur du désir que je vois que vous avez de vous donner tout à lui. Mme la comtesse de Soissons, qui est dans son septième mois, est malade et a eu dix-huit jours de fièvre qui ne l'a pas encore quittée : elle a été saignée trois fois, et je vous permets de croire que l'on ne s'en réjouit pas moins ici et que l'on n'en quitteroit pas une courante. A ce soir je marie M. de Vereux avec Mlle Fabert : ils ont été fiancés après dîner chez la reine, et je crois qu'ils sont présentement au bal. On dit qu'on sera encore ici quelque temps; pour moi, dès que j'aurai nouvelles que vous êtes parti, je demanderai mon congé : je crois qu'on en sera un peu fâché, mais je hasarderois bien autre chose pour vous, mon enfant, quand ce ne seroit que d'un moment plus tôt. Venez donc, mon cher, voir ce que vous aimez et celle qui vous aime avec un amour qui surpasse toute chose : elle est vôtre et vous embrasse de tout son cœur.

A Grandpré[1], 12 septembre 1657.

Mon tout, je ne puis vous représenter la peine dans laquelle votre dernière lettre m'a mise de savoir que votre santé n'est pas trop bonne, que vous êtes foible, et que vous avez peine à vous remettre des incommodités que vous avez eues au siége d'Alexandrie : mon enfant, je vous laisse à penser les inquiétudes que cela me donne, vous qui savez à quel point votre santé m'est chère. Je vous conjure, mon cher mari, par l'amour que vous avez pour moi et par celui que j'ai pour vous, d'avoir soin de votre santé. Je serai dans des chagrins extrêmes jusqu'à ce que je sache qu'elle est telle que je la souhaite. Je n'ai pas de peine à me persuader que vous souffrez avec bien de la peine mon absence, puisque je sais par ma propre expérience que cela met à la mort quand on s'aime aussi tendrement que nous nous aimons. Cela est bien cruel, mon tout, d'être si longtemps sans se voir ! Il faut offrir cette peine à Notre-Seigneur pour l'expiation de nos péchés : nous en méritons bien d'autres. Priez bien Dieu pour moi, car j'en ai un furieux besoin : je ne vous oublie pas dans les miennes, quoique je sois bien méchante. J'ai bien de la joie de la résolution que vous avez prise. Vous n'en pouviez pas prendre une qui me fût ni plus chère ni plus

---

[1] Bourg situé à dix-sept kilomètres de Vouziers (Ardennes), où existait un château appartenant alors à M. de Joyeuse, comte de Grandpré.

agréable que celle-là. Vous me dites que par le premier ordinaire vous m'enverriez la raison que vous croyez avoir pour arriver tout droit à Paris pour terminer toutes nos affaires ; et que nous pourrons aller en Guyenne au printemps, pour les envoyer au milord afin d'avoir son avis, ne voulant pas le résoudre sans lui ; et que je pourrai, après avoir eu son avis, demander votre congé. Mais comme il est présentement à Toulouse, et que cela seroit fort long devant qu'on lui envoie votre lettre et qu'on ait répondu le lui, j'ai résolu de prier S. Ém. dès que je le trouverai en bonne humeur de vous envoyer votre congé. Il me demande si vous voulez aller en Gascogne ou à Paris : je mettrai la chose en doute en disant que je n'ai pas encore votre résolution là-dessus, et cependant je saurai son sentiment là-dessus : nous saurons dans ce temps les sentiments du milord : enfin je ferai toutes les choses pour presser votre retour : je crois que vous n'en doutez pas. Je meurs d'envie de voir mon enfant : nous serons bien aises quand nous nous reverrons : j'en ai une impatience que je ne vous puis exprimer ; mon enfant, je vous prie au nom de Dieu d'avoir soin de votre santé : si vous m'aimez, vous le ferez. Bonsoir, mon cher : je m'en vais me coucher, je n'en puis plus de lassitude du chemin et du rhume. On va demain à Verdun et après à Metz. Je suis si lasse de la vie que je mène, que je n'en puis plus. Venez vitement afin de me faire passer tous mes chagrins et me rendre la joie que vous seul me pouvez donner. Je vous rendrai compte au premier ordinaire de l'état et sur l'affaire de Chemerault, et je ferai ce qui dépendra de moi pour la faire terminer. Pour ce qui regarde Chanest, assurément il a eu un peu tort, mais pas si grand que vous croyez; c'est pourquoi il faut lui pardonner, car ce qu'il a dit des terres du Berry, c'est assurément plutôt pour aimer à dire son avis sur toute chose que par malice : il est assez mortifié de ce qu'il a su que vous étiez en colère contre lui : il en est dans une furieuse peine : c'est, il me semble, une assez bonne pénitence : pour moi, il me semble qu'il n'y en a pas au monde de plus cruelle. Je suis bien assurée que je ne l'éprouveroi jamais et je sais bien que j'aimerois mieux mourir. Je t'envoie, mon cher mari, un bracelet de mes cheveux : aimez-moi bien, car, moi, je vous aimerai toute ma vie : mais aimons-nous en Dieu et ne nous aimons que pour l'amour de lui. Il faut prier Dieu sans cesse pour qu'il nous rende notre amitié telle qu'il faut qu'elle soit pour sa gloire et pour notre satisfaction.

Metz, 19 septembre 1657.

Je n'ai pas encore reçu vos lettres : on m'assure qu'elles arriveront demain : ce retardement m'inquiète fort, et j'ai une impatience extrême d'avoir des nouvelles de votre santé, étant à toutes les peines du monde de savoir qu'elle n'est pas trop bonne, mon cher mari. Cela me donne un chagrin horrible et je n'aurai point de repos que je ne reçoive vos lettres, étant ma seule consolation, privée de mon tout. L'impatience que j'ai de vous revoir augmente tous les jours; je ne puis plus vivre sans vous, mon enfant. Combien il y a que nous n'avons eu un moment de joie, et que le temps dure quand on est séparé de ce qu'on aime! Tout m'ennuie, tout me déplaît, séparée de vous qui êtes toute ma joie : tout m'est insupportable : j'ai été aujourd'hui chez S. Ém. pour lui demander votre congé. Le roi y étoit et je n'ai pu lui parler, mais j'irai demain et ne le laisserai point en repos que cela ne soit. Mon Dieu! qu'il me tarde que je n'aye cette joie! je crois que vous n'en avez pas moins d'envie que moi. Mon cher, il ne faut plus nous quitter, il m'est impossible de vivre sans vous. Quand nous serons ensemble, nous nous consolerons aisément de tous les autres malheurs qui nous pourront arriver. Il n'y a point de chagrin à l'épreuve de nous voir un moment et de nous faire la moindre amitié. Nous serons bien aises de nous revoir. Nous nous dirons mille choses : je ne vous ai jamais tant aimé, mon cher mari, mon tout : j'ai un amour extrême pour vous. Gourville est ici qui étoit venu pour achever l'affaire de Girardin, mais cela n'a pas réussi et Chemerault ne seroit point sorti sans donner les 12,000 livres. On ne peut point terminer l'affaire des gens d'armes qu'avec celle de Barbezieux, car on ne sortira point ni Chemerault ni Tabouret que l'affaire de Girardin ne soit accommodée. On sera ici, à ce que l'on dit, quinze jours, puis on s'en retournera à Paris. On me dit que S. Ém., en parlant de ce qu'il auroit refusé à Saint-André-Montbrun la permission qu'il lui demandoit pour revenir, qu'il ne pouvoit pas lui donner parce que vous reviendriez bientôt et que vous seriez ici à la fin d'octobre. Je crois qu'il fait son compte que vous viendrez à Paris. Je saurai demain ses sentiments. Je vous conjure de prier Dieu pour moi et je le bénis de tout mon cœur de ce qu'il vous fait la grâce de bien être à lui. Quand nous serons ensemble, il ne faut nous occuper que de l'affaire de notre salut. Prions Notre-Seigneur qu'il nous mette bien dans le cœur que tout le reste n'est que bagatelle : mon cher, je suis vôtre, je vous aime bien tendrement, et je vous le proteste, mon tout, et je t'embrasse de tout mon cœur mille fois; aimez-moi, je vous en prie.

Metz, 21 septembre 1657 [1].

Mon cher mari, on vous envoie votre congé : je

---

[1] Le prince écrivait de Quiers, le 20 septembre, au P. de Ciron :

« Pour ce qui se passe ici, Dieu m'a fait la grâce d'empêcher les duels pendant cette campagne. Les pauvres ont été assistés le mieux qu'on a pu dans le manque de toutes choses. Ma bourse a été ouverte aux officiers; j'ai essayé de terminer les querelles à l'amiable et l'oraison a été faite tous les jours. Avec tout cela mes misères ont beaucoup augmenté, m'ayant semblé que je faisois toutes ces choses-là parce qu'elles me coûtoient peu, mais que, lorsqu'il a fallu prendre quelque chose sur mes inclinations, c'est alors que l'amour-propre a joué son jeu et que *nova et antiqua* a levé l'oreille. »

crois que je n'aurai pas de peine de vous persuader
la joie que j'en ai. Je le demandai hier à S. Ém.
qui me l'accorda et me dit qu'il souhaitoit fort que
vous vinssiez à Paris et qu'après vous pourriez aller
dans votre gouvernement. J'ai reçu aujourd'hui
deux de vos lettres dans lesquelles vous me dites
de demander votre congé pour le lieu que je jugerai
le plus à propos. Je crois qu'il est nécessaire pour
régler toutes nos affaires que vous veniez à Paris,
et quand cela ne seroit point, j'aurois eu furieusement de la peine et peut-être n'aurois-je pu obtenir
de S. Ém. permission pour aller en Guyenne : c'est
pourquoi je ne lui ai pas voulu demander ; mon
cher, j'ai une impatience extrême de te voir. Je
ne fais que compter quand ce sera cet heureux
jour : je voulois vous envoyer un courrier exprès
afin que vous sachiez plus tôt la nouvelle de votre
départ, mais S. Ém. n'a jamais voulu disant que
vous le sauriez plutôt par l'ordinaire. Je crois que
vous n'aurez pas de peine à deviner pourquoi il ne
l'a pas voulu : il m'a promis d'écrire à M. du
Lieu afin qu'il vous envoie un courrier exprès de
Lyon, et je lui écris et lui mande qu'en cas que
S. Ém. ne lui ordonne pas, je le prie de l'envoyer,
que je payerai le voyage. J'ai une joie quand je
songe que je reverrai mon enfant et que je lui
dirai que je l'aime plus que je ne l'ai jamais fait,
qu'il me dira qu'il est bien aise de me revoir et que
nous nous dirons mille choses. Mon cher, nous
serons bien heureux, mais que le temps va me

durer en attendant ce bonheur! Je te prie, mon pauvre enfant, de partir dès que tu auras reçu ces lettres et de venir bien vite. Je sens une tendresse pour vous en vous écrivant que j'en suis toute hors de moi. Mon enfant, je vous aime éperdument ; je vous le proteste, mon tout. Vous pourrez vous mettre sur l'eau à Roanne et je viendrai à Briare au-devant de vous en carrosse de relais. Je crois que la cour sera à Paris dans ce temps-là, mais si elle n'y est pas, vous croyez bien que je la quitterai pour m'en aller voir tout mon bien qui seul peut me donner de la joie et qui fait tout le repos de ma vie. Ayez, je vous, prie bien soin de votre santé pour l'amour de moi et soyez un peu aise de penser que nous nous reverrons bientôt. Je prendrai demain médecine, après je prendrai quinze jours le lait d'ânesse : ce n'est pas que je sois malade, mais afin d'être en parfaite santé quand vous viendrez. Priez bien Dieu pour moi, et surtout qu'il nous fasse la grâce que l'amitié qui est entre nous soit bien chrétienne, car il vaudroit mieux mourir que cela ne fût pas. J'ai un furieux besoin de vos prières, c'est pourquoi je vous les demande encore une fois de tout mon cœur. Je crois que la Forture sera fâché de ce que nous n'irons pas en Guyenne, mais je n'y vois point de remède. Il faudra le faire résoudre affaire un voyage à Paris, car je prévois que j'aurai bien affaire de lui. S. Ém. prétend que vous ne donniez congé à pas un de vos officiers de revenir avec vous : je crois qu'il vous le mande.

Revenez, mon tout, et venez donner de la joie à celle qui n'en pourroit avoir loin de vous : aimez-moi bien. Bonsoir, mon enfant, je suis à vous de tout mon cœur et je vous embrasse mille fois.

Metz, 26 septembre 1657.

Je croyois vous envoyer votre congé par l'ordinaire ; mais, comme il part un officier de M. de Modène et qu'on m'assure qu'il sera à l'armée avant l'ordinaire, je vous écris encore, mon cher mari, pour vous conjurer de partir tout aussitôt, et venir bien vite voir votre chère femme qui a une impatience extrême de vous voir et de vous embrasser de tout son cœur, mon tout. Nous aurons bien de la joie quand nous nous reverrons. Je vais bien m'ennuyer en attendant ce bonheur. Venez donc, mon enfant, et ayez un peu de joye de songer que bientôt vous verrez tout ce que vous aimez au monde. Adieu, mon tout, aimez-moi autant que je vous aime.

(Même jour.)

Mon cher mari, quoique je vous aie écrit aujourd'hui par un officier de votre armée, qui vous portera votre congé, je le fais encore par l'ordinaire, ne voulant pas perdre une occasion pour vous dire que je vous aime de tout mon cœur : j'ai une joie extrême de songer que je recevrai bientôt mon enfant : le temps va bien me durer en attendant ce bonheur. Je vous conjure, mon cher amour, de venir voir votre chère femme. Je crois que vous aurez déjà reçu votre congé, et que vous serez prêt à partir. Venez donc, mon tout, donner de la joie à celle qui n'en sauroit avoir sans vous. Je viens de recevoir des lettres de Mme de Longueville et de monsieur son mari qui me font un compliment sur des poursuites qu'ils nous veulent faire pour avoir les 100,000 écus. Celle de votre sœur est tout-à-fait obligeante. Je crois qu'ils vous ont écrit aussi ; je crois qu'on a fort bien fait de retarder notre procès jusqu'à votre arrivée, car assurément vous y êtes fort nécessaire. Mon tout, j'ai une joie qui ne se peut exprimer, quand je songe que je reverrai mon cher mari que j'aime plus que je n'ai jamais fait. Adieu, mon tout : prie bien Notre-Seigneur pour moi : il faut être à lui et de tout son cœur, tout le reste n'est que bagatelle. Je le conjure de mettre cette vérité dans nos cœurs : faites-en de même, je vous en prie : bonsoir, mon cher mari, je vous embrasse de tout mon cœur et je vous aime éperdument, je vous le proteste, mon amour !

Metz, 10 octobre 1657.

J'attends avec une impatience bien grande des nouvelles de votre départ : dès que je les aurai, si la cour ne part point, ils sont déjà préparés à me donner mon congé : c'est pourquoi tout aussitôt je m'en irai à Paris : je me meurs de peur que vous n'y soyez devant moi et de n'avoir point le temps d'aller au-devant de vous : il me dure si fort en attendant ce bonheur ! Je mourrai de joie en revoyant mon unique bien, mon cœur, mon tout. Je sais, mon aimable enfant, que vous aurez votre bonne part à cette joie : je crois que vous en aurez autant que moi, car plus, il est impossible ; mais il y a bien du temps encore à attendre pendant lequel j'aurai bien du chagrin et de l'inquiétude. Après cela, s'il plaît à Dieu, je n'en aurai plus, car je ne te veux plus quitter. S. Ém. a été fort malade de la pierre : aujourd'hui il est mieux qu'il n'a pas encore été, mais l'on craint que cela ne recommence. Comme il n'a point fait de pierre, on n'est pas bien assuré si c'en est une : on le craint fort. Je l'ai vu aujourd'hui : il m'a fort parlé de vous : il m'a dit que vous n'aviez pas une assez bonne santé pour pouvoir résister aux fatigues de la guerre : vous pouvez penser tout ce que j'ai dit là-dessus ; premièrement parce qu'elle y seroit assurément fort altérée, puis, quand il s'agit de mes intérêts, je dis merveille. J'espère que si vous êtes homme de parole nous aurons contentement et que sans fâcher S. Ém. je pourrai faire mon affaire : je l'appelle la mienne, car d'elle dépend tout le bonheur de ma vie. Mon cher, aimons bien Dieu et n'aimons que lui, tout le reste n'est que bagatelle. Priez-le bien afin qu'il nous donne l'effet de cette vérité, et pour moi qui en ai grand besoin :

je suis si méchante! Vous aurez appris que Barbezieux a eu le cou coupé. Mardick est pris. Mme la comtesse de Soissons se porte mieux. Adieu, mon cher mari ; qu'il me tarde que je ne te voye et que j'embrasse de tout mon cœur mille fois, mon tout! Je suis à vous. Ayez bien soin de votre santé, je vous en prie.

Metz, 15 octobre 1657.

Dorinel partira demain après qu'il m'aura vue partir, et, comme il est bon courrier, vous me le renverrez, s'il vous plaît, afin que je sache à mon arrivée à Paris où vous serez pour aller au-devant de vous, mon cher mari. Je pars d'ici avec une grande impatience de vous voir : je n'aurai point de repos que cela ne soit. Il ne faut plus songer qu'à la joie que nous aurons de nous revoir et de nous faire mille amitiés. Il ne faut plus nous quitter : mon cher, nous ne saurions plus vivre l'un sans l'autre : vous êtes toute ma joie et tout ce que j'aime au monde. Tout le reste ne m'est rien : enfin, mon enfant, après six mois de chagrin et d'une absence insupportable, nous aurons la joie de nous revoir. Je verserai mon cœur, je dirai à mon cher mari tout ce qu'il m'a fait souffrir, combien il est cruel d'être séparé de ce qu'on aime avec une tendresse aussi grande que celle que j'ai pour lui. Quand je songe que je vous verrai, je suis toute hors de moi de joie. Mon cher, il ne faut plus nous quitter; quand je vous verrai, je vous dirai mille choses qui me chagrinent et qui me donnent un tel dégoût pour le monde qu'il me devient insupportable. Quand j'aurai mon cher mari pour décharger mon cœur, rien ne me fera plus de peine : nous nous consolerons aisément de tous les malheurs qui nous pourront arriver. Ce sera assez de nous voir pour dissiper tous nos plus grands chagrins : quand nous en aurons, il faudra les souffrir pour l'amour de Dieu : il est bien juste, puisque nous l'avons tant offensé : il faut ne chercher de consolation qu'avec lui seul. Priez bien Notre-Seigneur pour moi, car jamais je n'en ai eu tant de besoin. Mon cher, au moins que ce que je vous dis ne vous mette pas en peine, car ce que j'ai à vous dire ne sont que des bagatelles. Il ne faut plus songer qu'à avoir bien de la joie. Je verrai mon cher mari; qu'il arrive ce qu'il voudra après cela, je défie le chagrin. Mon tout, je me meurs d'envie de t'embrasser de tout mon cœur et de te dire que je t'aimerai jusqu'au dernier moment de ma vie avec un amour et une tendresse qui ne se peut exprimer [1].

---

[1] Le prince écrivait de Grenoble, le 13 octobre, au P. de Ciron pour lui adresser le vicomte de Larbouste afin de lui ouvrir la porte du chemin étroit et de lui faire bien comprendre les obligations; « et lui demander la permission de prier l'archevêque de Lyon de lui donner des religieux crétenistes afin de faire une mission dans sa terre de Pierrelate en Dauphiné. »

Essonne, ce 25 octobre, à 2 heures.

J'ai la plus grande joie d'apprendre que vous coucherez ce soir à Montargis; je serai à Milli (?), et demain j'aurois la joie de revoir tout ce qui fait tout mon bonheur et d'embrasser mille fois mon cher mari. Je ne me sens pas de joie, mon tout, je vous reverrai ! Vous serez bien aise d'embrasser votre femme. Venez donc la faire mourir de joie : elle vous aime bien tendrement. Aimez-la de tout votre cœur : je ne saurois vivre sans votre amitié : elle fait tout le bonheur de ma vie. Mon tout, demain je t'embrasserai de tout mon cœur.

CHAPITRE III.

Réunion des deux époux. — Dévotion ardente du prince. — Ses œuvres religieuses. — Ses lettres au P. de Ciron. — La princesse tout à fait convertie. — Ils dirigent le parti janséniste. — L'abbé de la Vergne. — La duchesse de Longueville reprend son influence sur son frère. — Sa liaison avec sa belle-sœur. — Gouvernement du Languedoc. — L'Institut de Mme de Mondonville. — Lettres de la princesse au P. de Ciron. — Mgr d'Aleth. — La princesse vend ses pierreries. — Redoublement d'austérité du ménage. — M. de Villars. — Réserve publique de la princesse. — Faveur du roi pour elle. — Voyages en Languedoc. — Retraites. — Maladie du prince. — Il rompt avec Mgr d'Aleth et rentre dans l'Église catholique. — Sa mort. — Opinion de Mme de Sévigné. — Mécontentement de la princesse. (Novembre 1657 — février 1666.)

Nous avons dit qu'au commencement d'octobre 1657, le prince de Conti était rentré en France après une assez médiocre campagne [1], et, malgré une double tentative, il ne put décider l'évêque de Valence à suspendre en son honneur sa visite diocésaine. Les deux époux se revirent avec un plaisir que le ton des lettres de la princesse laisse assez clairement deviner. Sa conversion dut accroître la satisfaction du prince, qui la voyait volontiers envisager, à cause de ses fréquentes indispositions, la mort comme plus prochaine qu'on n'est disposé à le penser habituellement à son âge. Il paraît cependant que le principal grief de la princesse contre la religion était qu'elle absorbait trop impérieusement son

---

[1] Il avait assiégé vainement Alexandrie avec le duc de Modène.

époux ; celui-ci lui « disoit tout ce que la charité peut faire dire sur la plus grande de toutes les affaires, à la personne du monde à qui elle importe le plus et que l'on aime le mieux[1]. Elle recevoit avec beaucoup de douceur ce qu'il lui disoit ; mais toutes ces instances ne faisoient au fond que l'importuner et l'aigrir contre la piété qu'elle regardoit comme son ennemie et sa rivale dans un cœur où elle auroit voulu régner seule et souverainement[2] ». Il paraît même que les sermons du prince amenèrent à ce moment un certain refroidissement dans le zèle religieux de la princesse, si vif cependant, à en juger par une correspondance d'une évidente sincérité. L'heure de Dieu néanmoins était proche : « Un jour, elle se trouva tout d'un coup, sans savoir comment, tournée à Dieu, persuadée des vérités de la foi et brûlante du désir d'aller à Dieu. Elle appela le prince et lui dit, comme la meilleure nouvelle qu'elle pouvoit lui dire : « Je crois que Dieu m'a changée. Je vous prie de m'envoyer M. de Ciron. » Peut-être faut-il rapprocher cette

[1] AU P. DE CIRON,

J'ai un grand désir de satisfaire à la justice de Dieu en cette vie pour tous mes crimes, soit en m'allant au plutôt acquitter de mes obligations sur les lieux, à quoi je travaillerai avec fidélité, soit en faisant des pénitences d'esprit et de corps telles que vous les ordonnerez, comme en mon dormir et autres choses que vous jugerez à propos.

Ma femme a merveilleusement profité depuis six mois : cela me fait bien honte et me fait bien appréhender ce passage de l'Évangile : *Et erunt novissimi primi et primi novissimi*. Cela me fait trembler plus que votre tremblement, lequel est juste, si vous considérez ma malice.

J'ai trouvé ici des affaires par-dessus les yeux qui ne me sont pas des chimères : des dettes qui ne se payent point, des procès très-importants et autre chose où j'espère crucifier terriblement ma paresse.

J'oubliois de vous dire que Mme la princesse de Conti et moi avons résolu de donner tous les jours un temps certain à parler ensemble des choses de notre salut.

Paris, 1er novembre 1657.

[2] P. Rapin.

conversion du moment où la princesse redevint grosse : Guy Patin, en effet, nous apprend que, le 4 septembre 1658, Mme de Conti accoucha d'un fils à quatre heures du matin [1]. »

Depuis cette époque le prince de Conti marcha de plus en plus dans la voie des austérités et dans le sens des idées jansénistes ; il ne quitta plus la France et ne chercha même pas un de ces commandements que nous lui avons vu désirer auparavant avec une si vive ardeur. Tout entier à l'étude des livres saints, des questions de morale, c'est à cette époque qu'il composa d'abord son *Traité de la Comédie et des Spectacles selon la tradition de l'Église* [2], puis son principal ouvrage, le *Traité des Devoirs des grands,* dont la valeur ne saurait être contestée ; tous deux ne furent imprimés que dans l'année qui suivit sa mort, avec l'assentiment de sa femme. Il a également écrit vers le même temps un règlement pour sa maison et une controverse sur la vraie doctrine de la grâce de saint Augustin, sous forme d'une correspondance avec le jésuite de Champs [3].

Du reste, nous trouvons dans la correspondance du prince avec le P. de Ciron des détails qui montrent le progrès qu'il faisait et les efforts qu'il multipliait sans cesse. On y verra en même temps l'amélioration qui se produisait dans les idées de la princesse. Dans une première lettre, datée de Paris, le 16 juin 1658, il parle de sa résignation pendant une cruelle attaque de rhumatisme.

---

[1] Lette du 6 septembre 1658.

[2] On trouve, dans le manuscrit que nous avons cité, un traité du P. de Ciron contre les spectacles, écrit évidemment pour répondre aux aspirations du prince.

[3] Publiée en un volume in-12, à Cologne, en 1690. Nous reproduisons dans l'appendice le curieux discours du P. de Champs placé en tête de ce recueil.

Il reprend la plume le 30 janvier pour s'apitoyer sur la fin du duc de Candale, celui-là même qui avait été épris de la princesse et qui venait de mourir à Lyon deux jours auparavant.

> J'apprends la mort de M. de Candale, dont je suis si accablé que je ne vous puis rien mander de ce que j'avois résolu de vous écrire. Ce coup qui m'est très-sensible et qui vient de frapper un homme de mon âge et le compagnon d'une partie de mes folies et de mes égarements et que j'aimois par le mouvement d'une inclination très-forte, ce coup me fait voir la main de Dieu, abattant tout ce qui est autour de moi, et m'épargnant miséricordieusement pour me laisser le temps de faire pénitence..... Je vous demande des prières pour l'âme de M. de Candale très-instamment.

Nous continuons ces extraits qui nous semblent curieux et importants pour le sujet que nous traitons :

Saint-Maur, 11 février 1658.

> Ce n'est plus l'homme que vous avez connu qui vous écrit cette lettre ; c'est un mélancolique plongé dans une tristesse si profonde que Fabiole même ne le reconnoît pas, tant son humeur est changée..... Mes forces me quittent, mes yeux m'abandonnent, mes yeux même ont perdu leur lumière et leur clarté..... Je m'en vais au milieu

de mes affaires à l'abandon comme un homme qui a perdu pied dans un grand fleuve.

Paris, 4 juin 1658 [1].

J'ai besoin d'être dans une grande connoissance de mon inutilité surtout à cette heure où la piété commence à être applaudie en moi ; car pour peu de chose je me crois souvent un grand personnage. Je n'ai jamais osé aller à l'Hôtel-Dieu, comme vous me l'aviez ordonné, mais seulement aux Incurables, étant un hôpital plus reculé et plus propre. Encore n'y ai-je été que trois fois depuis quatre mois.

Ruel, 2 juillet 1659.

Nous sommes ici depuis samedi pour prendre un peu l'air ; de là nous nous en allons trouver la cour à Fontainebleau, et de là en Guyenne. Je suis mal ici, mais assez tranquille pourtant.

Paris, 28 décembre (1659).

Les chemins d'aller à mon gouvernement s'aplanissent tous les jours du côté de M. le cardinal, et je me persuade tous les jours de la nécessité qu'il y a que j'y aille. Je me croirois bien heureux de

---

[1] Il avait eu pour directeur, à Paris, le P. Coustier, le P. Ciron étant retenu à Toulouse.

mourir dans le travail et dans la réparation actuelle des injures faites à Dieu par ma malice.

... Ma femme s'avance fort et par une voie de peines qui me paroît fort extraordinaire. Je crois qu'elle vous le mande.

Aix, 24 février (1660).

Je vous écris pour vous dire que l'affaire du gouvernement de Languedoc est tout à fait finie en ma faveur, dont je ne crois pas que vous soyez fort marri. Car du reste je suis si accablé que je n'en puis plus. Pour d'intérieur, je n'en ai pas plus qu'un chien, et des sottises, j'en suis tout pétri.

Paris, 4 mars 1660.

Avec tout cela je tremble et je tâche après de me relever, et puis je retombe et il me semble que je ne fais que cela.

Le prince employait toute son influence à servir la cause à laquelle il s'était véritablement consacré. Il maintint de la sorte jusqu'en 1660 la confrérie du Saint-Sacrement, dont il faisait partie avec toutes les notabilités du Jansénisme, mais son pouvoir ne put, après trois années de luttes, triompher de l'insistance du Parlement, qui avait rendu un arrêt de suppression. Hors de là le prince ne semble avoir songé à utiliser sa position que pour faire rentrer sa sœur en grâce. Nous avons vu

CHAPITRE III.

dans les dernières lettres de la princesse qu'un rapprochement avait eu lieu entre les deux belles-sœurs, et la duchesse de Longueville n'eut pas de peine à ressaisir promptement son ancienne influence sur son frère. Tranquille de ce côté, Mme de Longueville s'attacha à s'emparer de la princesse de Conti. Le moment était bien choisi ; après une assez longue résistance la princesse avait enfin adopté avec la plus grande ardeur les idées religieuses, et naturellement elle n'avait pu en choisir d'autres que celles de son mari. La duchesse profita habilement de cette situation et attira souvent sa belle-sœur dans sa maison de campagne de Trie, où elle lui fit faire la connaissance d'Arnault et de l'abbé de la Vergne, qui devait prendre sur elle une si grande influence. Entraînée par l'exemple de son mari, par les conseils de sa belle-sœur, par les conversations qu'elle avait presque chaque jour avec les principaux docteurs du jansénisme, n'ayant jamais entendu les défenseurs du catholicisme, ayant eu, comme nous l'avons dit une jeunesse absolument négligée au point de vue de l'instruction religieuse, elle entra résolûment dans la voie que tous ceux dans lesquels elle pouvait avoir confiance lui indiquaient et elle crut ne pouvoir mieux faire qu'en devenant une ardente janséniste. « Ce fut par complaisance pour son mari et pour sa belle-sœur, dit le père Rapin, jointe à son humeur et à son esprit, qu'elle devint janséniste dans l'excès où elle le fut. »

Pierre de la Vergne de Tressan appartenait à une famille de bonne noblesse ; né en 1618 de parents protestants, il abjura en 1638 et se mêla un peu trop activement aux événements du commencement de la Régence. Il s'en retira de bonne heure, fit un assez long voyage en Palestine et en revint animé des sentiments de la plus sincère piété ; il voulait se faire religieux, mais l'évêque d'Aleth, auquel il s'adressa, l'en dissuada et le décida à entrer simplement dans les ordres. Il s'établit alors à Paris, s'y montra très-sage, très-régulier, donnant volontiers des conseils. « Il vécut en bon ecclésiastique, et ne tarda pas à s'attirer la confiance de personnages considérables auxquels plaisaient sa simplicité, sa bonhomie et ses réelles vertus ; très-attaché d'ailleurs au jansénisme, sans savoir pourquoi, assure le père Rapin, d'un esprit médiocrement étendu, mais zélé et prompt à se décider. » Lié par sa naissance avec tous les principaux personnages de la cour, il ne tarda pas à être recherché et devint le directeur de conscience de beaucoup de gens de qualité, de femmes surtout. La princesse de Conti, qui le vit chez sa belle-sœur, l'apprécia vivement et le choisit pour directeur. « Comme elle n'étoit simple que par paresse, dit le père Rapin, ayant beaucoup d'esprit sans se soucier de le faire paroître, ce fut par là que la Vergne lui plut, parce qu'il étoit simple et qu'il la conduisoit simplement. » Elle ne prit jamais dans le parti janséniste une influence aussi apparente que sa belle-sœur, mais elle ne lui était pas moins utile. « La princesse de Conti s'attacha à lui par amour de la simplicité, » ajoute encore le père Rapin, « car elle fut janséniste de meilleure foy que la duchesse sa belle-sœur. » Tous les ans elle accompagnait son mari aux États du Languedoc et passait quelques semaines à la Grange. C'est là qu'à l'automne 1661, elle reçut Mme de Mondonville, veuve d'un conseiller au parlement de Toulouse, une véritable « mère de l'Église janséniste », que l'abbé de Ciron lui recommandait en vue de la création et de la direction d'un établissement d'éducation pour les jeunes filles de Toulouse[1]. La prin-

---

[1] Jeanne de Juliard, étant restée de bonne heure veuve de M. de Turle de Mondonville, résolut de se vouer aux œuvres chrétiennes et d'y

cesse la reçut, agréa sa personne et ses projets et fit de sa bourse le fonds de cette institution qui, bon gré mal grés, subsista tant que vécut la princesse de Conti. Celle-ci paraît à cette époque avoir cherché à s'occuper de toutes les affaires où la religion avait part. Nous en trouvons une preuve dans une lettre qu'elle adressa, de Paris, le 1er mai 1659, au chancelier Séguier pour le prier d'intervenir auprès du roi au sujet de trois jeunes filles nouvellement converties, que leur mère, protestante, voulait faire poursuivre comme mineures : la princesse lui demandait de faire examiner la question par le roi lui-même ou au moins d'en obtenir l'évocation en conseil privé, le pressant « de contribuer de son possible à une œuvre si digne et si chrestienne [1] ».

A cette époque le prince avait échangé son gouver-

---

employer sa fortune, considérable pour le temps; elle réunit d'abord chez elle des femmes pauvres, des jeunes filles nouvellement converties et sans famille, et faisait entretenir des écoles à ses frais à Toulouse où elle demeurait et aux environs. Puis elle créa une institution pour les jeunes filles avec le concours de l'archevêque Mgr de Marca et sous la direction du P. de Ciron qui y intéressa naturellement les princes et la princesse de Conti. Le pape l'approuva par un bref du 6 novembre 1662. Mais, à la mort de Mgr de Marca, les grands vicaires capitulaires interdirent l'institut par une ordonnance du 4 juillet 1664 sous peine d'excommunication. Le roi décida en faveur de Mme de Mondonville et après divers incidents l'institution des Filles de l'Enfance put enfin librement fonctionner à dater du printemps de 1668 : ce succès était l'œuvre personnelle de la princesse de Conti, comme nous allons le voir. De nombreux évêques approuvèrent cette œuvre qui compta bientôt plusieurs maisons importantes dans le midi. Tout changea après la mort de la princesse : Mme de Mondonville vint vainement à Paris pour défendre l'institut; elle fut exilée à Coutances en 1688 où elle mourut le 4 janvier 1704. L'institut fut supprimé en même temps : voir l'*Histoire de la congrégation des Filles de l'enfance*, publiée en 1734 à Avignon, condamnée par arrêt du Parlement de Toulouse du 25 mai 1735, réimprimée à Toulouse la même année chez J. Guillemette.

[1] Correspondance Séguier, *Bibl. nat., manuscrits*

nement de Guyenne contre celui du Languedoc, et il s'appliquait de son mieux à en améliorer sincèrement les services. Dans ses lettres à l'abbé de Ciron, il s'accuse, à chaque page, de ne pouvoir y faire autant de bien qu'il l'aurait souhaité; il voulait réparer tous les torts qu'il avait pu causer; mais aussi, s'il était exigeant envers lui-même, il ne l'était pas moins envers les autres, et de gré ou de force il prétendait leur imposer l'amour du bien. « M. le prince de Conti est à trois lieues de cette ville, écrivait le 25 juin 1662, d'Uzez, Racine, et se fait furieusement craindre dans la province. Il fait rechercher les vieux crimes, qui sont en fort grand nombre. Il a fait emprisonner bon nombre de gentilshommes, et en a écarté beaucoup d'autres. Une troupe de comédiens s'étoient venus établir dans une petite ville proche d'ici; il les a chassés, car ils ont passé le Rhône pour se retirer en Provence. On dit qu'il n'y a que des missionnaires et des archers à sa queue. Les gens du Languedoc ne sont pas accoutumés à telles réformes, mais il faut pourtant plier. »

La princesse ne le cédait en rien alors à son austère mari, et nous en trouvons la preuve dans ses lettres au père de Ciron. Le lecteur jugera en lisant ces curieux documents quels progrès elle avait faits.

Je vois avec beaucoup d'indifférence ce que le monde estime grand. Et, quoique mon orgueil soit extrême, je suis obligée de vous avouer que je ne suis pas fâchée quand il arrive de petites choses qui me font voir que je suis sujette à me tromper lors même que je crois avoir le plus de raison; et que la bonne opinion que j'ai eue de mon esprit et de mon sens n'étoit pas trop bien fondée. Dieu m'a fait la grâce de me représenter quelquefois moi-même à moi-même, et de me faire voir telle que je suis. Rien n'est capable de crever l'enflure de mon orgueil comme cette vue, dont je tire encore cet avantage, que, devenant par là convaincue de mon néant et du tout de Dieu, je mets en lui toute ma confiance.

Quoique ce soit un jour de prière pour tout le monde, il ne l'est pas pour moy, et je suis assez malheureuse pour n'être pas digne de le passer aux pieds de la croix. Mes incommodités ne m'ont pas permis d'aller à Ténèbres. Je les ai pourtant dites avec mes filles, et après j'ai été quelque tems aux pieds de Jésus-Christ en croix, étant toute anéantie devant lui en pensant à ce qu'il avoit fait pour moi. Est-il possible, mon Dieu, lui disois-je, que sur votre croix et dans l'excès de vos douleurs vous ayez arrêté votre pensée sur moi? Ah! que je suis heureuse que mon Dieu crucifié pense à moi! Mais je le serai bien davantage si mon Dieu crucifié m'attache tellement à lui et à sa croix que rien ne m'en puisse séparer : peines, douleurs, amours, venez me lier à la croix de mon Dieu sur laquelle je souhaite d'être toute ma vie. Je me suis entretenue de ces pensées dont l'effet a passé assez sensiblement jusque dans mon cœur : ç'a été d'une manière fort douce, car je n'agissois presque point. Si les médecins savoient de quelle nature est cette sorte d'oraison, ils ne me la défendroient pas comme ils font, craignant qu'elle ne nuise à ma santé. Je ne puis m'empêcher de vous plaindre vous sachant dans les peines où Notre-Seigneur vous met. Je sçais combien elles sont cruelles, mais je dois bien gémir dans la crainte où je suis avec raison que je ne m'y laisse aller, et que je ne déplaise beaucoup à Dieu en cela de quoi vous êtes par sa miséricorde bien éloigné. Quand je reçus votre lettre, j'étois au lit bien incommodée, et j'avois résolu de vous écrire; j'étois réduite à souhaiter les peines du corps, parce que, quand j'avois celles-là, celles de l'esprit me quittoient. Je vous assure que j'en fais une grande différence, et que j'aimerois beaucoup mieux les extérieures un an que les autres quinze jours. Je prie Dieu qu'il me donne de l'amour pour les unes et pour les autres et que je m'estime heureuse quand mon maître me fait part de ses souffrances. Si vous saviez toutes mes misères, je crois que vous me renonceriez.

Je suis dans un chagrin et un abattement horribles. Ce mot de chagrin vous fait déjà peur, mais ne craignez rien, ce n'est pas celui qui nous mène à la mort. C'en est un autre qui me donne un dégoût universel pour toutes choses, et les plus agréables et les plus fâcheuses me sont égales, parce que les unes et les autres sont pour moi une source de déplaisirs et d'ennuis. Tout cela néanmoins n'empêche pas que je ne m'occupe tant à mes affaires qu'à voir le monde quand mon devoir m'y

CHAPITRE III.

oblige. Et je le fais comme si cela m'étoit la chose du monde la plus agréable. Je suis à la vérité dans une mélancolie et un abattement qui me tuent. Mais, Dieu merci, ce ne sont point des obstacles à mon devoir. Je crois même que tous ces monstres que j'appréhendois si fort autrefois ne le seroient pas non plus quand ils arriveroient : je les envisage avec une indifférence entière, et ce n'est pas parce qu'ils sont absents et éloignés, car mes chagrins et ma tristesse qui sont des choses présentes entrent aussi dans cette indifférence; et il m'est égal de souffrir, ou d'en être délivrée. Pour l'oraison, je suis bien aise quand je la vais faire, quoique ce soit l'endroit où mes ennuis et mes peines me combattent le plus. Dans celle que je fis hier au soir, outre que ma tristesse ne fut jamais plus grande, je me vis comme présentée au jugement de Dieu et contrainte de rendre compte de toute ma vie. Mais quand pour le faire je voulus penser à moi-même, je me vis si noire et si remplie de crimes que je me fis horreur à moi même, et je vis bien que je ne devois attendre mon salut que comme une aumône. Car j'ai mérité mille enfers, étant un de ces arbres qu'il faut jeter au feu parce qu'ils ne portent aucun bon fruit, tandis que ceux qui m'environnent en sont chargés. Cependant je vous dirai que, quelque affligeante que fût cette pensée, elle n'étoit accompagnée d'aucun chagrin ou inquiétude. Mes gémissemens étoient grands, mais avec cela fort tranquilles : et quoique le sentiment de mes misères fût extrême, je ne laissois pas de les conter à Dieu avec un calme et une paix profonde. J'entendis encore hier au soir une seconde interrogation, si je ne voulois pas être comme sainte Thaïs dans un trou pour le reste de mes jours. Il me semble que la réponse de mon cœur fut qu'ouy. Mais je me souvins aussitôt de ce que vous m'avez dit si souvent, que ce ne sont point ces choses extérieures qui nous sanctifient, mais la volonté de Dieu sur nous bien connue et bien suivie. C'est pourquoi je l'ai prié de tout mon cœur de me vouloir faire connoître cette volonté car j'ai un désir extrême de la faire. Peut-être dis-je plus que je ne sens, du moins n'ai-je pas dessein de me flatter ni de vous tromper. Je ne vois pas si clair dans toutes les choses que je viens de vous dire, qu'il ne me reste quelque obscurité là-dessus. Il n'y a qu'une chose où je n'en ai aucune, qui est qu'absolument je ne veux rien.

Je vous le dis encore, ma joie est très-grande de me voir débarrassée de tous mes gens, et dans une liberté entière d'être en solitude parmi ces saintes filles. Ce que je leur vois faire fait naître dans le fond de mon cœur un grand désir d'être uniquement à Dieu et de lui sacrifier toutes choses. Ce ne sont que des désirs, et je me trouverois peut-être tout autrement dans l'exécution. Mais Dieu, qui fait désirer, fait aussi faire quand il lui plaît. Et j'espère tellement qu'il lui plaira de le faire en nous que la vue de toutes mes misères ne diminue en aucune manière ma confiance. Un autre fruit de ma retraite est que je me sens portée à une grande dévotion envers la sainte Vierge. Rien ne m'invite plus à cela que les abismes de son amour envers son fils, que son application continuelle à tout ce qu'il opéroit en elle, et que le soin qu'elle prenoit d'entretenir son esprit et de nourrir son cœur de tout ce qui se passoit dans le mystère adorable du Verbe incarné. Toutes les fois que je prie, je lui demande part à cette sainte occupation, et c'est pour m'occuper de la sorte que je suis dans le dessein de venir passer ici les fêtes prochaines. Mais, comme il faut toujours craindre l'illusion, mandez-moi si je dois suivre cet attrait. Tout ce qui vient de vous me porte à Dieu.

Fabiole[1] est ici qui se porte présentement tout à fait bien. Elle vous prie de lui permettre de se servir de la ceinture que vous avez donné à Poulin, comme aussi de ce remède si utile contre le chagrin[2]. Cela ne lui fera point de mal, car elle est à cette heure en parfaite santé. Souvenez-vous que vous êtes le médecin de son âme. Songez seulement à la traiter et à la guérir. Il y a assez d'autres médecins qui ne pensent que trop à la santé de son corps. Ceux-ci, quand il s'agit d'appliquer leurs remèdes, se mettent fort peu en peine des

---

[1] Ce nom désigne, comme nous l'avons vu, la princesse elle-même.
[2] La discipline.

petites incommodités que l'âme en peut recevoir : faites-en de même; rangez-vous d'eux en faisant comme eux, appliquez vos remèdes aux âmes sans vous mettre en peine de ce qui arrivera à des corps. Au moins tenez cette conduite à l'égard de Fabiole, car elle vous en prie; et vous ne devez rien craindre pour deux raisons, l'une parce qu'elle se porte très-bien, et l'autre parce qu'elle n'épargne que trop elle-même sa misérable carcasse.

Je commencai hier une quête que j'étois priée de faire pour racheter 2,000 chrétiens captifs à Alger, lesquels sont si maltraités qu'on a tout sujet de craindre le naufrage de leur foi. Cette seule raison est capable de faire tout entreprendre et tout souffrir avec joie à une personne qui auroit tant soit peu d'amour pour Dieu et de zèle pour la religion. Mais, comme je suis peut-être assez malheureuse pour n'être pas cette personne-là, je suis contrainte de vous avouer à ma confusion que je sentis une grande répugnance à faire cette quête. Une si mauvaise disposition m'humilia étrangement, et cette humiliation fut suivie d'une conviction entière que je ne saurois être plus glorieusement honorée que de demander l'aumône pour Jésus-Christ esclave et pauvre en la personne de ses membres. Dieu soit béni à jamais. Il a eu égard à mon extrême foiblesse et m'a tellement prévenue des douceurs de sa grâce que j'ai pratiqué aujourd'hui avec une très-sensible consolation ce que je ne fis hier qu'avec une extrême répugnance.

Depuis que je fis mes dévotions, je suis beaucoup plus calme, quoique je sois aujourd'hui dans un dégoût assez grand, et que je me sente pesante à moi-même. Je vous dirai que ma peine venoit en partie de ce que j'avois été fort dissipée, et m'étois informée de quelques nouvelles du monde que j'avois redites ensuite et dont mon esprit étoit sensiblement tout rempli ; ce qui me rendoit d'autant plus coupable que j'avois déjà reconnu que cette sorte de dissipation étoit une des principales causes de mon mal ; et que même lorsque je succombai à cette curiosité, je venois de lire une lettre de ma chère....., dans laquelle elle me mandoit qu'il faut tout donner pour vivre à Jésus-Christ. Le châtiment m'a rendue sage et le châtiment m'a rendue tellement convaincue que Dieu veut que j'oublie tout, que j'ai résolu de ne plus rien écouter des nouvelles du monde, à quoi mon cœur paroît assez fidèle par la grâce de Dieu. Mais parce que le principal consiste à s'oublier soi-même, c'est à quoi, Dieu aidant, je veux travailler uniquement. Ha! que je serois heureuse si je pouvois m'oublier en tout ce qui appartient au monde, et qu'après avoir tout oublié, me tournant vers mon souverain Seigneur, je pusse lui dire avec le Prophète : Je me suis souvenue de vous, mon Dieu, et je me suis réjouie! Je vois fort clairement que cela s'accorde très-bien avec le commerce qu'il me semble que vous voulez que j'aie avec le monde. Car je vois bien qu'ayant tout oublié et ne me ressouvenant plus que de Jésus-Christ, on peut pour l'amour de celui qui occupe toutes nos pensées voir le monde pour l'attirer à lui, caresser le prochain, lui être doux et affable à l'exemple même de Jésus-Christ et pour l'accroissement de son règne.

Ma santé est présentement assez bonne. Pour mon âme, il s'y est passé tant et de si différentes choses qu'il me seroit impossible de vous le dire. Je me contenterai de vous parler de mes dispositions présentes. Les voici : je me suis très-bien trouvée d'avoir suivi le conseil que vous me donniez dans votre dernière lettre, savoir que, quand j'aurois des peines et des chagrins, je les contasse à Jésus-Christ comme à mon bon ami. Je l'ai fait, et me sens fort attirée à cela par la grâce de ce divin Sauveur qui me donne un dégoût général pour toutes choses afin de me contraindre par ce moyen à m'aller délasser auprès de lui. Il me semble qu'il me dit sans cesse ces paroles de l'Évangile : Vous tous qui êtes fatigués, venez à moi, et je vous soulagerai. Mais je n'ai pas toujours les oreilles qu'il faudroit avoir pour écouter cette divine voix qui m'appelle avec tant de douceur et de bonté, puisque je ne vais chercher ce divin ami de mon âme que lorsque je suis comme contrainte par les attraits de sa grâce d'aller à lui. Cependant il est si bon qu'il ne laisse pas, quand je vais à lui, de me bien traiter et de me faire mille caresses. Mon Dieu! que je connois que l'amour qu'il a pour moi est grand! Il est incompréhensible aussi bien que mon ingratitude. Hélas! que je suis misérable! Mais, quand je la serois davantage, je ne me découragerai jamais nonobstant mes infidélités et mes sotises. J'aurai toujours recours à lui. Je suis assurée que c'est le meilleur ami que j'aie qui a le pouvoir et le vouloir de me faire toute sienne; qu'il fera abonder la grâce où a abondé le péché, et qu'il se plaît à faire de grandes choses.

En 1661, la princesse accompagna son époux à Aleth, pour y faire une retraite à la fin du carême ; tandis que celui-ci logeait au palais épiscopal, elle dut, pour observer la règle, s'installer chez les religieuses de la communauté des Filles Régentes[1], mais tous les jours elle venait chez l'évêque entendre ses instructions, et c'est à cette époque que Mgr Pavillon décida le prince de Conti à consentir aux dernières satisfactions exigées pour l'abusif emploi qu'il avait fait de ses bénéfices ecclésiastiques. La mort de Mazarin, qui lui avait laissé des biens considérables, rendait ces restitutions plus faciles et augmentait d'autant plus l'insistance du prélat, qui ne cachait pas les doutes que lui inspirait la légalité de l'immense fortune du cardinal. Nous avons déjà vu les effets de ces sages conseils[2]. La correspondance de la

[1] Nous pensons que plusieurs des lettres précédentes datent de cette retraite, car la princesse y parle à diverses reprises de « ses chères filles ».
[2] Nous avons trouvé aux archives nationales des détails précis à cet égard dans l'acte notarié par lequel, à la date du 25 mai 1661, le prince et la princesse reconnaissent avoir reçu délivrance des legs à

princesse nous a déjà montré combien elle s'était préoccupée du soulagement des pauvres du Berry et à quels sacrifices elle s'était résignée pour y faire face. Or nous en trouvons l'explication dans la vie de Mgr Pavillon, où nous lisons ce passage qui lève tous les voiles : « Comme on ne peut pas tout faire en même temps, M. d'Aleth, en homme éclairé, ordonna premièrement la restitution des dommages causés dans les guerres civiles aux pauvres du Berry et de quelques autres provinces, en prenant toutes les précautions nécessaires pour connoître les familles qui avoient le plus souffert, après quoi il marqua en détail de quelle manière le prince devoit rendre à l'Église ce qu'il en avoit injustement reçu, en ne vivant pas ecclésiastiquement[1]. » Mais le sage prélat, tout en ne négligeant rien pour décider ses pénitents à ces restitutions auxquelles d'ailleurs ils ne résistaient aucunement, ne voulait pas qu'ils exagérassent les conséquences de leur conversion en s'en servant pour abandonner le monde et se confiner dans une retraite qui aurait rendu leur tâche vraiement trop commode ; il repoussait vivement les instances du prince à se défaire de ses charges, et il parvint à ses fins, tout en habituant le prince et la princesse à des habitudes aumônières vraiment admirables. L'année suivante, tous deux revinrent à la même époque à Aleth ; c'est de là que Mme de Conti se décida à un véritable sacrifice.

eux laissés par leur oncle, à savoir : 350,000 livres en argent comptant, une tapisserie « appelée *Roboam*, d'après le dessin de Raphaël, contenant 32 aunes ¾ sur 3 aunes 5/12 de hauteur, garnie et doublée de toile grise ; 30,000 livres de rente sur les gabelles du Languedoc, et 40,000 de meubles, pierreries et vaisselle. (Série K, carton 608.)

[1] M. Sainte-Beuve, dans son histoire de Port-Royal, donne la date de 1661 à ces conseils de l'évêque d'Aleth. Les lettres de la princesse constatent que cette question avait été soulevée bien auparavant.

On sait que cet hiver fut des plus rigoureux, et la misère fut naturellement à son comble. Dans une lettre où la mère Agnès fournit à ce sujet de lamentables détails, nous lisons ce passage : « Depuis trois jours Mme la princesse de Conti a envoyé aux dames qui ont soin des pauvres son collier de perles de 40,000 livres et des pierreries, qui font l'un et l'autre pour plus de 200,000 livres, outre ce qu'elle donne dans la province où elle est (14 mai 1662). » Et nous sommes heureux de pouvoir constater que ce sacrifice ne lui fut pas indifférent, car un écrivain janséniste contemporain, Fontaine, nous dit dans ses mémoires : » Il est vrai qu'en donnant son collier de perles et le regardant pour la dernière fois, elle jeta un petit soupir. » Le P. Rapin remarque « qu'elle plut beaucoup par là à son mari à qui elle cherchoit à plaire ».

Fidèles aux conseils de l'évêque d'Aleth, le prince et la princesse cependant passaient leur hiver à Paris et ne retournaient à la Grange des Prés qu'au commencement du carême pour se rendre à Aleth. Ils revenaient ensuite à la cour, où la duchesse de Longueville tenait beaucoup à avoir sa belle-sœur et son frère dans l'intérêt du parti janséniste, auquel elle s'attachait chaque jour davantage avec l'ardeur qu'elle apportait à toutes les choses dont elle s'occupait. Mais, si la princesse obéissait à Mgr Pavillon en ne s'isolant pas dans une retraite absolue qui eût satisfait ses goûts, elle ne put du moins se résigner à accepter la haute position que son oncle en mourant avait demandée pour elle à la reine. Mazarin était surintendant de la maison d'Anne d'Autriche, et il la pria de nommer sa nièce grande maîtresse après lui, à la place de la princesse Palatine, qui pour exaucer le dernier vœu d'un mourant consentit à lui envoyer sa démission. La reine mère consentit[1], mais la princesse refusa absolument d'accepter cette position enviée cependant de toutes les dames de la cour. La duchesse de Longueville aurait désiré d'abord que sa belle-sœur prît cette situation, qui aurait grandi son influence; mais des scrupules s'emparèrent d'elle ensuite, et elle craignit de nuire ainsi à une conversion qu'elle admirait. « Vraiment, écrit-elle de Rouen le 22 juin 1661, si la princesse de Conty pouvoit subsister à la cour dans la vertu qu'elle a, je voudrois qu'elle y fût, mais le moyen? Et n'est-ce pas exposer les gens à des périls certains que de les mettre dans de tels postes à vingt-quatre ans, belle, heureuse et au milieu de la grandeur et du plaisir? Et vouloir qu'on sorte sain et sauf de telles choses! Cela est au-dessus de la nature. C'est pourquoi je ne voudrois pas y contribuer, mais je ne voudrois pas non plus l'en détourner, parce que Dieu peut avoir ses desseins et qu'il peut la garder en ce lieu, s'il se veut servir d'elle pour la sanctifier, comme il garda les trois enfants dans la fournaise de Babylone[2]. » On voit que la duchesse connaissait la cour et la fragilité de l'âme humaine, et il est hors de doute que ses conseils déterminèrent sa belle-sœur à ne pas accepter les offres qui lui furent faites. La charge échut alors à une autre nièce de Mazarin, la comtesse de Soissons.

[1] On avait toujours cru que la reine avait seulement promis, mais la princesse fut réellement nommée. Nous en avons trouvé la preuve dans l'acte du 25 mai 1661, précédemment cité : « ..... Reconnoît que ma dite dame a esté pourveue et est à présent jouissante de la charge de surintendante de la maison de la reine mère du roy; la récompense de laquelle charge, montant à 200,000 livres, appartenoit à Son Éminence qui la luy a aussi léguée. » Le désintéressement de la princesse fut donc complet.

[2] Cette lettre est citée par M. Cousin dans ses travaux sur Mme de Longueville.

CHAPITRE III.

A cette époque, la sœur de Condé avait auprès d'elle un personnage dont le nom a figuré plusieurs fois dans les lettres de la princesse de Conti, Villars, l'un des gentilshommes de son mari [1], qui, après avoir pris aux événements de la Fronde une part assez compromettante pour être condamné à la roue, s'était attaché à Mme de Longueville, et en se faisant janséniste, nous dit le père Rapin, « se cacha dans un trou et fit le dévot ». Il entra très avant dans les intrigues de la coterie et fut un des principaux agents de la conversion de son ancien maître. En même temps il se mêlait de tout, montrait une grande habileté, une extrême finesse, une infatigable activité. « Il ne parloit jamais que de Dieu, écrit le père Rapin, avec ceux qui n'étoient pas du parti, et il en parloit d'un air si touchant qu'il pleuroit et faisoit pleurer les autres quand il vouloit. » Le père Rapin ajoute que c'est lui qui acheva de décider la princesse de Conti à prendre pour directeur l'abbé de la Vergne.

La princesse de Conti avait été véritablement entraînée dans le jansénisme comme malgré elle : en cela la situation de sa belle-sœur était toute différente.

---

[1] François de Villars, surnommé Villars *Orondate,* à cause de sa mine de héros, seigneur de Masclar et dit marquis de Villars, fut le père du maréchal. Il entra au service du prince de Conti vers la fin de 1653 et fut choisi à cause de sa réputation de bravoure, établie depuis qu'il avait été le second du duc de Nemours dans son malheureux duel avec le duc de Beaufort. « Il s'imagina, dit Cosnac, qu'en le prenant auprès de lui, cela lui donneroit dans le monde une réputation de bravoure dont pour lors il étoit plus entêté que de toute autre chose... Dès qu'il fut retiré, il me dit de lui mille choses avantageuses... Il me dit qu'il avoit une antipathie naturelle contre le duc d'York, qu'il avoit résolu de se battre contre lui, et que Villars paroissoit propre à le servir en cette occasion. » Villars servit sous le prince comme lieutenant général en 1657 ; il fut depuis gouverneur de Besançon en 1668, ambassadeur en Espagne, en Savoie, en Danemark : il mourut le 20 mars 1698.

Mme de Longueville en effet était janséniste par ambition, par amour de gouverner, tandis que Mme de Conti l'était devenue par attachement à son mari. Nous avons dit qu'elle avait été élevée sans aucun principe religieux, et qu'en se mariant elle ne se souciait pas plus que le prince de ces questions. Quand celui-ci devint dévot, Mme de Conti, qui n'avait jamais entendu traiter ces matières, écouta l'évêque d'Aleth et son langage lui plut : « ce fut par principe de conscience qu'elle donna dans la nouvelle morale qui lui agréa, n'y voyant que du bien et point de mal [1]. » On saisit aisément la différence qui existait entre les deux belles-sœurs ; nous nous y arrêterions davantage si nous avions le projet d'écrire la vie de la duchesse de Longueville ; il nous suffit d'indiquer cette différence en constatant que celle-ci se servit de sa belle-sœur précisément pour agir sur certaines personnes que sa vanité et sa hauteur offusquaient et que la simplicité au contraire de la princesse séduisait. Tandis que Mme de Longueville ne négligeait aucun moyen de se faire remarquer, Mme de Conti fuyait ces occasions et ne songeait qu'à faire du bien. La duchesse vivait alors dans son hôtel avec son inséparable amie Mlle de Vertus, toutes deux habillées en véritables tourières de carmélites, « passant l'une et l'autre une partie de leur vie dans une affectation de minauderies éternelles, gémissant sans cesse toutes deux au coin de leur feu sur les malheurs de l'Église et médisant avec hauteur de tout le monde par principes de réforme [2]. » La princesse de Conti était peut-être plus ardemment janséniste et à coup sûr plus convaincue, elle qui n'avait entendu parler que ce langage, mais elle ne faisait ni bruit ni

[1] Rapin.
[2] *Ibid.*

éclat : tout en se laissant trop gouverner par sa belle-sœur, elle observait, plus par la paresse naturelle de son caractère que par habileté, une réserve prudente qui lui rendait l'accès de la cour plus aisé. La reine lui faisait le meilleur accueil, le roi la voyait volontiers et disait hautement qu'il ne connaissait pas de femme d'une vertu plus solide [1]. Condé enfin traduisait nettement les sentiments qu'elle lui inspirait, en répétant souvent que, s'il trouvait une bergère aussi parfaite qu'elle, il la donnerait avec empressement pour femme à son fils [2]. La Vergne à cette époque (1663) logeait à l'hôtel Conti, « et tout s'y passoit assez saintement pour l'attachement que le ménage avoit à la nouvelle opinion, sans éclat, soit qu'ils eussent quelque soin de se ménager à la cour, où le roi avoit commencé de faire quelque ouverture au prince du dessein qu'il avoit de lui confier l'éducation du dauphin, soit que leur paresse naturelle l'emportât sur le zèle [3]. Quoi qu'il en soit, ils se déclaroient moins que la duchesse de Longueville. » On sait combien celle-ci fit de bruit à l'occasion de la mort du célèbre père Singlin, et comme elle affecta de paroître à son enterrement, ce qui déplut beaucoup au roi (avril 1664). La princesse de Conti, au contraire, se tint complétement à l'écart en cette circonstance, ce qui lui valut une visite de Louis XIV, dans laquelle, en blâmant fortement la duchesse, il la félicita d'avoir été « plus sage [4] ».

Les deux époux allèrent cependant une troisième fois faire une retraite à Aleth, au printemps de l'année

[1] Rapin.
[2] Ibid.
[3] Ibid.
[4] Ibid.

suivante[1], puis ils revinrent passer l'été à Noisy, près de Versailles, dans un château que le roi avait donné au prince pour y soigner sa santé gravement atteinte, car il n'avait jamais pu se guérir de la fâcheuse maladie à laquelle le père Rapin donne poliment le nom de gravelle. Son état était même assez grave pour le décider à offrir sa démission de gouverneur du Languedoc; mais Louis XIV, sachant la popularité dont il jouissait dans la province, le pria de différer et de lui rendre le service d'y présider encore les États, lui promettant à peu près de consentir ensuite à sa retraite en lui donnant la direction de l'éducation de son fils, comme il en avait depuis quelque temps l'intention. Le prince obéit:

[1] Le prince avait toujours les mêmes sentiments pour l'évêque : nous venons d'en trouver la preuve dans une lettre de Mgr Pavillon, qui a tout dernièrement passé dans une vente de M. Ét. Charavey : elle est datée d'Aleth le 9 juillet 1663 : « J'aprens, écrit le prélat, de tous costés la continuation du charitable appui de V. A. S. pour dissiper les mauvais bruictz qui vont croissans contre moy de jour en jour en se fortifiant et qui ne procèdent que de la facilité qu'on doit avoir pour les persuader au roi. Je ne m'essaye pas à vous témoigner les nouveaux sentiments de recognoissence cordiale que j'en auroys! en cognoissant assez mes dispositions à l'égard de V. A. S., elle est, ce me semble, assez convaincue. Nous travaillons maintenant à la réponse de chacun des articles qui remplissent les escritz qu'on respand contre moy, dont M. l'abbé de La Vergne m'a envoyé copie. Je vous souhaite une santé toujours plus forte et plus vigoureuse et à madame que je salue très humblement et suplie Notre-Seigneur de couronner en Vos Altesses l'œuvre de grâce et de sanctification qu'il y a commencée. »

Nicolas Pavillon avait été nommé évêque d'Aleth en 1637 et il se distingua en rétablissant l'ordre dans un diocèse dont la situation morale était déplorable avant lui. Mais, emporté par son zèle pour la réforme, il embrassa les idées jansénistes. Le rituel qu'il fit réimprimer fut dénoncé à Rome, mis à l'index, et peu après tous ses ouvrages eurent le même sort, ce qui donna lieu à une série de luttes qui remplirent si malheureusement sa vie en le mettant à la tête du mouvement janséniste. Il mourut le 8 décembre 1677 sans avoir jamais quitté sa ville épiscopale.

à ce moment il semble s'être subitement éloigné du jansénisme, et le père Rapin nous apprend, à l'appui de cette résolution, qu'avant de partir pour le Languedoc, M. de Conti se sépara, pour plaire au roi, de l'abbé de la Vergne. Sa femme montra beaucoup de répugnance à ce sujet ; mais, comme elle ne savait pas résister aux désirs du prince et que son état maladif la rendait encore plus attentive à lui plaire, elle s'y résigna ; tous deux partirent aussitôt après cette pénible exécution. Le voyage fut très-fatigant pour M. de Conti ; il put cependant arriver à Béziers et il présida les États où tout se passa de façon à satisfaire le gouvernement. Mais ces occupations aggravèrent sérieusement son état, et il fut transporté très-malade à la Grange, où sa situation empira rapidement. L'évêque d'Aleth accourut près de lui, mais le père Rapin constate avec une triomphante satisfaction qu'il l'accueillit fort mal. « Le prince avoit fait déjà des efforts pour s'affranchir entièrement du jansénisme ; il disputa fort contre ce prélat sur l'obligation qu'il y avoit à signer le formulaire, prétendant qu'il devoit obéissance au pape, luy disant qu'il ne pouvoit approuver sa conduite qui alloit faire un schisme dans l'Église ; à quoy l'évêque, qui n'étoit pas fort théologien, répondit foiblement, et d'une manière dont ce prince fut si mal satisfait qu'il ne voulut plus l'écouter, ordonnant à ses gens de le faire sortir. Après quoy il remercia Dieu d'être délivré de ces importuns, déclarant à celui qui lui apporta les sacrements qu'il se soumettoit aux constitutions des deux papes pour le fait et pour le droit et qu'il vouloit mourir enfant de l'Église. » Rapin ajoute qu'il sut tous ces détails par Morin, médecin, et par Mongelis, chirurgien du prince, qui l'assistèrent à ses derniers moments. Il mourut à la Grange, le 21 février 1666, précisément à l'instant où il aurait pu être assez gravement compromis par une lettre de l'évêque d'Aleth, trouvée dans les papiers de M. de Sacy lors de son arrestation, où ce prélat promettait d'obtenir du prince « de faire quelque chose d'éclat pour la liberté des religieuses de Port-Royal ». La nouvelle de sa mort arriva à la cour quatre ou cinq jours avant cette découverte. Mme de Sévigné a résumé l'opinion publique en écrivant un jour à propos du jeune prince de Conti : « C'était le fils d'un saint et d'une sainte[1]. »

Le corps du prince fut d'abord déposé dans l'église des Cordeliers de Pézenas, puis transporté, suivant son désir, à la chartreuse de Villeneuve, près d'Avignon[2].

Il ne paraît pas que la soumission de la princesse de Conti aux vœux de son mari soit allée jusqu'à lui faire approuver son abandon du jansénisme, auquel elle

---

[1] Lettre du 24 novembre 1685 au président de Moulceau. — Mme de Sévigné paraît avoir eu une certaine sympathie pour le prince de Conti. Bussy-Rabutin, qui l'accompagna dans sa campagne de Catalogne, écrivait à sa cousine, le 16 juin 1654 : « J'ai bien appris de vos nouvelles, madame; ne vous souvenez-vous point de la conversation que vous eûtes chez Mme de Montausier avec M. le prince de Conti, l'hiver dernier? Il m'a conté qu'il vous avoit dit quelques douceurs, qu'il vous avoit trouvée fort à son gré et qu'il vous le diroit plus fortement cet hiver. »

[2] A la mort du prince, la duchesse de Longueville s'occupa des personnes qui étaient attachées à sa maison. Esprit était alors maître des deux enfants : « Ce que M. Esprit touchoit de mon frère, écrit-elle à Mme de Sablé, n'étoit point comme gouverneur, mais comme maître. Ainsi M. Esprit demeurera sans doute dans son emploi d'intendant du petit comte de Pézenas. Pour M. de la Vergne, mon frère ne lui donnoit rien du tout, et il a seulement subsistance chez mon frère quand il est en même lieu que lui. Mais comme ce n'étoit point par rapport à mon frère, mais par rapport à ma belle-sœur, cela subsistera toujours; et ainsi M. de la Vergne ne perd rien du côté de l'intérêt. » Esprit cependant ne voulut pas conserver sa position : il essaya d'entrer chez Mme de Longueville, et, ayant échoué, malgré les efforts de Mme de Sablé et la crainte de la duchesse de blesser ses amis, il se retira tout à fait.

demeura au contraire solidement attachée. Elle désapprouva hautement ceux de ses officiers qui, comme Morin et Mongelis, s'empressèrent de faire savoir à la cour la fin édifiante du défunt au point de vue du catholicisme ; elle blâma plus vivement encore le cordelier qui prononça l'oraison funèbre à Pézenas et y parla de cet incident, et elle dépêcha un courrier au père Cueillans qui devait remplir la même mission à Montpellier pour lui défendre formellement de mentionner le retour du prince à l'Église. La princesse regagna Paris aussitôt après avoir rendu les derniers devoirs à son époux et mis ordre à ses affaires ; elle s'attacha plus fortement que jamais à sa belle-sœur qui ressentit un violent chagrin de la mort de son frère : « Je vous avoue, écrit-elle à Mme de Sablé, que cette douleur et par elle et par ses circonstances est si pénétrante pour moi que j'en suis tout-à-fait renversée. » Celle-ci venait d'apprendre que le marquis de Sourdis se proposait de faire imprimer le traité du *Devoir des grands* en y joignant une préface, et elle pria instamment le marquis de renoncer à cette publication, se proposant elle-même de l'éditer avec « mille autres ouvrages de son frère ». Elle voulait certainement par ce moyen combattre l'effet produit par la conversion du prince et faire voir au public combien au contraire il était fermement attaché aux doctrines jansénistes. Elle ne réussit pas cependant, et le traité parut en 1667, malgré ses efforts, au nom de la princesse, quoique sans son assentiment, avec un privilége accordé à M. du Vigan, gouverneur des pages du défunt.

CHAPITRE IV.

La princesse reste dévouée au jansénisme. — Elle conserve cependant une grande modération. — Sentiments du roi et de la cour en sa faveur. — Le duc d'Orléans demande sa main. — Sa conduite exemplaire. — Sa liaison de plus en plus intime avec sa belle-sœur. — Le P. Bourdaloue. — Sa mort subite. — Son testament. — Mot de Mme de Sévigné. — Jugement de Massillon. — Opinion des contemporains. — Appréciation générale de sa vie.

Mme de Conti avait immédiatement écrit à Mme de Longueville, après la mort de son mari. « J'ai reçu, mande celle-ci à Mme de Sablé, une lettre de Mme la princesse de Conti qui me prie de vous faire de grands compliments sur ce qu'elle ne vous a pas fait response ; elle croit que vous recevrez bien ses excuses. Elle me prie d'aller au-devant d'elle à une grande journée de Paris. Ce sera pour demain. » Une grande déception atteignit presque aussitôt la princesse en lui faisant sentir matériellement la diminution que la mort de son mari apportait à son influence. Nous avons vu la part qu'elle avait prise à la fondation d'une communauté dirigée à Toulouse par une janséniste des plus notables de la province, Mme de Mondonville ; ses adversaires n'avaient jamais pu obtenir la suppression de cet institut tant que vécut le prince de Conti ; mais, à peine eut-il fermé les yeux, que l'archevêque renouvela ses démarches et obtint immédiatement du roi un arrêt du conseil qui prononça la suppression de ce « séminaire du jansénisme[1] ». La princesse et sa belle-sœur intervinrent sans retard auprès de Louis XIV et le harcelèrent tellement qu'elles obtinrent un délai pour la signature, ce que ce prince fit pour plaire à Mme de Conti, mais non sans lui dire, « avec un petit degré de sécheresse, » qu'elle se mêlait à son grand regret de choses qui ne la regardaient nullement. L'archevêque ne se tint pas pour battu et sut impressionner le roi en lui montrant le mal que Mme de Mondonville causait dans tout le Midi en propageant les idées nouvelles. En fait, l'institut de Toulouse, après la chute de Port-Royal, était le seul refuge que conservât le jansénisme. La guerre fut vive ; les deux princesses ne négligèrent aucune démarche. Mme de Conti essaya de décider l'évêque de Béziers à recevoir la communauté, Mme de Longueville tenta d'amener l'archevêque d'Albi à ce parti ; mais ces efforts furent vains, et Louis XIV apposa enfin sa signature qui décida la suppression tant débattue.

La princesse dut supporter avec peine une pareille épreuve. Elle la détermina, du moins, à ne plus s'occuper aussi ostensiblement d'un parti contre lequel l'animosité de la cour s'affirmait chaque jour davantage et pour lequel son influence devenait absolument impuissante. Elle se renferma de plus en plus dans la pratique de la

---

[1] Le 8 août 1664, le prince écrivait à ce sujet au père de Ciron : « J'ai été surpris des emportements des capucins contre Mme de Mondonville. En vérité, ces pauvres gens sont plus dignes de pitié que ceux qu'ils persécutent, et, comme leur persécution ne peut faire grand mal, il est aisé d'en faire peu de cas. Pour ce qui regarde le prélat, il peut nuire à beaucoup de bien que fait la maison de la Sainte-Enfance, mais je ne vois pas qu'il puisse lui faire de mal effectif, puisqu'elle a un établissement certain, fait par un archevêque, confirmé par une bulle du Saint-Siége, autorisé par le roi et vérifié en parlement. Si toutefois il veut inquiéter, *præsto sumus*, vous pouvez nous employer toujours. »

religion la plus austère, et, continuant à recevoir les conseils de l'évêque d'Aleth, elle ne songea qu'à se dépouiller des portions de sa fortune qu'elle considérait comme mal acquises. C'est ainsi qu'elle dressa le compte des biens provenant de son oncle le cardinal, qu'elle regardait comme provenant des bénéfices ecclésiastiques, et qu'en cinq annuités elle restitua en bonnes œuvres une somme de 800,000 livres, sans compter les innombrables aumônes qu'elle faisait sur le reste de ses propres. On peut dire que ce fut la constante préoccupation du reste de sa vie, et qu'elle donna ainsi un grand exemple auquel la simplicité avec laquelle elle l'accomplit ajoute un mérite qui frappa tout le monde.

La princesse était restée veuve à vingt-neuf ans. Ses contemporains constatent tous son admirable beauté, et nous en avons la preuve par le portrait peint par Beaubrun qui existe d'elle à Versailles. Un émail de Petitot corrobore facilement ce jugement, ainsi que la reproduction de la toile de Beaubrun, gravée par Regnesson en tête du premier volume du *Grand Scipion*, qui lui fut dédié en 1656[1]. Elle avait deux fils[2] : Louis-Armand, né le 4 avril 1661[3], et François-Louis, né le 30 avril 1664[4];

[1] Il existe plusieurs portraits gravés de la princesse, sans compter celui de Gavard, exécuté pour le Musée de Versailles. On en trouve un dans la suite de Montcornet; deux autres gravés par Nicolas de Lormessin, le premier chez Boissevin, le second chez Bertrand; d'autres encore. Le plus remarquable est celui de Regnesson : il a l'avantage d'avoir été peint et gravé par deux contemporains : la gravure en est parfaite. La princesse y est en buste, de trois quarts, à droite.

[2] Un premier fils, Louis, était né le 6 septembre 1658, mais était mort au bout de huit jours.

[3] Il mourut de la petite vérole, le 9 novembre 1685, au retour d'une brillante campagne en Hongrie, sans laisser d'enfant d'Anne-Marie, mademoiselle de Blois, légitimée de France, qu'il avait épousée le 16 janvier 1680, morte le 3 mai 1759.

[4] Mort le 22 février 1705, après avoir servi avec éclat et avoir été élu

elle apporta un grand zèle à leur éducation, et l'auteur du *Nécrologe de Port-Royal* nous apprend qu'elle la confia au docte père Lancelot[1], et que le roi la laissa complétement libre de cette direction. En même temps, elle s'occupait de ses nombreuses affaires, de ses domaines ; elle veillait à ce que ses vassaux fussent équitablement traités, se mêlant même des questions relatives au régiment que Louis XIV avait donné au jeune Louis-Armand. Sa vie suffisait à peine à toutes ces choses auxquelles elle ne savait pas se donner à demi, surtout si l'on songe qu'elle n'avait nullement abandonné la protection des jansénistes, qu'elle y apportait au contraire un constant dévouement, « n'épargnant ni peine ni soin pour cela, lisons-nous dans le *Nécrologe*, s'opposant aux ministres même les plus autorisés, avec qui elle ne craignoit pas de se commettre, en leur résistant en face avec sa douceur et sa fermeté naturelles, rehaussées par une foi vive et par une ardente charité. » Elle n'ignorait pas les sentiments particuliers d'estime qu'elle avait inspirés au roi, et dans toutes les circonstances importantes elle allait à lui, traitant directement les affaires avec lui et réussissant souvent, parce que Louis XIV appréciait sa modération, sa réserve et sa haute vertu. C'est ainsi qu'elle eut la plus large part à la mise en liberté de M. de Sacy (octobre 1668) et qu'elle jouissait d'une

roi de Pologne en 1687, sans que cette élection ait eu de suite. Il laissa un fils de son mariage avec Marie-Thérèse de Bourbon-Condé, qu'il épousa le 29 juin 1688 et qui mourut le 22 février 1732.

[1] « Ils ne firent honneur à notre ami M. Lancelot que par leur esprit. » Dom Claude Lancelot, grammairien célèbre, fut un des premiers disciples de l'abbé de Saint-Cyran et l'un des plus savants professeurs de Port-Royal. Après l'interdiction de ces écoles, il fit l'éducation du duc de Chevreuse, puis il entra à l'hôtel de Conti. A la mort de la princesse, il quitta ses enfants et renonça à l'enseignement pour se consacrer à la vie religieuse exclusivement.

grande influence auprès du secrétaire d'État Le Tellier.

Une princesse comme Mme de Conti ne pouvait demeurer ignorée à la cour. Nous avons vu les sentiments qu'elle avait inspirés au prince de Condé, puisqu'il disait hautement avoir rêvé une belle-fille comme elle. Il paraît qu'il ne fut pas le seul à la remarquer et qu'un prince considérable rechercha sa main. « Sa réputation, lisons-nous encore dans le *Nécrologe,* porta un grand prince à lui proposer son alliance, qui la mettoit beaucoup au-dessus du rang où la première l'avoit mise ; mais elle s'excusa d'écouter cette proposition et rejeta les instances qu'il lui fit faire, encore que cette alliance, méritée par sa seule vertu, l'élevât de trois degrés au-dessus de celle à laquelle le crédit du cardinal Mazarin l'avoit élevée. » Cette indication ne nous est fournie que par l'écrivain de Port-Royal ; mais les termes dans lesquels elle est produite nous semblent lui donner un caractère incontestable, et nous croyons que ce prince qui aurait élevé la princesse de « trois degrés » ne peut être que le duc d'Orléans, veuf le 10 juin 1670 d'Henriette d'Angleterre, et remarié dès le 21 novembre 1671 à une princesse de Bavière.

Mais, à cette époque, la santé de Mme de Conti était gravement ébranlée. Elle ne s'était jamais remise du mal qu'elle devait à son mari et de fréquentes indispositions attristèrent sa vie. Les austérités qu'elle s'infligeait n'améliorèrent pas cet état : ces crises se renouvelaient souvent, mais avec une gravité extrême deux fois par an : elles étaient accompagnées de violents vomissements de sang et de symptômes de faiblesse qui faisaient toujours craindre une fin subite, la seule chose qu'elle redoutât et dont elle demandait à Dieu d'être préservée, car, pour toutes ses souffrances, elle les supportait avec une admirable résignation. Elle eut une atteinte tellement grave pendant l'été de 1668, qu'on crut à un malheur prochain. « Le mal de ma sœur, écrit Mme de Longueville à Mme de Sablé, le 9 juillet, m'a fait revenir de Montargis plus tôt que je n'aurois fait, car il n'y a pas moyen de ne pas accourir pour voir dans une telle rencontre une personne qui m'est aussi chère que m'est celle-là. Je l'ai trouvée hors d'affaire pour cette fois. Mais le fond de ce malheureux mal subsistant, qu'on croyoit, si ce n'est entièrement guéri, du moins considérablement diminué, il n'y a pas moyen d'estre en repos ; car cela peut toujours revenir, et si cela revient souvent, cela l'emportera. Pour moi je n'y puis songer sans une frayeur très-pénible, et par la vraie amitié que j'ai pour elle, et pour les suites qu'auroit une telle perte pour ses pauvres enfants. Car, pour l'engagement où vous croyez que cela me mettroit, je le craindrois furieusement, si je le jugeois possible ; mais, comme le roi eût fait, il me soulageroit de cette peine et ne laisseroit pas des princes à la merci d'une janséniste [1]. Mais cela même me fait frémir pour mes pauvres neveux, car jugez ce qu'ils deviendront. Mais il ne faut pas prévenir les maux, et c'est là où il faut appliquer et pratiquer ces mots de l'Évangile : A chaque jour suffit sa malice. »

Cette crise cependant se prolongea plus longtemps que de coutume ; Guy Patin nous l'apprend dans une lettre du 8 septembre 1668, où il fait en même temps un magnifique éloge de la princesse. « Elle étoit en l'Isle-Adam, à l'intention d'y passer le reste de l'été ; elle y est tombée malade et a été ramenée à Paris : tout le monde plaint cette princesse, qui est la fleur des dames

---

[1] Quand la princesse de Conti mourut, elle chargea sa belle-sœur de veiller à l'éducation de ses deux fils.

de la cour, en sagesse, en piété, en probité, et dont la maison est réglée tout autrement mieux que toutes les autres : elle vaut mille fois mieux que son oncle le cardinal. Il y en a qui disent qu'elle est sainte comme saint Charles Borromée, *qui fuit serio christianus,* bien qu'il fût neveu d'un méchant homme, savoir du pape Pie IV. » Elle habitait alors le joli château que son mari lui avait laissé à l'Isle-Adam, bâti dans une situation exceptionnellement belle, dans ce riche vallon, au pied d'un coteau, sur deux îles de l'Oise ; mais elle préférait de beaucoup vivre au Bouchet, autre château de magnifique proportion, situé entre Paris et Fontainebleau ; elle y demeurait le plus longtemps possible et n'en sortait jamais qu'à regret.

Elle n'imita pas son mari, qui sur la fin de sa vie abandonna le jansénisme. Cette même année, où elle fut à deux reprises si malade, nous la voyons s'employer pour faire lever l'interdit qui empêchait l'oratorien Desmares de monter en chaire, et elle figure à son premier sermon pendant les Quarante-Heures du carnaval, « avec toute la cabale, » c'est-à-dire avec la duchesse de Longueville, le duc et la duchesse de Liancourt, Arnault, Nicole, etc. Du reste, elle ne se montrait pas exclusive, car, à la même époque, elle suivait assidûment les prédications de Bourdaloue ; nous l'y voyons en 1670, mais il semble qu'elle y soit surtout venue pour surveiller le violent orateur, car un mémoire fut présenté contre lui au roi par Mme de Longueville, et il n'est pas à croire que sa belle-sœur y soit demeurée étrangère. A la suite du sermon de l'Avent, où Bourdaloue, ayant attaqué le jansénisme très-clairement, cependant sans le nommer, avait parlé de « ces hommes toujours portés aux extrémités, qui, pour ne pas rendre la pénitence trop facile, la portent à l'impossibilité, » la princesse se plaignit si hautement en sortant, que l'orateur crut devoir aller lui présenter des explications dont elle ne se montra que très-médiocrement satisfaite. Elle continua cependant à le suivre, et, au mois de mars suivant, Mme de Sévigné constate la présence « des mères de l'Église ; c'est ainsi que j'appelle, ajoute-t-elle, Mmes de Conti et de Longueville [1] ». Elle avait dû cependant éprouver de pénibles impressions dans ces dernières années, car le jansénisme avait subi quelques coups assez rudes et souffert certaines défaillances parmi ses membres. Le roi alla jusqu'à défendre à la duchesse de Longueville de continuer à faire dans son hôtel des assemblées où se réunissaient les principaux membres de la « cabale », pour entendre Arnault qui y logeait ; et quand la belle duchesse accourut pour le fléchir en mettant en avant les noms les plus orthodoxes comme habitués de son salon, Louis XIV lui répliqua sèchement : « Point d'assemblées, madame, s'il vous plaît, je vous en prie. » Un peu après, l'évêque d'Aleth lui-même fléchit. Il avait fait imprimer un rituel, attribué à Arnault, et qui fut condamné à Rome ; au mois de juillet 1669, il le fit rééditer en y ajoutant les approbations de plusieurs évêques de ses amis, puis il craignit de s'être laissé entraîner trop loin et il adressa au pape une lettre dans laquelle il paraissait hésiter assez peu dignement entre le désir de faire sa soumission et celui de soutenir son ouvrage.

Les souffrances de la princesse s'accrurent pendant l'été de l'année 1671, de manière à donner les plus graves et les plus fréquentes inquiétudes. Elle continuait à faire preuve d'une admirable résignation, qui n'était ébranlée que par la crainte de la seule chose qui l'effrayait, un

[1] Lettre du 18 mars 1671.

coup subit qui l'empêchât de se préparer à la mort. Or son médecin précisément appréhendait un transport au cerveau, et il ne le lui dissimula pas un jour qu'elle le pressa de lui parler franchement. « Je mourrai volontiers de mort soudaine, répliqua-t-elle doucement, alors quand Dieu voudra. L'Église demande à Dieu qu'il nous en délivre, mais elle ajoute *et improvisâ*. Je ne crains aucun genre de mort, mais j'espère que Dieu me préservera d'une mort imprévue. » La prédiction de la Faculté ne se réalisa qu'à moitié. La princesse fut prise, le 1er février 1672, d'une crise plus violente que toutes celles qu'elle avait déjà subies, et elle souffrit pendant quatre jours les plus cruelles douleurs, qu'elle supporta dans un profond silence. Puis une congestion cérébrale l'emporta. Mme de Sévigné nous a conservé le récit des derniers moments de la princesse. « Cette nuit, Mme la princesse de Conti, écrit-elle le 3 février, est tombée en apoplexie. Elle n'est pas encore morte, mais elle n'a aucune connoissance; elle est sans pouls et sans parole : on la martyrise pour la faire revenir. Il y a cent personnes dans sa chambre, trois cents dans sa maison : on pleure, on crie. Voilà tout ce que j'en sais à l'heure qu'il est. » Le surlendemain elle ajoute : « Elle mourut quelques heures après que j'eus fermé mon paquet, c'est-à-dire hier à quatre heures du matin, sans aucune connoissance, ni avoir jamais dit une seule parole de bon sens. Elle appeloit quelquefois *Céphise*, une femme de chambre, et disoit : Mon Dieu ! On croyoit que son esprit alloit revenir, mais elle n'en disoit pas davantage. Elle expira en faisant un grand cri, et au milieu d'une convulsion qui lui fit imprimer ses doigts dans le bras d'une femme qui la tenoit. La désolation de la chambre ne se peut représenter ; Monsieur le duc et MM. les princes de Conti, Mme de Longueville, Mme de Gamaches pleuroient de tout leur cœur. Mme de Gesvres avoit pris le parti des évanouissements, Mme de Brissac de crier les hauts cris et de se jeter sur la place ; il fallut les chasser, parce qu'on ne savoit plus ce qu'on faisoit. Enfin la douleur est universelle. » Mme de Sévigné ajoute que Louis XIV montra un sincère regret et le constata publiquement en déclarant que la princesse « étoit plus considérable par sa vertu que par la grandeur de sa fortune ».

Comme la duchesse de Longueville l'avait pensé, elle fut chargée de l'éducation de ses neveux par la recommandation expresse de sa belle-sœur. Le prince de Condé en fut nommé tuteur. La princesse légua 20,000 écus aux pauvres, autant à ses domestiques, et demanda dans son testament à être enterrée « comme la moindre femme ». Mme de Sévigné était une des sincères admiratrices de la princesse de Conti ; elle alla la voir sur son lit de parade et constata qu'on avait défiguré « la sainte princesse » en cherchant à la rappeler à la vie. Pour essayer de lui faire prendre une potion, on lui avait abîmé la bouche, brisé deux dents et brûlé la tête, « c'est-à-dire que si les pauvres patients ne mouroient pas de l'apoplexie, ils seroient à plaindre de l'état où on les met ».

Le corps de la princesse fut enterré, le 26 avril, à Saint-André-des-Arcs, où elle était venue si souvent entendre le P. Desmares [1]. Ses entrailles furent inhu-

---

[1] Nous trouvons dans le *Dictionnaire critique* de M. Jal les copies des actes suivants :

« Le 6 février 1672, fut apporté et mis en dépôt environ les 8 heures du soir en l'église S. André des Arcs le corps de S. A. S. madame Anne-Marie Martinozzi, veufve de t.-h^t, t.-p^t et excellent prince Armand de Bourbon, prince de Conty, prince du sang, pair de France, etc. Laquelle décéda en sa 35e année dans son hostel de Conty sur le quai de Nesle le 4 février 1672. »

« Le 26 avril 1672, du matin, a été célébré en l'église S. André des

mées à Port-Royal-des-Champs et son cœur au Carmel de la rue Saint-Jacques[1].

Le testament de la princesse est daté du 26 octobre 1669 : il est entièrement écrit de sa main, d'une écriture ferme et sans rature ; on remarquera que l'orthographe y est à peu près parfaite, ce qui prouve qu'elle avait fait de grands progrès à cet égard.

« Au nom du Père et du Fils et du Saint-Esprit, Je Anne-Marie Martinozzi, espouse de Monsieur le prince de Conty, considérant qu'en quelque estat, aage et condition que nous soyons, nous devons regarder l'heure de nostre mort comme fort prochaine, et ne voulant pas mourir sans disposer des biens qu'il a pleu à Dieu de me donner, j'ay faict, escrit et signé ce mien testament en la manière qui s'ensuit.

« Premièrement je recommande mon âme à Dieu, à la Saincte-Vierge, à saincte Anne ma patronne, et à tous les saincts et sainctes du Paradis, affin qu'il plaise à la maiesté divine par les mérites de son fils Jésus-Christ de la recevoir en son Paradis.

« Je veux que mon corps après, que mon âme sera sé-

Arcs le service de feue madame la princesse de Conty qui a esté inhumée dans le chœur de cette église en un caveau fait exprès proche le maître-autel, du costé de l'épître. Monseigneur l'évêque d'Angoulesme a fait l'office, du consentement de M. le curé de S. André, et M. l'évêque d'Authun a prononcé l'oraison funèbre. Messieurs les princes de Conty et de la Roche-sur-Yon, enfants de mad. la princesse de Conty, y étoient. Comme aussi y ont assisté mess. les princes de Condé et duc Danguyen, mad. la duchesse de Longueville, M. le duc de Longueville et grand nombre de personnes de première qualité. »

Le 28 juin 1659, la princesse avait tenu avec Mazarin, à S. Sulpice, sur les fonts baptismaux un fils d'Octavien Ondedei.

[1] La princesse avait depuis longtemps des rapports intimes avec les Carmélites. Dans une de ses lettres, nous lisons : « Nous allons coucher ce soir à la petite maison des Carmélites, où nous passerons la nuit. » Nous avons vu dans sa correspondance avec l'abbé de la Vergne en quels termes elle parle de Mlle du Vigean, « de la sœur Marthe ».

parée, soit inhumé dans l'église de la paroisse où je mourray et que mes funérailles soient faittes sans aucune cérémonie et à moings de frais qu'il sera possible, à quoy je prie l'exécuteur du présent testament cy après nommé de tenir la main.

« Je prie mon exécuteur testamentaire de faire en sorte, s'il est possible, que le jour et le lendemain de mon deuil il soit dict mille messes pour le repos de mon âme, sinon le plus tôt qu'il se pourra faire.

« Je donne et lègue à la bourse cléricale de Saint-Nicolas-du-Chardonneret, à Paris, 5,000 livres ;

« Au séminaire de Tholose, conduit par M. Vignaux, pareille somme de 5,000 livres ;

« Au séminaire de Villefranche, du diocèse de Rhodez, 10,000 livres ; à Messieurs de la mission de M. Vincens, 20,000 livres, pour faire des missions dans les lieux de ce royaume les plus abandonnés tant que ladicte somme y pourra fournir.

« Outre ce, je prie mondict exécuteur testamentaire de prendre sur les effects les plus pressans de ma succession la somme de 10,000 livres pour estre employée incessamment à faire des missions suivant qu'il le jugera à propos.

« Je donne et lègue à l'hospital général de Paris la somme de 100,000 livres ;

A l'Hostel-Dieu de Paris, la somme de 40,000 livres ;

A l'hospital général de Rouen, 40,000 livres ;

A l'hospital général de Caen, 45,000 livres ;

A celuy de Rheims, 45,000 livres ;

A celuy d'Amiens, 45,000 livres ;

A celuy de Bordeaux, 50,000 livres ;

A celuy de Tolose, 45,000 livres ;

A l'hospital général de Sens, 45,000 livres ;

A la Charité de Montpellier, 10,000 livres ;

A l'hospital de Valence, 15,000 livres ;

A l'hospital général de Grenoble, 30,000 livres ;

A celuy de Riom, en Auvergne, 30,000 livres ;

A l'hospital de Nismes, 10,000 livres ;

A celuy de Tulle, 10,000 livres.

« Toutes lesquelles sommes je désire estre payées pour une fois seulement aux sindics et administrateurs desdites maisons dans l'année de mon décès, soit en argent comptant, soit en terres de Monsieur mon mari dont je luy donne le choix et option pour la facilité du paiement et afin que l'exécution de ma volonté ne puisse estre retardée faute d'argent; lesquelles terres je veux que lesdits sindics et administrateurs soient obligés de prendre au prix que mon mari les estimera en sa conscience. Et en cas que les maisons, companies et hospitaux cidevant nommés ne se trouvent en estat de recevoir lesdicts legs, je veux qu'ils soient recueillis et qu'ils appartiennent aux maisons, companies et hospitaux qui se trouveront establis dans les mesmes provinces de proche en proche, ce que je remects au jugement de monsieur mon mari et, à deffaut de luy, à mondict exécuteur, auxquels je donne pouvoir de transférer lesdicts legs en d'autres lieux et à d'autres œuvres, s'ils estiment qu'il soit nécessaire pour la plus grande gloire de Dieu et soulagement du prochain.

« Je veux que mes domestiques soient payés incessamment des pensions et gages de toute l'année en laquelle mon décès arrivera, encore qu'elle ne soit pas finie, et tous ceux deubs au jour de mon décès.

« Outre ce, je donne et lègue à ceux d'entre mesdicts domestiques qui mériteront quelque récompense la somme de 30,000 livres aussy une fois payée, laquelle je désire leur estre distribuée eu esgard aux services qu'ils m'ont rendus, au bien que je leur ay faict et à leur pauvreté, suivant que monsieur mon mari le jugera à propos, et à deffaut de luy mondict exécuteur. Je souhaiterois que mes autres obligations me donnassent lieu de faire plus de bien à mes domestiques et je les prie de se contenter de ce que je puis faire pour eux.

« Je veux que la somme de 12,000 livres due par mon cousin le comte de la Rovere à M. Duret, pour laquelle j'ay faict obliger mon maistre d'hostel, soit incessamment acquittée aux dépens de ma succession sans aucune espérance de répétition contre mon dict cousin ; et pour le surplus de tous mes autres biens je fais et institue mon héritier universel M. le comte de Clermont mon fils, à la charge de payer mes debtes et accomplir le présent testament, et, sy Dieu me donne d'autres enfans, je veux qu'ils ayent la part qui leur appartiendra et mesdicts biens suivant les lois et coutumes des lieux où ils sont situés.

« Je supplie M. le premier Président du parlement de Paris estre exécuteur testamentaire de mon présent testament ; à cette fin je désire qu'il soit saisi de tous mes biens jusqu'à l'entière exécution d'iceluy, et pour vaquer aux affaires de ladite exécution seule l'autorité et par les ordres de mondict exécuteur j'ay nommé et choisi le sieur Jasse[1] de l'affection et fidélité duquel j'ay une particulière connoissance.

« Lequel mon présent testament j'ay faict et escrit, leu et releu, et je m'y suis arresté comme à ma dernière volonté, et je l'ay signé de ma main à Paris, le 25 octobre 1663.

ANNE-MARIE MARTINOZZY[2]. »

[1] Trésorier du prince.

[2] Ce testament et ceux qui suivent sont aux Archives nationales, série K, 609. Nous en devons la connaissance à l'obligeance de M. Boutaric.

Plus tard la princesse refit son testament, préoccupée naturellement de l'avenir de ses enfants ; mais cette fois elle le dicta seulement. Il est daté du 22 décembre 1671, et commence absolument de même pour les trois premiers paragraphes. Nous lisons ensuite :

« Comme il n'y a rien au monde qui me soit si cher que mes enfants, ni dont je sois plus redevable à Dieu que de leur éducation, il n'y a rien aussi que je désire avec plus de passion que de les laisser après ma mort entre les mains d'une personne qui continue de leur inspirer les sentiments qu'ils doivent avoir pour le service de Dieu et du Roy. Je ne croy pas que les grandes occupations qu'a M. le Prince, et d'autres encore plus grandes qu'il peut avoir à l'avenir, luy permissent de prendre tous les soings qui sont nécessaires pour l'éducation de mes enfants, et c'est pourquoy je désire que Mme de Longueville en soit chargée : elle a toutes les qualités requises : elle a beaucoup de tendresse pour eux et dedans l'estat où elle est a tous les loisirs nécessaires. S'il se rencontroit quelque difficulté dans ce choix, je supplie très-humblement Sa Majesté d'avoir la bonté de la faire lever et faire accorder la protection à mes enfants dans cette occasion que je crois très-importante pour eux et dans toutes celles où ils auront besoin de sa bonté.

« Je désire que mes enfants se servent de ceux que j'ay mis auprès d'eux, dont la piété et la fidélité me sont connues, mais principalement de M. du Trouiart, et de MM. de Lancelot, la Pairan, Tury et Jasse dont je connois l'affection et la fidélité, et aussi de M. Vidone et du sieur Arnaud, mon maître d'hôtel que je lui recommande particulièrement [1]. »

---

[1] Ce document constate qu'à cette époque la maison de la princesse

La princesse laissait à l'abbé Vidone, son aumônier, 400 livres de pension; autant à Mlle Lenoir, sa première femme de chambre, avec le logement sa vie durant, plus 12,000 livres comptant; 48,000 livres à ses divers domestiques, et elle ajoutait les aumônes suivantes: aux Carmélites de Narbonne, 10,000 livres; aux Bernardines du sang précieux, 6,000 livres; aux pauvres honteux de Paris, 4,000 livres; à la maison de Mme de Mondonville, pour entretenir des maîtresses d'école à Pézenas, 4,000 livres; aux Capucines, aux Filles de l'*Ave-Maria*, aux Récollettes, aux Filles de la Miséricorde du faubourg Saint-Germain, 5,000 livres chaque; aux pauvres des terres de ses enfants, pour entretenir des maîtres et des maîtresses d'écoles, 4,000 livres; à la maison de la Providence, dirigée par Mlle Violle, 4,000 livres; à l'œuvre des enfants trouvés de Paris, 4,000 livres [1].

se composait de : un aumônier, Mlle Cécile Lenoir, première femme de chambre ; MM. des Forges, de Tury, écuyers ; Arnaud, maître d'hôtel; MM{lles} Margot, Fanchon, femmes de chambre; le sieur du Val, valet de chambre; Gautier, contrôleur d'écurie. Plus, Croselier, Jacques, Sambraires, officiers ; quatre valets de pied, deux garçons de chambre, un valet de garde-robe, six hommes d'écurie.

[1] Le testament du prince de Conti, daté du 24 mai 1664, contient un passage qui mérite d'être cité ici : « J'ai un très-grand regret d'avoir été assez malheureux pour me trouver dans ma jeunesse dans une guerre contre mon devoir, pendant laquelle j'ai toléré, ordonné et autorisé des violences et désordres innombrables, et quoique le roy ait eu la bonté d'oublier ce manquement, je suis demeuré toutefois devant Dieu solidairement redevable envers ses communautés, et les particuliers qui ont souffert pendant ce temps, soit en Guyenne, Xaintonge, Berry, la Marche, soit en Champagne et au voisinage de Dampvilliers, sur quoy j'ay fait restituer en Guyenne et en Berry quelques sommes dont le sieur Jasse, mon trésorier, a une particulière connoissance, et j'ai souhaité avec beaucoup de passion de pouvoir vendre tout mon bien pour satisfaire plus largement; mais, m'étant soumis sur cela à plusieurs prélats et docteurs très-sçavants et très-pieux, ils ont jugé que je n'étois pas obligé de me réduire à une vie privée, mais que je devois

CHAPITRE IV.

La perte de la princesse de Conti fut vivement ressentie, à la cour comme à la ville, car sa haute piété, sa simplicité et ses immenses et constantes aumônes lui avaient sérieusement gagné tous les cœurs. Nous avons vu comment le roi l'appréciait et en quels termes il avait exprimé les regrets que lui causait la perte de sa cousine. Mme de Sévigné n'est pas moins élogieuse, et l'on ne saurait formuler une oraison funèbre plus complète en peu de mots, quand elle dit : « Il y a de belles réflexions à faire sur cette mort, cruelle pour toute autre, mais très-heureuse pour elle, qui ne l'a point sentie et qui y étoit toujours préparée. » Plus tard, en parlant de la mort du fils de la princesse en 1685, elle dit encore : « Il est le fils d'une sainte. » Nous trouvons les mêmes appréciations dans une lettre, du 15 février 1672, de Mlle de Scudéry à Bussy : « M. d'Autun a fait l'oraison funèbre de Mme la princesse de Conty [1], qui est morte d'apoplexie : elle

servir Dieu dans ma condition, dans laquelle toutefois j'ai retranché autant que j'ai pu toutes les dépenses de ma maison afin de restituer pendant ma vie, chaque année, ce que je pourrois épargner de mon revenu. »

Le prince recommandait ensuite expressément à ses héritiers de continuer ces indemnités jusqu'à complète réparation, suivant les mémoires conservés par le trésorier Jasse. Il ajoutait que, dans le cas où ses héritiers et descendants viendraient à acquérir une nouvelle fortune par libéralité royale ou de tout autre manière, ils devraient vendre tous les biens provenant de sa succession et en distribuer le produit dans les provinces susmentionnées : enfin, que, si ses enfants se trouvaient sans postérité, ils eussent à prendre des mesures pour que cela eût lieu après eux. Il terminait par ces mots : « Je recommande à ma femme la bonne et chrestienne éducation de mes enfants..... » Les exécuteurs testamentaires choisis furent la princesse de Conti, la duchesse de Longueville et le premier président de Lamoignon.

[1] L'abbé de la Roquette, in-4°, 1672. Nous regrettons de ne pouvoir publier cette oraison funèbre dans l'appendice, mais le seul exemplaire que nous connaissions est à la Bibliothèque nationale, et, malgré les

menoit la vie d'un ange ; » et Bussy lui répond, le 25 :
« Il n'appartient qu'à des vies comme a été celle de
Mme de Conti de mourir de mort subite. M. d'Autun avoit
ample matière pour faire une belle oraison funèbre, et
son grand talent est pour ces sortes de discours. » Enfin
Saint-Simon, à l'occasion de la mort de Mme de Gamaches, — fille du secrétaire d'État Loménie, — consacre
à la princesse quelques lignes qui donnent encore la
meilleure impression de son caractère doux et sympathique. « Elle avoit été dans la plus étroite confiance
de la princesse de Conti-Martinozzi. J'ai ouï conter à
mon père que toutes les semaines, à jours pris, elles
venoient dîner toutes deux chez sa première femme, la
meilleure amie qu'eût la princesse de Conti, que mon
père alloit ce jour-là dîner chez ses amis, et qu'elles
dînoient toutes trois la clochette sur la table et passoient
ensemble le reste du jour. Toutes deux alors étoient fort
belles. J'en ai trouvé, à la Ferté, deux petits portraits
en pied de ce temps-là, en pendants d'oreilles, les plus
agréables du monde, que j'ai conservés avec soin. »

Mme de Sévigné ajoute, dans la lettre à laquelle nous
avons emprunté l'éloge de la princesse, ces mots :
« Brancas en est tout pénétré. » Le comte de Brancas,
chevalier d'honneur de la reine mère, était un des plus
ardents adversaires du jansénisme. Homme d'esprit,
« après avoir été libertin et désordonné », dit Mme de
Motteville, il paraissait converti et dévot, quoique d'un
tempérament emporté, « et les châtiments qu'il se donnoit
à lui-même égaloient par leurs excès celui de ses foiblesses ». Il est probable que la phrase de Mme de Sévigné
fait ici allusion à la surprise dont M. de Brancas fut

obligeantes recherches de M. le conservateur, on n'a pu le retrouver
depuis plusieurs mois (juillet 1875).

frappé en voyant une personne qu'il considérait comme hérétique faire une mort aussi belle et produisant dans le monde une impression si universellement édifiante.

La princesse de Conti avait, en effet, donné par sa vie et par sa mort un grand exemple. Née avec les plus brillantes qualités de son sexe, douée d'une grande beauté, elle n'avait jamais donné prise à la critique dans un temps où peu de femmes y ont pu échapper, car son aventure avec le beau et compromettant Vardes n'avait pu servir qu'à affirmer sa vertu. « Sérieuse, douce, tranquille dès l'enfance, et toutefois très-sensible ; ferme, hardie et néanmoins mesurée et pleine de tous les égards nécessaires pour s'établir une réputation hors d'atteinte, » elle était sévère pour elle-même, et se jugeait toujours sévèrement, prétendant que, malgré cette régularité extérieure, elle n'était qu'une « honnête païenne ». Nous avons vu qu'elle avait grandi sans aucune instruction religieuse, toute nièce de cardinal qu'elle était, et, au lendemain d'un mariage qui avait comblé les vœux de grandeur et d'ambition qu'elle nourrissait, elle n'avait eu qu'une pensée, éteindre complétement les élans religieux qui agitaient son âme et ne lui paraissaient pouvoir lui procurer que des troubles et des soucis. Elle fit tous ses efforts en ce sens, mais « Dieu ne permit pas qu'elle y réussît ». Il y avait en elle, au contraire, un fond d'honnêteté et de grandeur que la foi seule pouvait développer et satisfaire. Elle avait tout l'amour de son époux, revenu des fâcheux égarements d'une jeunesse imprudente et qui d'un bond était rentré au plus étroit du giron de la religion en embrassant, au contraire, les idées qui représentaient alors la plus austère rigidité. Il ne perdit désormais aucune occasion de lui répéter tout ce que la charité peut faire dire sur la plus grande de toutes les affaires à la personne du monde à qui elle importe le plus et que l'on aime le mieux. Elle recevait avec beaucoup de douceur ce qu'il lui disait, mais toutes ses instances ne faisaient au fond que l'importuner et l'aigrir contre la piété, qu'elle regardait comme son ennemie et sa grande rivale dans le cœur du prince. L'issue de la lutte ne pouvait pas cependant être douteuse ; la princesse avait l'âme trop haute, elle aimait trop son mari pour ne pas le suivre. Son cœur fut changé tout d'un coup, sans qu'elle sût comment, et alors elle se tourna vers Dieu avec autant d'ardeur qu'elle s'en était éloignée jusque-là. Nous connaissons le reste de sa vie par ses lettres, et nous croyons que nos lecteurs la jugeront comme nous, en voyant en elle l'une des figures les plus sympathiques du dix-septième siècle, l'une de celles qui honorent le plus la religion, sans s'arrêter à l'erreur qui l'entraîna dans le jansénisme : l'excusant même facilement, puisqu'elle n'entendit parler que ce langage, ils reconnaîtront que le titre de « mère de l'Église », que Mme de Sévigné lui attribuait peut-être en souriant, lui appartenait bien réellement.

Massillon lui-même a rendu hommage à la princesse de Conti, dans l'oraison funèbre de son second fils qu'il prononça le 21 juin 1705 :

« Le prince son père, dont la pénitence édifioit l'Église et honorait la religion, une mort prématurée le lui ravit avant qu'il pût le connoître ; et, s'il ne perdit pas avec lui des instructions qu'il a pu retrouver dans ses ouvrages, les monuments éternels de ses lumières et de sa piété, il perdit du moins des exemples qui assurent le succès de son instruction. O profonde disposition de votre Providence, ô mon Dieu ! peu d'années s'écoulent, et meurt encore la pieuse princesse qui l'enfantoit à Jésus-Christ. Dieu, qui couronne ses vertus, ne paroît pas exaucer ses désirs. Mais laissons croître ces deux princes, ses enfants : les moments de la grâce viendront ; le dessein de Dieu s'accomplira ; les larmes d'une mère sainte ne couleront pas en vain ! »

Nous ne pouvons mieux terminer cette étude qu'en reproduisant, comme conclusion, l'épitaphe que les fils de la princesse firent graver sur le mausolée qu'ils lui élevèrent dans l'église Saint-André-des-Arcs. Cette épitaphe, ce qui arrive rarement, ne traduit que l'exacte vérité :

« A la gloire de Dieu et à l'éternelle mémoire de Anne-Marie Martinozzi, princesse de Conty, qui, détrompée du monde dès l'âge de dix-neuf ans, vendit toutes ses pierreries pour nourrir, durant la famine de 1662, les pauvres de Berry, de Champagne et de Picardie ; pratiqua toutes les austérités que sa santé put souffrir ; demeura veuve à l'âge de vingt-neuf ans, consacra le reste de sa vie à élever en princes chrétiens les princes ses enfants, et à maintenir les lois temporelles et ecclésiastiques dans ses terres ; se réduisit à une dépense très-modeste, restitua tous les biens dont l'acquisition lui étoit suspecte, jusqu'à la somme de huit cent mille livres ; distribua toutes ses épargnes aux pauvres, dans ses terres et dans toutes les parties du monde, et passa soudainement à l'éternité, après seize ans de persévérance, le 4 février 1672, âgée de trente-cinq ans. »

APPENDICE

I

LETTRES

DE LA PRINCESSE DE CONTI

A L'ABBÉ DE LA VERGNE.

Nous mettons en appendice, ainsi que nous l'avons annoncé, les lettres adressées par la princesse au père de Ciron; l'absence presque complète de dates nous a forcé à rejeter ainsi cette correspondance, d'autant plus intéressante qu'elle remonte évidemment, pour la plus grande partie, au commencement de la conversion de la princesse.

Ces jours passés il m'a semblé que ma disposition a été que, sentant de la peine tant à me vaincre dans les choses qu'on m'ordonnoit de faire, que des révoltes et de l'ennui que je sentois dans ma nature accompagnés d'une assez grande obscurité et sécheresse, sans perdre pourtant la paix, que j'ai agréé cet état, croyant qu'il m'étoit bon, puisque Dieu me l'envoyoit, en tachant d'être fidèle à mes exercices, et, quoique tout cela soit accompagné de mille foiblesses et misères, il me semble qu'à travers tout cela le désir d'aller à Dieu uniquement demeuroit toujours. Aujourd'hui premièrement ma disposition devant que de me confesser étoit un si grand désir de m'unir uniquement à Dieu, et pour cet effet de regarder à la faveur de sa lumière les plus secrets replis de mon cœur afin de vous les montrer pour y appliquer le fer et le feu s'il étoit nécessaire : enfin allant à Dieu de la meilleure foi du monde, ne ménageant rien comme les gens qui ont une affaire dont il va de tout. Je ne vois plus que cela et ne ménage rien : tout le reste ne leur paroissant pas digne d'être regardé. C'est, ce me semble, cette disposition que Dieu met dans le cœur à la lettre et qu'il n'y a qu'une seule chose de nécessaire : j'ai écouté avec soumission et humilité ce que vous m'avez dit à confesse et j'ai été tellement convaincue et pénétrée de ces trois choses : 1° de cet espoir de pénitence dans lequel je devois vivre et mourir, voyant ma vie si criminelle et non-seulement dans le temps que je ne connoissois pas Dieu, mais même depuis qu'il m'a fait revenir à lui, la voyant si impure, si misérable ; 2° la grande preuve que Dieu demande de moi de laquelle j'ai été convaincue, et j'en ai vu l'étendue plus grande que je ne l'avois jamais vue ; 3° de l'attachement que je devois avoir à Dieu qui doit être séparé de tout, l'aimant purement, lui, indépendamment de ses grâces et consolations puisqu'elles ne sont aimables que parce qu'elles viennent de lui, mais qu'il faut être.....

A ce matin je me suis recueillie, n'admettant rien dans mon esprit, me tenant vide devant Dieu en respect et silence : dans la confession j'ai été abîmée en écoutant ce que vous me disiez, m'en remplissant, et j'ai fait mes..... avec joie plutôt par une foi forte que j'avois dans le cœur que par sentiment : à la messe j'ai été ravie de le regarder comme mon roi et de me regarder comme son esclave : je l'ai supplié de ratifier mes veux, m'estimant heureuse de lui avoir donné tout le droit qu'il pouvoit avoir sur moi, de ne m'être rien réservé, ni biens ni plaisirs, ni volonté ni raison, enfin par ma volonté de n'avoir plus rien à ma disposition. Que l'on se trouve riche de s'être dépouillé de tout! Je souhaite que mon amour trouve de nouvelles inventions pour lui donner et qu'au moins s'il ne le peut faire en effet, il fasse en désir. Après dîner mon cœur a été très-recueilli et a été quelque temps transporté vers son bien-aimé, l'embrassant, l'aimant, et le conjurant de recevoir mon offrande, lui disant que si l'on avoit mille vies, on les lui donneroit : on ne peut exprimer ce qu'on lui voudroit offrir : on ne trouve rien digne de celui à qui l'on donne ni qui contente l'amour de celle qui veut donner. Je pense que l'on ne se peut contenter que s'offrant à lui-même ; depuis j'ai été occupée de tout ceci, mais par la foi qui a imprimé ces sentiments dans mon cœur.

———

Je suis venue ce matin avec la pensée de vous dire que je croyois qu'il seroit bon de demeurer aujourd'hui dans l'esprit de pénitence en Notre-Seigneur. Vous ayant donné la même pensée, vous m'avez parlé si fortement et si véritablement que cela m'a mise dans une humiliation profonde, et je voyois tellement que vous faisiez le portrait de ma vie que j'aurois voulu pouvoir vous le dire. Aussi bien aurois-je pris un grand plaisir après cela à venger Dieu, à prendre sa cause contre moi-même : et il me semble que les plus dures pénitences ne m'auroient rien paru comparé à la faveur que Dieu me donne pour le venger et pour le contenter. Il me semble que l'humiliation de mes péchés, le désir de satisfaire Dieu, tout étoit par amour. Mon âme étant tranquille et dans une profonde paix et joie pendant la messe, j'ai demandé miséricorde : après j'ai été devant Dieu comme dans un gémissement qui partoit du cœur pour demander à Dieu de me détruire, c'est-à-dire de mettre la main à l'œuvre pour ôter tout ce qui empêche que je sois unie à Dieu, qui e t de vivre en enfant, ne vivant que par vos ordres. Il me semble que j'avois une grande confiance que mon gémissement seroit écouté : il me semble que mon occupation du carême de faire continuellement des sacrifices de ma raison, de ma volonté, enfin des mille choses auxquelles je vis encore, et que ce doit être là le divertissement que je dois donner à l'enfant Jésus, et que c'est l'amour qui le doit tout faire : j'ai demandé pour cela à Dieu force, courage, fidélité et joie.

Samedi au soir.

Comme je sais que vous êtes bien aise de savoir de mes nouvelles en détail, je commencerai par hier. Je fus premièrement tentée de raisonner sur la conduite que 15 tient sur 14, je ne m'y amusois pas beaucoup et j'en sortis pour renouveler mes offrandes à Dieu et pour me donner tout de nouveau à Jésus-Christ pour faire sa sainte volonté. A la communion il me vint beaucoup de pensées, mais comme il paroissoit qu'elles ne venoient que de mon esprit, je tâchai de me tenir en silence aux pieds de Jésus-Christ, L'après dîner fut assez triste, mais, ne faisant pas trop de cas de ma tristesse, je ne m'y amusai pas, et je crois que dans ce temps que je ne trouve pas Dieu, je devrois plus souvent me donner à lui, et sans réserve je le fis, le suppliant de vouloir prendre tous les droits qu'il pourroit avoir sur moi. Le soir je fus à l'hôpital : je fis mon oraison, et comme je n'y avois que des distractions et de la peine, je tâchai de me lier aux ordres de Dieu sur moi, ne voulant que ce qu'il vouloit. Je ne vois rien, je suis dans des ténèbres. Il m'est venu à ce matin dans l'esprit que Dieu étoit le Dieu des ténèbres aussi bien que le Dieu des lumières : j'ai une crainte d'offenser Dieu à tout ce que je fais. Je sais que volontairement j'aimerois mieux mourir. A ce matin j'ai été à mon oraison sans pouvoir penser à Dieu ni le trouver. Je me suis liée à sa sainte volonté, ne voulant pas changer cet état avec ceux où j'ai plus de carême de mon Dieu. A ce soir j'ai employé toute mon oraison à demander miséricorde à Dieu, il me semble, de tout mon cœur, par Jésus-Christ, et lui offrant sa mort avec paix et une crainte..... (*La fin manque.*)

Paris, 10 mars.

Si vous ne me connoissiez pas, je vous dirois des raisons qui m'ont empêchée de vous écrire, mais les véritables sont ma paresse et le manque de sujet, car vous savez que je les ai oubliés d'un moment à l'autre. Je romps pourtant mon silence pour me recommander à vos prières : jamais je n'en ai eu tant de besoin, car si vous pouviez être témoin de la vie que je mène, vous en demeureriez d'accord, car vous n'êtes pas un lâche flatteur. Je voulois vous dire quelle est cette vie que je mène : je vous dirai premièrement que ce n'est rien, et puisque je sens revivre en moi l'esprit du monde, que je parle son langage, qu'avec cela j'ai des sentiments sévères, que je les débite, que j'ai de l'orgueil plus que jamais, et vous savez que je n'en manque pas : je ne doute pas que le récit de mes misères ne produise l'effet que je me suis proposé, qui est de vous faire gémir devant Dieu pour moi. Je n'ai pas encore perdu la confiance et je regarde mon éloignement de Dieu comme le plus grand des malheurs et comme le seul que je dois appeler tel. Priez bien pour moi, je vous en prie, et soyez assuré que mon silence n'est pas d'un manque d'amitié.

Paris, 30 décembre.

J'ai reçu votre lettre du 14 de ce mois, et vous me dites que vous avez été trois courriers sans en recevoir des miennes. Je ne me souviens pas d'avoir manqué à vous écrire que deux courriers : vous aurez reçu depuis mes lettres. Je continue ma retraite que j'ai commencée à la veille de Noël. J'ai été obligée de l'interrompre pour voir la reine-mère qui est malade, mais je l'ai recommencée de bon cœur et je ne la finirai, s'il plaît à Dieu, que vendredi. J'y suis dans une grande sécheresse : je n'ai ni pensées, ni sentiments de Dieu quand je fais oraison, je ne pense à rien ou à des bagatelles. Je ne puis pas seulement me mettre en la présence de Dieu : le reste du temps je lis ou je prie vocalement, mais c'est comme si je ne lisois pas, car je n'ai ni sentiment ni pensée et je suis pis qu'une bête. Je n'ai pas même le plaisir de me regarder devant Dieu comme telle, car je n'ai nul sentiment. Cependant je ne suis point peinée et je ne m'ennuie pas et je n'ai pas envie de faire autre chose. J'ai eu quelques tentations pour la foi, mais je les ai méprisées. Après vous avoir conté mes pauvretés, si on doit les nommer telles, puisque tout ce que Dieu ordonne est bon, soit qu'il veuille m'éprouver, ou que mes péchés l'éloignent de moi, je vous dirai qu'hier je fus fort recueillie demi-heure. Mon occupation étoit de demander à Notre-Seigneur qu'il m'éloignât de tout ce qui peut m'éloigner de lui et qu'il me donnât tout ce qui me rendroit plus uniquement sienne. Il me semble que c'est l'unique désir de mon cœur, que je ne crains que de lui déplaire. Je suis après cela retournée dans mes sécheresses. Dieu soit béni de tout. Je vous manderai plus au long de mes nouvelles par le premier ordinaire. Priez bien Dieu pour moi et croyez-moi toute à vous pour son amour.

Paris, 12 décembre.

Je vous écris pour vous dire que je fais beaucoup de fautes quand je me mêle de vouloir servir le prochain. Cependant je ne sais comment faire, car, outre que je sais que c'est votre pensée que je m'occupe du prochain, les choses desquelles je suis obligée de me mêler sont presque indispensables. Premièrement nous avons appris qu'il y a dix-sept mille pauvres en Berry qui meurent de faim et on en a trouvé trente de morts, et l'on croit par ce que l'on a appris qu'ils sont morts de faim. Il faut pour les empêcher de mourir, à ne leur donner que 2 liards par jour, près de 4,000 livres toutes les semaines, on n'a nuls fonds : il faut donc trouver des moyens pour les secourir, pour cela il faut voir du monde, il faut trouver des expédients. Je vois que ceux que j'ai trouvés jusqu'ici ont réussi fort bien. Je m'occupe donc de cela ; mais, au lieu de ne le faire qu'à la vue de Dieu, de n'en pas parler ni m'en occuper quand cela n'est que pour m'en savoir bon gré et m'en faire estimer, j'en parle, je suis bien aise d'en être estimée, je me dissipe, enfin je ne fais rien qui vaille. Je fais de même dans les autres choses que Dieu m'envoie pour servir le prochain. Il faut que je sois souvent au Louvre, et je crains que ce commerce avec le monde, quoique avec de bonnes intentions, me fasse perdre cette précieuse familiarité que Notre-Seigneur m'a donnée avec lui qui m'est plus chère que la vie. J'ai passé aujourd'hui la journée aux Bernardines pour revenir de mes dissipations. C'étoit un jour de communion pour moi, mais je n'ai osé communier : je ne sais si j'ai bien fait. Je vous assure que c'est une terrible chose que d'être à Paris et de n'être pas malade. Je vous demande vos avis et vos prières, et croyez-moi toute à vous pour l'amour de Notre-Seigneur.

Mme de Longueville est allée passer l'hiver à

Meron. Nous sommes fort bien ensemble et bien mieux que vous ne nous avez pas vues.

La Grange, ce 10.

Je suis tout à fait en peine de savoir monsieur mon mari sur les chemins par ce mauvais temps. Je vous supplie de faire tout ce qui dépendra de vous pour le faire arrêter jusqu'à ce que ces mauvais temps soient passés. Pour moi je me porte bien : je suis fort en paix. Dieu me donne de grandes preuves de la soumission et dépendance qu'il faut avoir pour tout ce que sa providence ordonne. Je vous en parlerai quand vous serez ici : je souhaite que ce soit bientôt. Priez Dieu pour moi, je ne vous oublie pas devant Notre-Seigneur.

La Grange, 14 février.

J'ai appris avec joie que Monseigneur soit arrivé en bonne santé à Alet, et je vous remercie du soin que vous avez pris de me l'apprendre, car il n'a pas daigné m'en écrire un mot. Je me porte mieux de mon rhume : je suis encore dans mon lit, mais ce qu'il y a de bon, c'est que je n'ai pas seulement rompu le jeûne, et que je n'en ai pas eu besoin, car je dîne fort bien ; si j'avois besoin d'un remède, je le prendrois, mais je n'ai pas encore été incommodée du jeûne ni du carême. Pour mon âme, je crains qu'elle ne soit plus malade : vous en jugerez. Je crois faire à tout moment des fautes et je n'ose pas y regarder. Il me semble que cela en augmente le nombre. Je ne sais si je communierai demain : j'espère que ce sera vendredi. Je suis en peine de votre santé, car vous en avez si peu de soin ! Je vous supplie de vous conserver, car j'ai encore affaire de vous et je vous trouverai bien à dire si vous étiez mort. Priez Dieu sans cesse pour moi. Je m'ennuie de ne point voir Monseigneur, et cela me déplaît qu'il ait retardé son retour. Je pense que la maison de M. de Mirepoix n'est pas si belle que l'on ne peut se passer de la voir.

9 mars 1663.

Mon occupation dans mon oraison du matin et du soir a été premièrement des sacrifices de tout ce que je suis et que j'aime dans le monde sans réserve ni pour la chose ni pour la manière, désirant d'être anéantie si ce seroit le bon plaisir de Dieu et sa gloire, et désirant lui donner tous les droits qu'il peut avoir sur moi, non-seulement jusques à Pasques, mais pour toute ma vie. Ayant senti à ce soir une vraie joie de penser que Dieu auroit demain un nouveau droit sur moi, et que j'aurois un nouvel engagement à être toute à lui. Jamais une épouse n'a eu tant d'envie de se passer de tout ce qu'elle croira qui la puisse faire plaire à son époux que je désire d'être telle demain aux yeux de mon divin époux. Il faut que rien n'y manque, que le cœur, le corps et l'esprit, tout soit tourné à lui plaire, et ce doit être lui-même qui doit mettre dans cette disposition, puisque rien ne lui peut plaire que ce que lui-même a donné. Je vous conjure de penser à tout ce que je dois faire pour me mettre en état de recevoir ces miséricordes qu'il verse à pleines mains sur une pécheresse. J'ai un désir de quitter la vie, et j'ai dit de tout cœur à ce cher maître : *Cupio dissolvi et esse cum Christo*. Je lui ai demandé : Quand sera-ce ? Et je me suis répandue à mille accès d'amour et de reconnoissance. Je lui ai dit que je ne lui demandois rien, même les consolations et caresses qui me sont si précieuses, mais son amour, que je l'aime du plus grand amour qu'on le puisse.

Je lui ai offert ces mêmes dons dont il daigne me combler, et j'ai offert Jésus-Christ à son Père. Je me trouve si petite et si enfant et de la providence et de l'obéissance, j'ai commencé mon oraison dès ce soir sur l'épître d'aujourd'hui regardant Suzanne qui aima mieux l'honneur et la vie devant les hommes que de déplaire à Dieu : je me suis humiliée d'avoir souvent non-seulement préféré à Dieu des créatures, mais depuis qu'il verse plus abondamment ses miséricordes d'avoir chicané pour lui donner une petite politique, enfin des riens : je me suis tournée à Dieu afin que dorénavant je ne regardasse plus que lui et que lui plaire ou lui déplaire fût ma mort et ma vie, ne voyant plus que l'aimer, ne m'intéressant d'autre chose ni si ce seroit crucifiant, ni tout ce qui en pourroit arriver, voulant seulement l'aimer dans le temps et dans l'éternité. J'ai été très-recueillie depuis hier : il me semble que, dès que je me tourne à Notre-Seigneur, d'abord je le trouve : mon cœur a été tout tourné vers lui, et de vous dire leurs caresses et entretiens, Dieu seul le sait, et son bon plaisir, qu'il soit à jamais béni, ce cher et adorable Sauveur.

. . . Je me trouve un peu mal d'un rhume sur la poitrine : je crois que c'est plutôt d'avoir beaucoup pleuré qui m'a desséché la poitrine que du froid : ce n'est pourtant rien, n'en soyez pas en peine. Je n'ai pas laissé d'aller tous les soirs à la bénédiction du Saint-Sacrement : je vous dirai le sujet de ma peine jeudi, et je ferai ce que je pourrai pour persuader M. Morin qui me donne ce cœur pour communier afin d'avoir la bénédiction du R. P. Remerciez Notre-Seigneur de ce qu'il commence à me faire aimer à souffrir et me croyez toute à vous pour son amour.

Ce dimanche matin.

Je suis en peine de notre chère sœur Marthe : il n'y a pas encore cet ordinaire de ses lettres pour vous : je ne vous envoyai pas hier comme je vous avois dit : c'est que, depuis que vous êtes parti, Notre-Seigneur m'a fait part de sa croix, et comme je sais que vous êtes bien sensible à mes peines, j'ai mieux aimé la porter toute seule : elle commence à n'être plus si dure. J'ai reçu Notre-Seigneur aujourd'hui, quoique je fusse demeurée d'accord avec vous d'attendre à jeudi; j'ai cru que vous le trouveriez bien. Ce n'a pas été pour demander qu'on m'ôtât la croix. Car je n'ai pas souhaité ni la diminution de son poids, ni la longueur du temps, mais pour demander force et amour pour la porter gaiement. Je suis très-contente de souffrir la miséricorde de Dieu. Je commence à y prendre goût, qu'il soit béni à jamais! Je me suis souvenue que la neuvaine commençoit aujourd'hui, j'ai demandé à Notre-Seigneur qu'il me fît enfant et que je me fie à sa sainte Providence en tout, et que je m'oubliai et perdis en lui. Je me souviens de vous en sa présence et je pense que je pourrai sans mentir vous dire que je lui demande ses miséricordes pour vous encore plus que pour moi. Je vous renvoie votre papier avec celui que j'avois fait que vous me renverrez s'il vous plaît afin que l'on s'en puisse servir à Paris pour l'aumône que vous me mandez de faire à Bagnols. Je ne sais sur quel argent vous voulez que je le prenne, car Monsieur m'a dit de rendre celui qui me restoit : j'ai pourtant donné les 15 escus que vous m'aviez dit, lesquels je rendrai de mon argent. Je ne vous envoie que 4 chemises, celles des petits paysans ne sont pas faites. Ce sera pour le premier jour. J'ai vu la lettre de M. le Baas. Je ferai en cela comme dans..... (*La fin manque.*)

Mes dispositions à ce matin ont été dans la confession une grande docilité, écoutant ce que vous disiez comme si Jésus-Christ m'eût parlé : après j'ai été tout occupée et comme abîmée en Dieu. Je ne saurois pas trop dire comme cela est, car ce n'est pas par des sentiments ni des pensées, mais on est comme entouré de Dieu, on est en paix, on a tout ce que l'on veut: il me semble que, quand on est occupé de Dieu par des pensées et des sentiments, c'est comme une personne qui cherche alors qu'elle arrive : mais ici l'on trouve et il ne faut plus que se laisser à son bien-aimé; c'est un si grand calme! Il me semble que c'est le règne de Jésus-Christ en nous, et c'est un règne plein de tranquillité et de paix. J'ai fait mon offrande, mais il me semble que je jouis comme une personne qui est uniquement à une autre et qu'il est superflu qu'elle lui dise qu'elle est à lui : le reste du jour j'ai été avec un fond de paix qui n'est pas superficiel ni sensible et qui est d'autant plus grand et plus solide : rien ne le trouble. J'ai été dans un grand respect devant Dieu et ma présence de Dieu étoit d'une manière qui, bien loin de m'empêcher d'agir en dehors, cela m'aidoit en quelque manière : mon cœur étoit comme uni à Dieu et mon esprit très-libre agissoit, parloit avec facilité. Quand je vous ai parlé à ce matin après la messe, j'étois devant vous comme un vrai enfant, si petite, si docile, j'ai fort demandé à Notre-Seigneur qu'il me fît la grâce de m'occuper de ses miséricordes et de n'être pas une ingrate comme je l'ai été jusqu'à cette heure.... Je croyois ne vous pas écrire une si longue lettre, mais si je voulois, j'aurois bien des choses encore à vous écrire. Je vous supplie de bien prier pour moi afin que Notre-Seigneur m'apprenne à ne vouloir que lui. Je ne vous oublie pas en sa présence.

Paris, 30 novembre.

Comme je ne sais pas où vous êtes ni quand vous devez arriver à Lyon, j'aime mieux vous écrire plutôt que d'attendre le premier courrier de peur que vous ne receviez pas de mes nouvelles. Je n'en ai pas encore reçu des vôtres : je souhaite que votre santé soit aussi bonne que je vous la désire et que l'air de votre pays vous remette de toutes vos maladies. Je me porte assez bien ; mes forces reviennent et j'espère de sortir le jour de la Pentecôte pour aller à la paroisse faire mes dévotions. Voilà de mes nouvelles. Pour celles d'une de mes amies qui est votre pénitente je vous dirai qu'elle est en paix dans le fond du cœur, qu'elle croit que tout ce qui arrive par l'ordre de Dieu lui est meilleur que tout ce qu'elle voudra elle-même, qu'elle est soumise aux ordres de Dieu, quelque durs qu'ils puissent être à sa nature, qui sent vivement cependant tout ce qu'il faut qu'elle sacrifie à Dieu; quoiqu'elle fasse ces offrandes de tout son cœur, elle passe son temps dans une assez grande tristesse à laquelle elle ne se laisse pas aller volontairement, mais bien au contraire elle cherche à se distraire, à parler, à s'occuper : elle fait bien des fautes, mais elle ne pense pas à elle : elle se laisse pour ce qu'elle est et retourne à Dieu comme si elle revenoit de faire des merveilles. Mais si elle ne pense pas à ses fautes, ce n'est pas pour penser à Dieu, car sans la juger je crois qu'elle manque beaucoup sur cela, puisqu'il semble que Dieu ne lui suffise pas et que la moindre de ses grâces dont elle a reçu sans nombre devroit l'occuper.

Je vous promets de bien choisir mes jours qui seront ceux que je me porterai le mieux. Ma pensée est, en attendant votre réponse, d'aller à Notre-Seigneur avec plus de confiance que jamais, et quand ma tête voudra me troubler, de lui imposer silence et de m'humilier beaucoup au même temps, confessant devant Dieu que je suis une superbe et une misérable, mais le regardant comme le seul qui peut me guérir, je ne puis ni ne dois pas jamais me défier de sa miséricorde sur moi, et que même ma confiance croit. Si vous étiez ici, il me semble que vous me mettriez le cœur bien au large. En attendant que cela soit, écrivez-moi un mot comme je dois faire à ces occasions. J'ai quelque petit désir de commencer à faire pénitence : je vous prie de m'y aider et par vos prières et par vos ordres : je vous demande la permission de mettre le bracelet. J'ai beaucoup des parties d'orgueil, et la facilité que je trouve dans la loi de Dieu, et même la douceur, me fait craindre de me les approprier. Une des filles de (*nom biffé*) va bientôt faire profession. Je leur ai promis quelque assistance sans leur dire combien. J'ai pensé que, comme l'on m'avoit dit que je pourrois donner pour faire sa sœur religieuse, et que je ne me servis de cette permission que pour deux mille livres, que je pourrois donner mille livres à celle-ci ; vous aurez la bonté de me mander si vous trouvez cela bien ou si je ne lui donnerai que 500 livres ou enfin ce que vous jugerez à propos. Ma santé est bonne, Dieu merci! J'ai pris aujourd'hui médecine, je suis dans le temps que j'ai accoutumé de me trouver mal : il est même passé sans que j'en aye eu presque pas de ressentiment de mon mal. Enfin je me porte si bien que je ne vous souhaite pas une meilleure santé qu'à moi. Je vous conjure d'en avoir un peu de soin et de vous souvenir de moi devant Dieu.

A l'Isle Adam, ce 25 août.

Mes dispositions depuis que vous êtes parti sont une grande paix dans le fond du cœur, un amour pour le silence et pour la retraite, qu'il me semble que si ma santé me le permettoit je passerois agréablement dans mon cabinet la plus grande partie de mon temps à lire, à prier, à m'occuper de Notre-Seigneur. Je n'ai point de conversation au moins qui puisse toucher mon cœur, car je ne parle, comme l'on dit, que de la pluie et du beau temps, et cela ne me fait pas de peine. Je tâche de me lier aux ordres de la Providence dans tout le temps qu'il faut que je donne pour ma tante. J'ai un peu plus d'attention que je n'en avois pour mes obligations : je lirai votre écrit s'il plaît à Dieu souvent, et je tâcherai d'y être le plus fidèle que je pourrai ; quoique je jouisse dans le cœur d'une profonde paix, mon esprit voudroit la troubler, me voulant faire raisonner que ma paix est peut-être une fausse paix, qu'elle est un effet de mon orgueil et que je m'appuie sur moi-même et sur ce que je crois être bien dans mes affaires parce que je ne suis pas sensible aux choses du monde, et que je crois ne désirer que celles de l'autre vie et que mon orgueil et mon amour-propre ont pris la place de tous mes autres vices. Je crois que vous trouvez que je raisonne trop, et que si je n'avois pas de tête, je serois un bon enfant. Je suis de votre sentiment, et je crois que si vous étiez ici, vous lui auriez déjà imposé silence : je le fais de votre part, mais comme je ne suis pas bien assurée si je fais bien, elle prend toujours la liberté de raisonner, cela ne trouble pas la paix du cœur, mais je crains que cela ne m'amuse et ne m'empêche d'aller à Dieu : il me semble que je... (*Manque la fin.*)

A Paris, ce 17 février.

Vous serez bien aise, je crois, d'apprendre par moi-même des nouvelles de ma santé : mon mal n'a pas été long : une saignée et quelques remèdes m'ont tirée d'affaire, il ne me reste plus que de la foiblesse. J'ai pourtant entendu la messe aujourd'hui et j'ai dîné debout. Dans peu de jours je serai comme si de rien n'étoit. Je ne ferai pas le carême, et Dieu veuille que mon cœur soit aussi pénitent que mon corps l'est peu. Mon âme auroit bien plus de besoin, ce me semble, d'un médecin que mon corps : elle est dans une si grande langueur que je crains que Dieu ne se lasse de sa tiédeur et du peu de reconnoissance qu'elle a des grâces infinies qu'il m'a faites. Je ne m'en occupe pas, je vis comme une bête, je vis dans un oubli et une insensibilité des choses de Dieu, et souvent j'ai des grands doutes sur la foi : je ne dis pas tout ceci par trouble, car au milieu de tout cela je ne suis pas troublée : la seule chose qui me reste, c'est que je voudrois avoir quelqu'un qui m'enseignât le chemin de retourner à Dieu, mais je n'ai personne qui m'en dise le premier mot, et moi je ne sais si c'est par paresse ou pour ne savoir comment m'y prendre, je demeure dans la tiédeur; je n'ai pas reçu de vos lettres par les deux derniers courriers : j'en ai reçu une d'une vieille date dans laquelle vous me marquez la manière dont je me dois conduire dans mon oraison. Quand je me porterai tout à fait bien, j'essayerai de la mettre en pratique. Ma sœur Marthe est fort mal et selon toutes les apparences elle ne reviendra pas de cette maladie[1]. Que l'on est heureuse de mourir après avoir été une sainte carmélite ! Nous avons des nouvelles de M. Cherron : les misères sont extrêmes ; on a trouvé des gens morts de faim, d'autres qui se vouloient tuer, et un nombre infini qui se mouroient de faim si on ne leur donne du pain. M. de Sainte-Beuve dit pourtant que je ne puis pas beaucoup emprunter, parce que si je venois à mourir, ce seroit autant de perdu pour monsieur mon mari. Je crois que je ne leur donnerai donc que 20,000 livres, et demain nous travaillerons pour trouver les moyens de procurer des secours à ces pauvres gens. Vous ne croiriez pas que ce m'est un divertissement et que je serois bien fâchée

---

[1] Mlle de Fors du Vigean, une des carmélites les plus justement estimées du dix-septième siècle, très-liée avec Mme de Longueville et les principaux personnages de la cour. Voir la notice que M. Cousin lui a consacrée dans la *Jeunesse de Mme de Longueville*.

que tout cela se fît sans moi. Je pense que c'est que j'aime à être de quelque chose et j'aime à donner mes avis que je trouve fort bons. Priez pour moi, mon cher père, car j'en ai un très-grand besoin. Je crains que Dieu ne me laisse à moi-même, et je vois que je manque de confiance après tant de preuves que j'ai eues de l'amour de mon Dieu : je le supplie d'être votre récompense. Je suis toute à vous pour son amour.

La source de mes fautes depuis quelque temps sont, ce me semble : premièrement, à l'égard de l'obéissance, m'être mise au-dessus des petites choses, ne les croyant pas nécessaires, et croyant savoir les choses qu'il falloit faire pour mes exercices, prenant la liberté de les laisser, ou quand je me trouve distraite, ou pour faire quelque autre chose qui me paroissoit quoique peu raisonnable, et ne reprenant point le temps que j'avois perdu, ou, pour de petites incommodités que je compte trop, me laissant aller à une certaine indolence et regardant comme une bonne liberté de faire les choses seulement quand je m'y trouverai portée, et qu'il ne falloit pas faire les choses comme une esclave, et par là voulant me faire une voie nouvelle pour aller en Paradis, qui n'est point celle des saints, lesquels travaillent continuellement à rompre leurs volontés, à se faire la guerre à eux-mêmes, à mortifier leurs désirs, à vaincre leurs volontés, à ne compter la santé et la vie qu'autant qu'elles pourroient servir pour le salut. Depuis que Notre-Seigneur m'a fait connoître ces choses-là par la personne qui parle de sa part, jai résolu avec sa grâce de vivre dans une obéissance aveugle en grandes et petites choses, me regardant comme une personne qui n'est plus à elle-même et qui s'étant donnée à Dieu n'a plus droit à rien faire par son mouvement ; d'être fidèle à mes exercices, n'écoutant pas le petit….. (*illisible*) et en ne le laissant jamais que par l'ordre de l'obéissance, et cette fidélité que je désire rendre à Dieu tant par l'obéissance que par la fidélité à mes exercices, et par animer toutes mes actions par l'espoir de faire toutes choses au nom de Dieu, ne sera pas celle d'une esclave qui fait toutes ces choses crainte du châtiment, mais d'un enfant qui, pour l'amour qu'il porte à son père, préfère de le contenter et de faire les choses qu'il souhaite de lui à toutes les choses du monde. J'ai fort demandé à Dieu qu'il voulût jeter une étincelle du feu de son amour dans mon cœur pour y consumer tout ce qui n'est pas de lui et pour y allumer un feu que rien ne puisse éteindre.

Le samedi, comme je me voulus occuper le matin de ce même amour, mon cœur se réchauffa, et, quand il alloit avec empressement à son Dieu, il me vint dans l'esprit que peut-être j'étois trompée : ce qui me donne cette pensée et qui me fait craindre, c'est quand il se répand une sensibilité sur mon corps, craignant que ce ne soient les mouvements de la chair ; ce n'est pas qu'il me soit jamais rien arrivé sur cela, mais je sens une certaine chaleur et sensibilité par tout le corps qui fait que ma raison, que je veux toujours fourrer partout, a peur de se perdre et de marcher par des chemins périlleux, et veut toujours regarder pour voir ce que tout cela deviendra, et tenant une bride en main : et cela fait qu'on s'arrête et qu'on ne s'abandonne pas à cet amour pour s'y perdre sans vouloir savoir ce qu'on deviendra : il faut beaucoup de courage pour s'abandonner dans cet état, et il faut renoncer à tout propre jugement et raison, et il faut devenir enfant aussi bien à l'égard de Dieu que de son directeur, s'abandonnant entre les bras de l'un et ayant pour l'autre une obéissance aveugle : et je crois que j'aurai pour le moins autant de peine à mourir en cela à mon jugement qui veut tout voir, que j'en eus à baiser la terre. Je vous expose tout ce dernier état en détail pour vous le faire comprendre, afin que vous jugiez là-dessus, vous promettant qu'avec la grâce de Dieu je vous obéirai quand j'en devrois perdre l'esprit. J'ai omis à dire qu'il me semble que l'âme agit en quelque manière avec Dieu, ne se laissant pas entraîner, mais allant et faisant de son côté ce qu'elle pense pour s'unir à lui. Je ne sais si je dis vrai en disant ceci, mais je ne sais si je ne m'expliquerai pas mieux en disant que l'âme, connoissant Dieu infiniment aimable, elle va à lui avec impétuosité.

J'étois en peine de ne point recevoir de vos nouvelles, mais une de vos lettres d'Auxerre que je viens de recevoir m'en a vite ôtée. Je loue Dieu de quoi vous faites votre voyage en meilleure santé que je n'avois espéré : je prie Notre-Seigneur de vous la donner telle que je vous la souhaite. Je ne manquerai pas de donner les deux mémoires que vous m'envoyez pour Jasse et pour Mme de Gamaches. Monsieur mon mari ira demain à Fontainebleau : il se porte assez bien de son mal : il a pourtant envie de se faire sonder demain, ce qui me met en peine, car il y a bien des personnes qui s'en sont bien mal trouvées. Mes enfants se portent bien, et moi, je reprends mes forces tout doucement : je suis sortie à ce matin pour la seconde fois pour aller à la grande messe aux Petits-Augustins, mais j'en suis revenue fort lasse et bien foible. Pour la personne dont je vous ai parlé dans ma dernière lettre, elle me charge encore de vous dire son intérieur [1]. Je vous dirai donc que sa principale disposition est une conviction que tout ce qui

---

[1] Probablement Mme de Longueville.

arrive par l'ordre de Dieu est non-seulement bon et meilleur que tout ce qu'elle pourroit vouloir elle-même, mais que c'est un effet de l'amour que mon Dieu lui porte et qu'il fait toutes choses pour la rendre toute sienne, c'est-à-dire la plus heureuse créature du monde : elle ne veut pas pénétrer ni même voir les raisons ni les desseins de Dieu sur elle dans les choses qui lui arrivent. Il lui suffit de voir par la foi que c'est l'ordre de Dieu pour s'y soumettre et croire que cela lui est bon : elle désire d'être fidèle à Dieu dans le temps même où elle sent plus d'abattement et de détresse.

Mme de Longueville m'a chargé de vous dire qu'elle avoit égaré le mémoire que vous lui aviez donné du.......... que l'on pouvoit faire en Poulogne.

Samedi je fus encore plus pauvre, plus indigente que le jour précédent, et même souffrant davantage, par ma nature qui s'abat et ma santé qui me faisoit souffrir. Il me semble que j'acceptai cet état de bon cœur et que j'étois contente de tout ce que Dieu vouloit. Je m'offris souvent à lui, je m'y donnai sans réserve afin que sa volonté fût accomplie en moi : il me semble que j'étois si pliée à la volonté de Dieu que je n'aurois pas changé mon état contre celui de bienheureuse. Dans mes prières je me tins exposée en Dieu, me liant à ses ordres sur moi : enfin il me semble que je ne voulois que ce qu'il vouloit. A ce matin je me suis trouvée dans une même indigence, mille bagatelles dans l'esprit; la seule prière qui m'est venue a été : *Domine, omne desiderium meum et gemitus meus a te non absconditus,* et il me semble que ce désir étoit que Dieu fût content et que sa volonté fût accomplie en moi, et, comme il ne me venoit point de pensées, je n'ai pas voulu en chercher à coup de tête, mais je me suis tenue en silence. Il me semble que, quand Dieu ne donne rien, il ne faut pas chercher par soi-même, puisque ce ne seroit que par un mouvement qui viendroit de notre fond; mais se tenir exposée à Dieu et attendre en paix et en silence, contente d'être muette devant lui comme de lui donner mille louanges quand c'est son bon plaisir.

J'ai été tous ces jours-ci tout occupée de trois choses que l'on m'a dites pour les graver dans mon cœur : de l'humilité, de la pureté et de la soumission à la volonté de Dieu, remettant tout entre ses mains, ne voulant que lui et de la manière qu'il plaira à sa divine majesté, soumise à tout événement, et étant attachée fortement à Dieu par des liens que rien ne puisse rompre; croire que tous les divers accidents qui m'arrivent de quelque nature qu'ils soient, arrivent pour mon bien, et que toute chose m'attache plus à lui, et que je bénisse en tout temps ce divin Sauveur. Mes oraisons ont été pleines de ces choses et l'amour les a toutes remplies. Je lui ai demandé qu'il n'y eût rien à moi qui ne lui appartînt, et que mon cœur ne soit rempli que de lui, que ma volonté n'aime que lui, que mon entendement ne pense qu'à lui, que je ne me souvienne que de ses miséricordes, que mon corps ne soit employé aussi bien que mon âme que pour ce divin Sauveur. J'ai vu que tout mon bien dépend de l'obéissance, c'est pourquoi je promets à mon Sauveur une obéissance aveugle, à lui et à son serviteur, sans vouloir ni penser, ni rien faire par mon mouvement. Je promets à mon Dieu un amour sans réserve de quoi que ce soit, ni qui que ce soit, à la mort et à la vie, pour le temps et pour l'éternité.

Paris, ce 9 janvier 1665.

J'ai reçu deux de vos lettres, l'une du 26 et l'autre du 25 décembre; la dernière m'a donné bien de le consolation, et je vous assure que je ne m'ennuie pas de vous entendre si souvent me recommander cet amour du prochain. Dieu me fasse la grâce de le mettre en pratique. Je trouve que Notre-Seigneur me fait celle d'avoir plus d'attention pour lui, et de supporter ces défauts avec plus de patience, me souvenant de ces paroles de l'Apôtre : *Alter alterius onera portate, sic adimpletis legem Christi.* Ces paroles me font un grand effet et me font de ne pas juger le prochain si facilement, et l'excuser dans ses défauts. Je trouve aussi que je ne me dissipe pas tant quand je tâche de le servir, et que je le sens avec moins de peine, et que je suis portée à prier pour lui. Remerciez Notre-Seigneur de ces bienfaits et suppliez-le qu'il fasse croître dans mon cœur la charité du prochain, et surtout qu'il me remplisse de son amour. Je ne suis pas si vide dans ma prière, je trouve plus facilement Notre-Seigneur, et il me semble que je n'ai qu'un unique désir, qui est d'être séparée de tout ce qui lui peut déplaire et de ne vouloir que lui à la manière qui lui sera plus agréable. Je lui demande pour vous les mêmes choses que pour moi. Je ne vous ai pas écrit jusqu'à présent le détail des aumônes que j'ai faites, parce que je ne croyois pas que vous le souhaitiez. J'ai tâché seulement de faire selon vos vues, et comme j'ai cru que vous me les auriez fait faire si vous eussiez été ici. J'ai donné presque tout le revenu de cette année : il reste peu de chose, c'est-à-dire 10,000 livres, et je vais bien en avoir donné soixante. M. de Sainte-Beuve a été d'avis que, hors que les misères fussent extrêmes, c'est-à-dire que l'on mourût de faim, il n'étoit pas d'avis que j'emprunte sur l'année présente, et à cet effet, M. Cheron est allé en Berry pour voir lui-même l'état des choses et nous en rendre compte. Je vous informerai plus exactement à l'avenir de tout ce qui se fait pour les pauvres. Ce que j'ai tâché de faire, ç'a été de procurer d'autres secours que ceux que j'ai donnés moi-même, à faire dépêcher et à ne point perdre de temps quand il falloit secourir les pauvres, et choses semblables. La santé de M. mon mari va de bien en mieux, et, selon toutes les apparences, il guérira s'il plaît à Dieu. Son mal, à ce qu'il m'a dit, n'est pas comme ceux que vous lui avez mandé que l'on avoit guéris en Languedoc, mais lui n'a besoin pour guérir que du repos et du régime de vie, et il a gardé tous les deux très-exactement. Je ferai ce carême la neuvaine à Notre-Dame et M^r se joindra aussi à mes prières. Si vous avez le loisir, écrivez-moi.

Ce lundi au soir.

J'ai été si touchée de la lettre de notre chère sœur Marthe, de voir les grandes miséricordes que Dieu lui fait, que je me suis cachée dans mon cabinet de peur qu'on ne vît les larmes que cela m'a fait répandre. Rien n'est si saint que le chemin dans lequel elle est : qu'il soit béni à jamais! J'ai été une demi-heure devant le Saint-Sacrement à l'hôpital où j'ai été servir les malades pour l'en remercier et pour me réjouir avec Jésus-Christ de ce qu'il règne si uniquement dans cette âme. Nous sommes bien heureux d'avoir part aux prières de cette sainte fille. Dieu est bien aimable et adorable en ses saints.

Je passai ma journée d'hier comme je l'avois commencée, avec mille folies qui me passèrent par la tête, et le soir avec des tentations sur la foi et des frayeurs des choses qui me venoient dans l'esprit ; mais voulant pourtant tout ce que Dieu vouloit. Aujourd'hui j'ai été aussi fort folle, c'est-à-dire mon imagination. Je me trouve grandement bien de ne vouloir être que comme Dieu veut. Ce qui m'a été de quelque consolation dans mes doutes de la foi, c'est que je voyois que non-seulement je ne voudrois pas offenser Dieu, si l'occasion s'en présentoit, mais que j'avois un éloignement très-grand pour faire les choses qui ne sont pas seulement péché, mais qui lui pourroient moins plaire. Je suis dans le même état à ce soir, soumise à ses saintes volontés, sans sentiment, distraite, folle, mais je n'ai pas les tentations que j'avois hier au soir sur la foi. Je prie bien Dieu pour vous et pour l'Église, et j'y suis assez fidèle depuis que vous me l'avez dit : je dors assez bien. Enfin, quoi qu'il arrive, croix, désolations, peines, tentations, consolations, délaissements, assurez Notre-Seigneur que je suis à lui sans réserve et que j'ai fait consister tout mon bonheur qu'il veuille bien me recevoir pour sienne, c'est mon ambition : elle est grande, mais priez-le bien qu'il l'ait pour agréable : donnez-moi bien à lui, viendra tout le reste ! Je vous assure que je me fais justice, si ce n'est qu'on aime mieux ceux qui ont plus de besoin de nous. Je suis absolument à vous en Notre-Seigneur.

Mes dispositions ont été aujourd'hui : premièrement j'ai été fort tranquille et contente : j'ai été assez recueillie dans mes oraisons. Ma principale disposition a été un désir de contenter Dieu : j'ai résolu à ce matin de faire tout dans cette vue du pur désir de contenter Dieu : j'ai été aussi fort occupée de la grandeur de Dieu : il me semble que cela fait mon bonheur : je l'ai fort conjuré que rien ne nous sépare jamais de lui, et je l'espère, que rien ne nous séparera jamais.

J'ai fort désiré et demandé d'entrer dans cette solitude que vous savez que je cherche depuis quelque temps pour ne plus vivre qu'à Dieu seul : pour la communion votre volonté fera la mienne : ce n'est pas que je ne croie que j'en serai fort aise ; je me porte fort bien : je souhaite que votre santé soit aussi bonne que la mienne et que nous soyons à Dieu sans réserve pour le temps et pour l'éternité.

———

. . . . ce qui m'arrive assez souvent, mais sans trouble ; depuis hier elle jouit d'un plus grand calme, n'étant plus ni triste : elle offre sans cesse, c'est-à-dire bien souvent, tout ce qu'elle a de cher au monde à Notre-Seigneur. Il fait bon s'abandonner à lui. Priez bien pour moi : je le fais très-souvent pour vous, et je demande comme pour moi que Notre-Seigneur vous donne tout ce qui vous unira le plus à lui.

———

... les prières que je ferai et les communions ou aumônes et pénitences, enfin, que vous jugerez à propos. Je me trouve aussi mieux de ma douleur : elle est bien moindre et souvent je ne la sens pas; n'en soyez pas en peine : je suis bien aise que votre santé soit bonne, et je ne puis assez vous dire combien vos lettres me consolent et me servent à aller à Dieu. Je le supplie d'être lui-même votre récompense. Croyez-moi pour son amour toute à vous.

Paris, 27 février.

J'ai reçu une de vos lettres dans laquelle vous me dites que vous êtes résolu de faire le voyage de Paris, quand même nous irions en Languedoc. Si nous y allons, nous irons tout aussitôt après Pasques, et vous n'aurez pas de peine à croire que cela me sera bien plus dur qu'après avoir été près d'un an sans vous voir, vous arriviez à Paris dans le temps que j'en serai partie : je crois que vous en serez fâché aussi ; mais, si Dieu l'ordonne ainsi, il faut se soumettre à sa sainte volonté. Si je regardois mon sentiment je serois très-fâchée, et si je voulois écouter le besoin qu'il me semble que mon âme a de vous, cela m'abattroit terriblement, mais Dieu soit béni de tout. Demandez, je vous supplie, sans cesse pour moi la soumission aux ordres de Dieu et la dépendance unique de sa sainte volonté. Ma sœur Marthe est toujours fort mal, elle ne vous oublie pas. Monsieur mon mari reviendra demain de sa retraite. Comme il ne cherche que la volonté de Dieu, j'espère que Notre-Seigneur la lui fera connoître et faire. Sa santé va toujours de mieux en mieux. Pour mon âme, je ne sais que vous en dire : dans la prière je ne sais que faire, je me dissipe beaucoup, je fais beaucoup de fautes, je me trouve toute vivante et toujours moi-même ; avec tout cela je tâche d'aller mon chemin et ne me pas troubler. Vous m'ordonnez d'adorer Notre-Seigneur dans le profond de l'abîme et d'espérer en lui, et je désire de vous obéir. Nous travaillons pour nos pauvres du Berry, et j'espère, s'il plaît à Dieu de bénir nos succès, que nous les empêcherons de mourir de faim. Mme de Motteville a fait de son mieux pour faire revenir à raison Mme de Montperoux, mais elle m'a dit qu'il n'y a rien à faire : que c'est une femme qui aime sa liberté, et que, quoi qu'on lui puisse dire, on ne l'obligera pas de retourner avec son mari. Je verrai s'il y a quelque autre moyen de la gagner ; je suis toute à vous en l'amour de Jésus-Christ.

Paris, ce 23 décembre.

J'ai reçu votre lettre du 12 de ce mois, dans laquelle vous me mandez que vous êtes à votre seconde mission et que vous allez passer la fête à Narbonne. Je joindrai de bon cœur mes prières avec celles de vos filles et les vôtres, et je crois en recevoir de grands avantages. Il me semble que je sens déjà l'effet de vos prières. Je ne suis plus si dissipée et si remplie des bagatelles du monde. Nous allons coucher ce soir à la petite maison des Carmélites où nous passerons les fêtes. Il me semble que j'ai bonne envie d'y faire de mon mieux pour chercher Jésus-Christ, et pour l'écouter dans le silence : j'espère que vos prières m'obtiendront la grâce de me donner tout de nouveau à ce divin Sauveur, et qu'il m'enseignera à l'aimer uniquement et à aimer mon prochain comme étant les membres pour lesquels il vient naître dans une crèche. Vous croyez bien que, si mon divin époux me permet de m'approcher de lui, vous n'y serez pas oublié. Que nous serons heureux quand nous serons délivrés de ces corps de mort et que nous serons unis à Jésus-Christ pour une éternité ! Il faut, ce me semble, que cette espérance fasse notre félicité en cette vie, et c'est l'unique objet de tous nos désirs. Demandez-le pour moi, mon cher père, et offrez-moi à Jésus-Christ afin que je sois une hostie qui lui soit agréable. Je suis toute à vous pour son amour.

Vendredi matin.

Ma santé est assez bonne, car j'ai fort bien dormi cette nuit ; mais, pour mon âme, elle souffre, car, n'osant plus converser avec le Créateur, ce qui seroit peu de chose, si Dieu ne se cachoit pas et ne me laissoit pas dans une pauvreté terrible et dure à la nature : je souffre donc et ma seule consolation et qui me fait porter avec paix mes peines, c'est de me souvenir que vous m'avez dit que mon état est bon et qu'il plaît à Dieu : demeurons donc dans ce cher état, puisque c'est le maître qui le veut. Je lui offre mes peines de tout mon cœur; pour vous, levez continuellement vos mains au ciel afin que je sois fidèle. Je recevrai vos ordres pour moi pour la neuvaine, dimanche, si Dieu le veut; sinon, je ne laisserai point de communier pour la même intention.

Il me semble que mon occupation d'aujourd'hui a été de me lier à la volonté de Dieu dans toutes mes actions : il me paroît que toute mon affaire consiste à me lier pour le reste de ma vie à cette sainte et divine Providence et à devenir un véritable enfant, à faire mon Paradis de mon abandon à la volonté de Dieu et de trouver mon centre dans la conformité à cette sainte volonté. Au commencement de mon oraison à ce soir j'ai été occupée à regarder Jésus-Christ en croix, et il me semble qu'il étoit près de moi et qu'il n'étoit point nécessaire de beaucoup crier pour me faire entendre. Cette adorable présence m'a, ce me semble, plus recueillie que je ne l'ai pas été depuis que je suis ici. J'ai passé le reste du temps en respect, adoration, et priant Dieu qu'il vînt régner dans les âmes, et j'ai

prié particulièrement pour mes amis, et j'espère
que, faisant mes prières avec cette sainte communauté, tout pauvres qu'elles sont, elles passeront
devant Dieu parmi celles de ses chères épouses.

———

. . . . . me semblant que tout est doux avec
Jésus-Christ, que rien ne nous manque quand il
est avec nous, et que d'avoir un moyen de lui plaire
davantage, c'est un trésor qu'il faut tenir bien cher.
Ces sentiments sont quand j'étois en ferveur, mais
même à cette heure que j'écris, et que si je ne
suis par peine, je n'en suis pas loin, de bon cœur
j'accepte tout ce que mon divin Jésus m'enverra :
je ne lui demande que ce qui me rendra agréable à
ses yeux, et je ne veux que lui ; demandez-lui pour
moi qu'il ne m'épargne pas, et qu'il me donne,
quoique dur à ma nature, ce qui me fera plus
sienne et plus remplie de son amour : quand j'ai
ces pensées, il me vient dans l'esprit que si j'avois
ces mots que l'on craint, je n'en ferois peut-être pas
un bon usage et que je m'impatienterois d'abord :
il me revient à l'esprit que Dieu est fidèle : cela me
fait demeurer en paix, comme je m'y soumets, et
même que je les regarde avec plaisir dans le désir
de plaire à Jésus-Christ ; je crois fermement que,
s'il me les donne, il me donnera la force de les
supporter avec joie pour son amour.

Paris, 10 mars.

J'ai reçu une de vos lettres, du 27 de février, où vous me dites que vous avez envie de rire de me voir faire toujours l'enfant : présentement que je suis en repos je trouve que vous avez raison, mais à la première bourrasque je ne vous réponds de rien. J'ai pourtant envie de me corriger : j'ai commencé ma neuvaine, cela m'a remise en dévotion. Je la fais avec une grande confiance. Il me vient dans l'esprit : « Mais est-ce que j'obtiendrai par mes prières la santé de monsieur mon mari? » Mais, comme il m'a paru que c'étoit une invention du démon pour refroidir ma confiance, je m'en suis moquée, et je lui ai dit que je n'avois pas commencé pour lui, et que je ne finirois pas pour lui. Je demande donc de tout mon cœur cette chère santé, et, comme vous savez que je ne m'oublie pas, je me suis offerte sans réserve de quoi que ce soit à la sainte Vierge afin qu'elle me donnât à son fils et à son Dieu, et qu'elle me donne cet adorable Sauveur pour être mon unique partage dans la terre des vivants : j'ai bien prié pour vous. Comme j'avois grande dévotion à communier les cinq vendredis de mars, parce que l'on dit que Notre-Seigneur est mort l'un de ces cinq vendredis, cela a fait que j'ai communié trois jours de suite, car vous m'aviez donné le samedi et le dimanche, et que j'espère en communier quatre, trois de votre permission et une de ma tête.

Je ne sais si vous le trouverez bien mauvais, mais je vous dirai que c'est que j'ai perdu bien des communions que vous m'aviez permises, ou par maladie et quelquefois même par mon choix, me trouvant remplie de misères. Je vous dirai l'effet que me semble que m'ont fait ces premières communions. Elles m'ont remplie d'une crainte pleine d'amour : je craignois de me souiller des moindres fautes, pensant à celui qui étoit venu si souvent dans mon cœur. J'ai tâché dans tout ce temps ici de donner plus de temps à la prière et de me tenir plus séparée des choses du monde. Ce qui me donne plus de confiance, c'est la pensée que c'est l'obéissance qui m'a fait entreprendre cette neuvaine. Je ne suis pas allée à pied, parce que je suis fort foible, et que je jeûne quoique je mange gras. Je suis de votre avis sur ce qui regarde les pauvres du Berry, mais je ne me suis pas mise en peine de donner remède, parce que nous avons 50,000 livres : 30 que l'on nous a données, et mes 20 : c'est la moitié de ce qu'il nous faut. Nous avons bien encore des espérances et du temps devant nous, car cet argent ne nous est nécessaire qu'au mois de mai.

II.

ÉLOGE
DE
LA PRINCESSE DE CONTI

COMPOSÉ PAR UN DES ÉCRIVAINS DE PORT-ROYAL.

Il semble que Dieu avoit donné à cette princesse son Église pour prouver sensiblement par un exemple illustre dans ces derniers temps, d'une part que la raison, la sagesse, la modération et la douceur naturelle jointes à une vie humainement innocente, ne servent de rien pour aller à Dieu et ne peuvent rien mériter de lui, et pour montrer de l'autre part qu'il surmonte, quand il lui plaît, par lui-même, en un moment et avec une facilité toute-puissante, sans le secours du raisonnement et sans aucune sollicitation extérieure, ceux qui ont résisté aux plus puissantes et aux plus pressantes raisons de se convertir à lui.

Anne-Marie Martinozzi, princesse de Conti, étoit née avec toutes les qualités qui peuvent rendre une personne de son sexe aimable et estimable : sérieuse, douce, tranquille dès l'enfance, et toutefois très-sensible ; ferme, hardie, et néanmoins mesurée et pleine de tous les égards nécessaires pour s'établir dans le monde ; la réputation la plus entière et la plus hors d'atteinte à laquelle une personne de son sexe puisse parvenir.

Elle fut donc toujours réglée dans toutes ses démarches et très-modeste, même avant que d'avoir aucun sentiment pour Dieu ; en sorte qu'on la donnoit pour exemple aux personnes d'un âge plus avancé, et que le monde croyoit même qu'elle eût beaucoup de piété ; mais tout cet extérieur n'étoit que la suite d'une sagesse naturelle qui inspire en tout une bienséance extérieure, et il n'y avoit au-dedans que de l'ambition et de l'amour de soi-même, mieux entendu qu'il n'a coutume de l'être. Elle n'étoit donc encore qu'une honnête payenne, comme elle l'a dit depuis. Cependant elle étoit consumée du désir d'être heureuse, et elle espéroit le devenir en ce monde par quelqu'une des hautes alliances que la puissance de Jules, cardinal Mazarin, son oncle, et sa beauté lui faisoient espérer. Elle parvint enfin à l'âge de dix-sept ans à cette élévation qu'elle avoit tant désirée, par une alliance qui surpassoit non-seulement tout ce qu'elle avoit osé penser, en épousant Armand de Bourbon, prince du sang, mais elle ne parvint pas au bonheur et au repos qu'elle avoit espéré; car encore qu'elle se trouvât comblée de faveurs, de charges, de gouvernemens, de biens, de grandeurs, aimée du prince qu'elle aimoit et de tout ce qu'il y avoit de plus grand dans le monde, qu'elle fût environnée de plaisirs et dans une telle magnificence, que la dépense monta la première année à deux cens mille livres; tout cela ne la put remplir ni satisfaire ses desirs; au contraire elle se sentit plus vuide et plus altérée qu'auparavant, quoiqu'elle n'eût alors que dix-huit ans.

Elle ne se flatta point d'une vaine espérance de devenir heureuse par l'augmentation de ses grands établissemens; elle vit dans le néant de ce qu'elle possédoit celui de tout ce qu'elle pouvoit espérer. Mais elle ne s'avisa pas de tourner ses desirs et son ambition du côté du royaume des cieux, qui est au-dedans de tous ceux à qui Dieu fait la grâce de le découvrir. Elle entra donc dans une espèce de désespoir, qui seroit le partage de tous les mondains qui n'ont aucun égard du côté de Dieu, s'ils n'étoient aussi aveugles que malheureux, et s'ils ne l'étoient assez pour ne rien connoître de l'état misérable où ils dorment dans l'ombre de la mort. Elle n'étoit pas dans cet aveuglement, car elle vit tout d'un coup, d'une part, que, puisqu'une si grande élévation accompagnée de toutes sortes de prospérités ne la rendoit pas heureuse, il n'y avoit rien à espérer pour elle sur la terre, et sa lumière naturelle lui faisoit connoître clairement, d'autre part, que nous ne pouvons être heureux ici-bas que par l'espérance d'une meilleure vie. Elle avoit ouï parler de Dieu et des devoirs de la créature raisonnable à un domestique du prince, très-instruit du fond de la religion chrétienne; elle voyoit que, comme l'éternelle félicité des saints consiste à connoître et aimer Dieu, toute l'espérance que nous pouvons avoir sur la terre d'être éternellement heureux, ne peut être fondée que sur la foi et la charité; or elle sentoit sa foi très-foible, elle n'en avoit jamais bien sçu les fondements; son cœur étoit rebuté de tout ce que le monde lui pouvoit offrir. Elle n'avoit aucun sentiment pour Dieu, et elle regardoit la vie chrétienne et les devoirs qui y sont indispensablement attachés comme un joug très-dur et comme un fardeau très-pesant, dont la seule pensée l'accabloit.

Elle se représentoit donc en cet état, à l'âge de dix-huit ans, comme dans un abîme et dans un vuide affreux où elle auroit à passer le reste de sa vie qui pouvoit encore durer de longues années, descendant insensiblement vers le néant pour y être absorbée tout à coup à l'heure de la mort, ou précipitée dans les supplices éternels; cette image étoit toujours devant ses yeux et la plongeoit dans une tristesse et dans un ennui incompréhensibles. Elle fit des efforts pour éteindre les foibles restes de sa foi languissante, afin de calmer son inquiétude; mais Dieu ne permit pas qu'elle y réussît. Elle ne trouva le soulagement d'une telle tristesse que dans quelque doute affecté, et la malheureuse résolution, que le désespoir lui fit prendre, d'attendre dans son intrépidité naturelle, s'il se pouvoit, sans la craindre, cette heure fatale qui devoit terminer ses grandeurs et décider de tout ce qu'elle étoit. Cependant les infirmités qui lui survinrent dans ce triste état, sembloient la conduire à grands pas vers sa fin, et la réduisirent en effet à une telle extrémité, qu'elle tomba dans une espèce d'agonie où elle crut mourir. Elle entendoit dire autour d'elle qu'elle n'avoit plus qu'une demi-heure de vie, et elle le croyoit ; mais cette extrémité ne lui fit penser autre chose, sinon qu'elle sçauroit bientost ce qu'elle avoit à devenir pour toujours. Dieu la tira de ces périls, mais non pas de ses doutes et de son insensibilité.

Le prince, que Dieu par sa miséricorde infinie avoit tiré des plus grands désordres, et qui étoit fort éclairé, lui disoit en vain tout ce que la charité peut faire dire sur la plus grande de toutes les affaires à la personne à qui elle importe le plus et et que l'on aime le mieux. Elle recevoit avec beaucoup de douceur ce qu'il lui disoit ; mais toutes ces instances ne faisoient que l'importuner et l'aigrir contre la piété, qu'elle regardoit comme son ennemie dans le cœur du prince, craignant que la piété n'y éteignît la passion qu'il avoit eue pour elle jusqu'alors. Ainsi tout ce qu'il lui disoit pour la porter à Dieu, et sa piété même, la rebutoit, mais de telle sorte que le directeur du prince fut contraint de lui ordonner de se contenter de prier Dieu pour elle.

Elle étoit donc comme abandonnée de tout secours humain et d'elle-même plus que de personne, et Dieu prit ce temps pour parler à son âme et pour la remplir de sa connoissance et de son amour; ce qu'il fit en un moment. Elle se trouva tout d'un coup, sans sçavoir comment, tournée à Dieu, persuadée des vérités de la foi, et brûlante du désir d'aller à Dieu. Elle appela le prince et lui dit, comme la meilleure nouvelle qu'elle pouvoit lui dire : « Je crois que Dieu m'a changée, je vous « prie de m'envoyer M. l'abbé de Ciron. » C'étoit un homme d'une grande piété et fort habile, auquel le saint évêque d'Aleth avoit donné la conduite du prince et qui ne le perdoit point de vue. La princesse ne trouva rien de difficile dans tout ce qu'il lui proposa, et, depuis ce moment jusqu'à la fin de sa vie, elle ne fit plus que passer de clarté en clarté et de vertus en vertus. Elle avoit dix-neuf ans; c'étoit en 1657.

Sa vie passée, cette vie que le monde avoit tant approuvée, lui fit horreur. Elle méprisa les parures et voulut s'en dépouiller; la cour s'y opposoit, et elle croyoit devoir cette complaisance aux premières personnes de l'État d'en conserver une partie; mais, étant un jour à sa toilette, et ayant jeté les yeux sur un crucifix qui étoit au chevet de son lit, Dieu la toucha de telle sorte que, rougissant d'avoir balancé sur quelque chose entre Dieu et le monde, elle renonça pour toujours à tous les ajustemens, et se réduisit à une manière de s'habiller qui, sans s'éloigner trop de l'usage de son temps dans les circonstances indifférentes, montroit à son sexe l'exemple d'une modestie vraiment digne d'une chrétienne. Mais elle ne se contenta pas de ne plus parer son corps, elle l'affligea autant que sa santé put le souffrir. Elle soutint le prince par ses conseils et plus encore par son exemple, l'encouragea à la plus grande perfection de son état, et le résolut enfin à vivre dans le mariage comme dans le célibat. Elle retrancha toutes les dépenses superflues ; occupa à des ouvrages pour le service de l'Église et des pauvres cette espèce de domestiques qui semblent n'être chez les grands que pour l'ostentation, et qui ne s'occupent la plupart du tems qu'à ne rien faire, visita les pauvres et particulièrement les malades, chez lesquels elle fut surprise faisant des actions d'une prodigieuse mortification. Elle les faisoit avec tant d'amour qu'il n'y eut que la crainte d'en être louée et l'impossibilité de faire ces choses sans qu'elles fussent sçues qui l'empêcha de continuer. Elle eut de grands obstacles à surmonter dans l'opposition naturelle qu'elle avoit à prendre soin de tout ce qui selon le monde étoit au-dessous d'elle ; mais la grâce la portoit, et elle changea tellement en tout ce qu'elle avoit de mauvais, qu'elle ne cessa d'être dans la joie au milieu de tous ces obstacles, et qu'elle avoit de la peine à s'empêcher de dire à ses amis : « *Congratulamini mihi.* Réjouissez-vous avec moi, parce que j'ai trouvé un trésor que je ne cherchois pas. »

Quoiqu'elle ne fût pas naturellement libérale, elle donnoit beaucoup aux pauvres. Il y eut une grande famine en Berri, Picardie et Champagne, en 1662. Ses aumônes ordinaires, qui étoient tout son superflu après une dépense très-modique, ne lui suffisant pas, elle fit vendre le plus secrètement qu'elle put ce qui lui restoit de pierreries; il y en avoit pour 60,000 écus, qu'elle fit distribuer avec beaucoup d'économie par une personne intelligente et de grande probité, en sorte qu'elle sauva la vie à plusieurs milliers de personnes. Le prince ayant vendu et distribué tout son bien pour réparer les dommages de la guerre qu'il avoit faite au roi, sans rien réserver que ce qu'il fut obligé de conserver pour assurer la dot et la convention de la princesse, non-seulement elle entra de tout son cœur dans la justice que le prince fit en cela à plusieurs particuliers ruinés par une guerre injuste, mais elle craignit qu'on n'eût fait de trop grandes réserves pour elle. Elle consulta donc les amis de cette maison, dont elle regardoit les sentimens comme les plus conformes aux règles les plus sûres de la justice chrétienne, et on eut beaucoup de peine à la calmer sur ce doute.

Demeurée veuve à l'âge de vingt-neuf ans, elle redoubla son zèle et son application à tous ses devoirs, à gouverner saintement sa maison, et à élever les princes ses enfans en princes chrétiens; ce qu'elle faisoit avec une application continuelle et beaucoup de fermeté, nonobstant tout ce que le monde y put trouver à redire; mais en même tems avec tant de sagesse et de discrétion que le roi la laissa maîtresse absolue d'une éducation si importante. Mais elle ne se crut pas quitte de ses devoirs en s'acquittant de ceux d'une veuve particulière; car elle soutint avec une magnanimité chrétienne le rang et l'autorité dont elle étoit dépositaire contre les puissances qui y vouloient donner atteinte. Elle fit observer toutes les lois civiles, ecclésiastiques et militaires, tant dans ses terres que dans les églises qui s'y trouvoient et qu'au régiment du prince son fils aîné. Elle protégea les foibles et prévint et réprima les violences et les désordres; ce qu'elle pratiqua même hors l'étendue de sa maison et de ses terres, quand quelque raison particulière l'y engageoit, et toujours dans l'ordre de la justice et de la charité, n'épargnant ni soins ni peines pour cela, s'opposant aux ministres même les plus autorisés, avec qui elle ne craignoit pas de se commettre, en leur résistant en face avec sa douceur et sa fermeté naturelle rehaussée par une foi vive et par une ardente charité. Ce qui lui réussit toujours auprès du roi, quoique prévenue par ses ministres dans de certaines rencontres; et elle y réussissoit parce qu'elle alloit droit à lui, qu'il estimoit sa personne et respectoit sa vertu, qu'il étoit persuadé de sa sincérité et de ses lumières; qu'elle ne combattoit que pour la justice et la vérité, et que Dieu lui donnoit dans ces occasions une éloquence telle que ce grand roi auroit cru se faire tort de lui résister.

Cet amour de la justice et de la vérité, la sainte liberté qu'elle se donnoit de soutenir l'une et de dire l'autre avec autant de modération que de force, et sa hardiesse à confesser J.-C. et les siens devant les puissances, lui avoit donné une telle réputation que le vice se cachoit et que le mensonge n'osoit paroître à la cour, quand les devoirs attachés au rang qu'elle tenoit dans le monde, et la charité chrétienne obligeoient la princesse à y aller; ce qu'elle ne faisoit jamais sans avoir l'une ou l'autre de ces deux raisons.

La réputation qu'elle s'étoit acquise par sa sage conduite porta un grand prince à lui proposer son alliance, qui la mettoit beaucoup au-dessus du rang où la première l'avoit mise; mais elle s'excusa d'écouter cette proposition et rejeta les instances qu'il lui fit faire, encore que cette alliance méritée par sa seule vertu l'élevât de trois degrés au-dessus de celle à laquelle le crédit du cardinal Mazarin son oncle l'avoit élevée; persuadée que, puisque Dieu avoit rompu ses liens par une perte aussi sensible que celle qu'elle avoit faite, elle n'avoit plus rien à faire en ce monde que d'achever son sacrifice en se sacrifiant elle-même.

Elle examina durant son veuvage le bien que le cardinal Mazarin lui avoit laissé, et trouva que la part des revenus ecclésiastiques qui pouvoit être

confuse dans sa dot montoit presque aux deux tiers. Elle restitua donc 800,000 livres qu'elle fit distribuer dans les lieux auxquels elle put croire que cette restitution pouvoit être appliquée avec le plus de justice, selon le conseil du saint évêque d'Aleth, appliqua à cet usage toute l'épargne qu'elle pouvoit faire sur les revenus de la garde-noble des princes ses enfans, de son douaire et de ses pensions. Quand elle eut achevé cette restitution, qui fut faite en cinq ans, Dieu la laissa jouir quelque temps de la consolation d'avoir fait cette justice, et de répandre toutes ses épargnes avec plus de liberté, mais toujours selon l'ordre de la charité; premièrement sur les pauvres de ses terres, et puis sur tout le reste du monde. Elle fit donc des aumônes jusqu'en Afrique et aux deux Indes, selon le même ordre de la charité, c'est-à-dire en embrassant tout dans son cœur par le désir de soulager toute misère, mais courant toujours sans aucun égard aux besoins les plus pressans, et confiant ses aumônes aux missionnaires qu'elle crut apostoliques et désintéressés. « Si on avoit,
« disoit-elle, des trésors infinis, ou qu'il y eût
« moins de misère que de charité dans le monde,
« peut-être pourroit-on donner quelque chose à
« son inclination dans les aumônes que l'on fait,
« et se donner la joie de mettre quelque personne
« à son aise; mais, comme c'est tout le contraire,
« on est contraint de se contenter de tirer de la
« grande misère ceux que l'on peut secourir, pour

« en soulager un plus grand nombre, et de n'avoir
« égard qu'au plus grand besoin dans ceux à qui
« on est le plus obligé de pourvoir, pour préférer
« à son inclination l'ordre et la volonté de Dieu,
« qui nous est marquée par la plus grande néces-
« sité. »

Elle n'étoit pas robuste, et les grandes maladies qu'elle avoit eues lui avoient laissé beaucoup de foiblesse, et une indisposition dont l'effet étoit de la réduire souvent à la mort, crachant le sang à gros bouillons et ne pouvant respirer dans les accès violens de ce mal qui la prenoit une ou deux fois chaque année. C'étoit un spectacle digne des anges que sa patience, la sérénité de son visage et la tranquillité de son âme dans ces tempêtes. Jamais elle ne donnoit ses ordres avec plus de douceur et de présence d'esprit que dans ces occasions. Elle avoit soin de tout et particulièrement de ceux qu'elle voyoit troublés. Elle se flattoit de l'espérance de mourir de ce mal qui lui laissoit beaucoup de liberté d'esprit; mais son médecin lui ayant dit qu'elle couroit risque de mourir d'un transport au cerveau, elle lui dit en souriant : « Je mourrai vo-
« lontiers de mort soudaine quand Dieu voudra.
« L'Église demande à Dieu qu'il nous en délivre,
« mais elle ajoute, *et improvisa;* je ne crains aucun
« genre de mort, mais j'espère que Dieu me pré-
« servera d'une mort imprévue. » Ce mal étoit, autant de temps qu'il duroit, une espèce d'agonie; et comme on lui parloit des angoisses de cet état :

« Voyez-vous, dit-elle, je compte pour rien les
« petits biens et les petits maux, surtout quand ils
« sont courts; et tous les biens et tous les maux
« de cette vie sont petits, et tout ce qui finit avec
« le tems est court. »

Il y avoit quinze ans qu'elle alloit à Dieu, et qu'elle s'y disposoit par une attention et une prière continuelle qu'elle redoubloit à toutes les heures de l'église, se retirant dans son cabinet où elle prioit souvent prosternée et toujours avec ce profond respect qui paroissoit dans son extérieur aux prières publiques, sans qu'il y eût rien que l'on pût remarquer. Après quinze ans de persévérance et quatre jours de très-grandes douleurs qu'elle souffrit dans un profond silence, elle alla à Dieu par un transport au cerveau aussi soudain qu'un coup de foudre. Il la prit à minuit par une violente convulsion. Ses femmes surprises jettèrent un grand cri, qui fit souvenir de ces paroles de l'Évangile : « Sur le minuit un grand bruit s'éleva : « Voici l'époux qui arrive, allons au-devant de lui. » Elle vécut encore dix-neuf heures sans connoissance, sa bouche disant continuellement : « Mon Dieu, mon Dieu ! » Une multitude innombrable de monde de la cour et de la ville accoururent au spectacle de cette agonie, durant laquelle, hors le dernier moment, elle fut vue avec son visage naturel et ses actions ordinaires. On peut dire que la princesse fut seule qui ne fût pas surprise de ce coup; et il y a grand sujet de croire que, quand Dieu l'appella par ce mal si soudain, sa lampe étoit ardente et luisante, et qu'elle étoit prête à aller à lui ; car, outre qu'elle avoit communié la veille de sa maladie, elle venoit de rendre compte de son examen de conscience à son directeur, comme elle faisoit tous les jours, et elle vivoit depuis longtemps dans l'attente d'une prompte mort, qu'elle regardoit avec beaucoup de tranquillité dans la vue de la miséricorde de Dieu dont toute sa vie étoit une méditation continuelle, aussi bien que de la mort, ne s'endormant jamais sans s'être mise dans la disposition de ne pas voir le lendemain.

Elle avoit pour maxime que la vraie piété consiste à suivre Dieu sans hésiter partout où il nous appelle, même au travers des obstacles les plus apparens et des devoirs les plus pénibles ; c'est ce qu'elle appelloit vivre de la foi, et l'on voyoit reluire cette vie dans tous ses sentimens, dans toutes ses paroles et dans toutes ses actions. Elle aimoit tendrement les princes ses enfans, mais elle les aimoit infiniment plus pour Dieu que pour elle, encore qu'ils lui donnassent une grande considération dans le monde, à la cour et dans sa famille ; elle trembloit par avance des périls presque inévitables où elle voyoit que leur salut éternel seroit exposé dans un âge plus avancé, et elle étoit si pénétrée de cette crainte, qu'elle sentoit une vraie joie intérieure quand, les voyant malades, elle pensoit qu'il se pouvoit faire que Dieu les eût mis en cet état pour les préserver par une prompte mort de la corruption du siècle et des piéges de leur condition. Elle trembloit encore toutes les fois que elle pensoit à ce que les riches doivent aux pauvres. « Qu'est-ce que c'est, disoit-elle, que le superflu « des riches par rapport à leur état? Il y a long-« temps qu'on me dit que je suis réduite au néces-« saire de mon état; mais qui peut m'en marquer « les bornes? Le monde dit que c'est trop, et peut-« être que Dieu dit que ce n'est pas assez. Heureux « ceux dont l'état est d'être réduits au simple né-« cessaire! » Elle étoit aussi fidèle au langage qu'aux sentimens de la foi et de la charité. Quand elle avoit quelque affaire devant les juges, elle ne les sollicitoit que pour les prier de se bien garder de considérer ou sa personne ou son rang dans ce qu'ils avoient à décider. On l'a vue prête à se dépouiller d'une terre de 18,000 livres de rente, nonobstant les prescriptions acquises depuis plus d'un siècle; c'étoit une résolution prise en faveur de ceux qui disoient qu'elle leur appartenoit, s'ils avoient pu donner des preuves recevables, et elle le leur fit dire.

Elle ne faisoit jamais de complimens à personne sur des bénéfices ou des dignités ecclésiastiques. Elle s'y crut obligée dans une rencontre unique pour servir l'Église; elle le fit, mais la lettre qu'elle écrivit pour s'acquiter de ce devoir de civilité auprès d'un prélat illustre par son rang, par sa naissance et par ses emplois, fut plustôt une remontrance qu'un compliment, et cette remontrance fut très-modeste, mais très-forte. Ce fut tout ce qu'on put obtenir d'elle. Elle avoit de la peine à se résoudre à parler des choses de Dieu aux gens du monde. « Il faut, disoit-elle, un devoir bien marqué « pour faire une chose qu'on a sujet de croire inu- « tile à la personne pour qui on la fait; mais je « ne puis m'empêcher de parler aux personnes « qui ont de la foi, et surtout aux religieuses. « Quand j'y remarque des défauts considérables, « je ne puis m'empêcher de les prêcher, car cela « me fait saigner le cœur de voir que l'on a tout « quitté pour servir Dieu et qu'on le sert mal. » Elle étoit très-sincère et ne pouvoit se résoudre à laisser la moindre équivoque dans ses paroles, surtout quand elle pouvoit porter préjudice à quelque personne opprimée ou à quelque vérité combattue. Un homme de qualité blâmoit un jour devant elle une personne de piété sous prétexte de nouveauté de doctrine : « Je vous assure, dit-elle, que ce n'est « pas son défaut, et vous devez m'en croire; car, « outre que je suis persuadée que, quand vous « aurez examiné, vous appellerez doctrine ancienne « ce que vous apellez doctrine nouvelle, je suis « obligée, afin que vous ne me preniez pas pour « une autre, de vous dire que je compterois dans « cette personne pour une très-bonne qualité ce « que vous lui reprochez comme un défaut. »

Elle regardoit comme rien tous les intérêts humains qui ne regardoient qu'elle; mais elle étoit très-vive sur ce qui pouvoit blesser la vérité et noircir l'innocence ou déshonorer la piété. Elle n'étoit vive que sur cela; mais elle l'étoit de telle sorte que personne ne pouvoit tenir contre les paroles de grâce qui partoient de sa bouche, et que Dieu lui donnoit dans ces rencontres.

Elle disoit avec un grand sentiment : « Il n'y a
« rien de bon à faire dans ce monde, et surtout
« dans le grand monde, que de le quitter à
« l'heure, si on peut; et, si on ne peut pas le quit-
« ter à l'instant, il faut au moins désirer de tout
« son cœur de le quitter bientôt : et, plus on est
« élevé dans le monde, plus on doit se hâter. Je ne
« veux plus disputer contre ceux qui disent qu'un
« chrétien peut se mêler dans les folles joies du
« monde. Quiconque ne voit pas tout d'un coup
« dans le nom de chrétien qu'il a l'honneur de por-
« ter qu'il ne lui est plus permis de prendre part
« à ces choses, ne sçait pas le premier mot de son
« catéchisme. Il n'y a donc qu'à l'y renvoyer. »
Elle étoit fort choquée quand elle entendoit prêcher contre la morale que l'on appelle sévère et même excessive : « Où sont, disoit-elle, ces doc-
« trines sévères? Je connois tous ceux qu'on dési-
« gne sous ce nom, et ils ne m'ont pas épargnée
« plus qu'une autre; mais si j'ai quelque doute
« sur les avis qu'ils m'ont donnés, c'est de sçavoir
« s'ils n'ont pas été trop mesurés. » Elle se plaignit un jour si hautement sur cela d'un prédicateur célèbre[1], qu'il crut être obligé de la venir sa-

Nous avons vu que c'était Bourdaloue.

tisfaire; elle l'écouta, mais elle ne fut satisfaite que dans l'esprit.

Quelque incommode qu'elle fût à ceux qui la regardoient comme un obstacle à leurs desseins, ceux même qu'elle incommodoit en disoient du bien, et ceux qui s'intéressoient selon les lumières de la foi à sa perfection, chérissoient en elle la huitième béatitude, comme le sceau de toutes les autres. Mais on vit bien après sa mort que, si son repos n'avoit pas été troublé durant son vivant, ce n'avoit été que par la crainte de son crédit et par l'inutilité des tentatives que l'on avoit faites en secret contre elle. Car aussitôt qu'elle fut décédée on fit chasser quelques-uns de ses plus importans domestiques, qui ont beaucoup souffert depuis; d'autres crurent être obligés de se retirer pour éviter un pareil traitement, dont ils ne pouvoient se sauver que par la retraite, et l'on détruisit peu à peu une communauté de grande édification que le prince et elle avoient établie dans une de leurs terres et qu'elle affectionnoit beaucoup.

S'il étoit permis à des chrétiens qui ont un Père dans le ciel de parler humainement, on pourroit dire que Port-Royal a perdu en elle une puissante protection; car elle aimoit fort ce monastère, et elle avoit dessein d'y faire de fréquentes retraites avec la princesse Anne-Geneviève de Bourbon, duchesse de Longueville, sa belle-sœur, avec qui elle étoit fort unie. Mais il plut à Dieu de récompenser une sainte vie par une prompte mort, et de mettre sa servante à couvert des contradictions des hommes dans les tabernacles éternels, où nous avons sujet de croire qu'elle prie pour cette communauté.

———

La *liste des défunts* parle de cette pieuse princesse en ces termes : « En l'année 1672 mourut très-ex-
« cellente dame Anne-Marie Martinozzi, princesse
« de Conti, laquelle âgée de trente-cinq ans est
« morte dans l'odeur d'une grande piété, ne s'étant
« point partagée entre Dieu et le monde, mais
« ayant mené une vie entièrement chrétienne. Ses
« entrailles ont été enterrées dans notre église. »

III.

ÉPITAPHES

DE LA PRINCESSE DE CONTI.

<small>Nécrologe de Port-Royal, p. 57.</small>

Le quatrième jour 1672, mourut à Paris, en odeur de grande piété, la sérénissime princesse Anne-Marie Martinozzi, princesse de Conti, âgée de trente-cinq ans. Elle a sa sépulture à Saint-André-des-Arcs, où on lit la première des trois épitaphes suivantes. Son cœur fut porté aux Carmélites de la rue Saint-Jacques, où il repose avec la seconde épitaphe ; et ses entrailles furent enterrées dans ce monastère, pour lequel elle avoit une affection très-particulière. Elles sont au côté droit du chœur de notre église avec la troisième épitaphe où l'on a tâché de peindre comme dans les deux autres quelques traits des vertus héroïques de cette illustre et pieuse princesse qui mérite les plus grands éloges.

<small>Nécrologe de Port-Royal, p. 67.</small>

Hic jacet cor clarissimæ et potentissimæ Principis Annæ-Mariæ Martinozziæ, viduæ celsissimi et potentissimi Principis

Armandi Borbonii, Principis de Conti ; quod a mediâ sui parte illustrissimi ac charissimi conjugis obitu separatum, tantum Christo gemuit, donec sponso et Deo redderetur, quem unum uterque amaverat. Nullum in eo mundi amor locum habuit. Hoc altare Deo sacrum nullo alio igne caluit quam Dei. Amor Christi, amor sponsi, amor liberum et Ecclesiæ illud sibi vindicarunt. Charitas hujus cordis natura est, post quam a Christo creatum est in operibus bonis, quibus plenum perfecte Deo vivere cœpit, moriens mundo et sensibus qui suam illi lucem abscondebant. Si cor christianum moreretur, obiit prid. non. feb. 1672, ætat. 35.

Ici repose le cœur de très-illustre et puissante Princesse Anne-Marie Martinozzi, veuve de très-haut et très-puissant Prince Armand de Bourbon, Prince de Conti. Cœur qui, séparé de la moitié de soi-même par la mort du sérénissime prince son très-cher mari, ne soupira plus que pour Jésus-Christ, jusqu'à ce que, réuni à son époux, il retournât dans le sein de Dieu, que l'un et l'autre avoient aimé uniquement. Cœur qui ne fut jamais souillé par l'amour profane. Cœur qui fut comme un autel consacré à Dieu, où il ne brûla jamais d'autre feu que le feu divin. Cœur tout occupé de l'amour de Jésus-Christ et de l'Église, de son époux et de ses enfants. Cœur à qui la charité fut comme une seconde nature, depuis que Jésus-Christ l'eut créé dans les bonnes œuvres. En étant rempli, il commença de vivre parfaitement pour Dieu, et de mourir au monde et aux sens qui n'avaient plus rien d'éclatant à ses yeux. Si un cœur chrétien peut mourir, celui-ci cessa de vivre à l'âge de 35 ans, le 4 février 1672.

Nécrologe de Port-Royal, p. 67.

Hoc lapide clausa viscera Annæ-Mariæ Principissæ de Conti, justorum resurrectioni inhabitans Christi Spiritus servat, quæ semel in ipso ætatis flore igne divino incensa, uni dehinc Deo spirârunt. Viscera misericordiæ totum orbem charitate complexa, per quæ miserorum et egentium ubique terrarum viscera requierunt ; viscera pietatis, non mollis illius et fluxæ, non mundum inter et Deum nutantis, sed stabilis ac robustæ, cui totus pro nihilo mundus esset, Deus omnia : quæ id unum curaret, nosse quid Dei voluntas ferret, quam semel compertam, sine ulla animi renitentis lucta toto cordis imperatu subsequebatur humanorum judiciorum et eventuum unice secura ; quæ cuncta pondere charitatis raperet ad Deum, ac Deo consecraret, opes, honores, familiam, liberos : hæc vita, hi mores Martinozziæ fuerunt. Hæc terris decedens secum abstulit cumcæteras, quas merito contemsit, corporis ac fortunæ dotes mortis inclementia sibi vindicet. Obiit, etc.

Anna-Genovefa à Borbonio ejus glos mutuæ charitatis monimentum posuit.

Sous cette pierre sépulcrale reposent les entrailles d'Anne-Marie, Princesse de Conti, que le Saint-Esprit, dont elles sont le temple, réserve au grand jour de la résurrection. Dès un âge peu avancé, étant une fois enflammée du feu divin, elles ne respirèrent plus que pour Dieu. Entrailles de miséricorde, qui dans l'étendue de leur charité embrassoient tout l'univers, et qui ont partout procuré de grands soulagemens à ceux qui étoient dans la misère et dans le besoin. Entrailles d'une piété, non lâche, non passagère ou flottante entre Dieu et le monde, mais ferme et constante, aux yeux de laquelle le monde entier n'étoit rien, et Dieu étoit tout. Uniquement occupée, cette piété, à connoître ce que Dieu demandoit d'elle, sitôt qu'elle l'avoit connu, elle l'exécutoit avec ardeur sans la moindre résistance, et sans se mettre en peine du jugement qu'en porteroient les hommes, ou de ce qui en pourroit arriver. Richesses, honneurs, famille, enfans, tout étoit heureusement entraîné par le torrent de sa charité qui savoit tout rapporter à Dieu et lui en faire un sacrifice. Telle fut la vie, telles furent les mœurs de la sérénissime Princesse Martinozzi, qui, sortant de ce monde, emporta avec elle le mérite de tant de bonnes œuvres; tout le reste, comme les dons du corps et les avantages de la fortune qu'elle avoit méprisez par vertu, étant tombé au pouvoir de la mort et de ses suites. Elle mourut, etc.

La Princesse Anne-Geneviève de Bourbon, sa belle-sœur, a fait poser ce monument pour marque de l'union mutuelle qui étoit entre elles.

Hic jacet clarissima et potentissima Princeps Anna-Maria Martinozzia, vidua celsissimi et potentissimi Principis Armandi Borbonii, Principis de Conti; quæ tam illustri matrimonio Borboniis juncta quæ prima orbis nobilitas est et supra titulos regum, vitam christianam omni ex parte amplexa est, et nihil excelsius Deo credidit, non magis gradu quam fide princeps Sancti Ludovici imitatrix, qui eam delegisse credi potest, in familiæ suæ munus, alium principatum in mente habuit et alia lilia quæ sanguine Christi irrigata, fructus afferunt ampliores et ad majus regnum vocant. Tantum conditionis suæ gloriam quam fugere non poterat, damnum rata, ad humilitatem vertit. Timuit quod miramur, et de fastigio magnitudinis humanæ, coram Christo paupere nobilius erubuit. In ipso etiam sermone humanioris urbanitatis, quæ sepe mentitur, nunquam discedere valebat a lege veritatis. Sollicitudini humilitatis, quæ semper quibuscumque officiis intenta est adjunctâ tranquillitate charitatis quæ semper Deo vacat, nec aliis defuit, nec sibi. Liberorum amore plus quam materno pia, regio plus quam animo pauperum mater, plena bonis operibus, exemplo docuit nullam magnitudinem aut conditionem obesse humilibus, ad Deum migravit pridie nonas februarii 1672, ætatis XXXV.

Ici repose très-illustre et très-puissante princesse Anne-Marie Martinozzi, veuve de très-haut et très-puissant Prince

Armand de Bourbon, prince de Conti. Unie par un si grand mariage aux Bourbons, la première maison de l'univers, qui voit au-dessous d'elle tous les honneurs des rois, elle mena une vie chrétienne dans toutes ses parties; et, non moins princesse par sa foi que par son sang, elle crut qu'il n'y avoit rien de plus élevé que Dieu. Imitatrice de saint Louis, que l'on a droit de penser l'avoir choisie pour en faire un présent à sa famille, elle eut toujours dans l'esprit une autre principauté et d'autres lis, qui, arrosés du sang de Jésus-Christ, portent des fruits en plus grande abondance et appellent à un royaume plus considérable. Cette splendeur si grande attachée à sa condition qu'elle ne pouvoit fuir, lui parut une perte, qu'elle sçut mettre à profit pour son humilité. Elle craignit tout ce qui fait l'objet de notre admiration, et, à la vue de Jésus-Christ pauvre, elle eut une noble honte de se voir élevée au faîte de la grandeur humaine; lors même qu'il falloit que la politesse, qui ment souvent, lui dictât ses discours, elle n'eut jamais la force de s'écarter des loix de la vérité. Aux sollicitudes de l'humilité, qui est sans cesse appliquée à rendre toute sorte de bons offices, elle joignit le calme de la charité, qui s'occupe toujours de Dieu et par là ne manque jamais aux autres ni à elle-même. La bonté de son cœur parut surtout dans l'amour plus que maternel qu'elle eut pour ses enfans, et son âme plus que roïale la rendit la mère des pauvres. Enfin, pleine de bonnes œuvres et après avoir montré par son exemple que nulle grandeur, nulle condition n'est un obstacle au salut des humbles, elle alla à Dieu le 4 février 1672, âgée de 35 ans.

Supplément, Nécrologe de Port-Royal, p. 294.

Hic jacent viscera Annæ-Mariæ Martinozziæ, Principissæ de Conti, quæ olim Dei charitate flagrantia etiam nunc vivunt, quia charitas mori non potest. Post mortem illustrissimi conjugis quem unice dilexerat, sponsum elegit immortalem cui christianæ Viduæ vivunt. Princeps et Vidua, libentius Viduam agebat quam Principem, ideoque verius Princeps quò fide altius assurrexit. Pauperibus tantum dives et sibi pauper, mundi admirantis gloriam et opes facile despexit, mirata in paupertate et humilitate Christi majores divitias, quas non satis amant qui fruuntur. Dignitatem suam forti animo et patienter tulit, non recusatis etiam aliorum obsequiis, non quia delectaretur, sed quia Mater. Liberorum beneficium fuit, quod mundum totâ libertate animi ad Deum properantis non contemserit, divino amore tam incensa, cui cum omnia subjecta habuerit, non sibi semper imperat. Illos gaudio suo prætulit, sed non Christo, tam Christiana Mater quam Vidua, sancte et viriliter diligens, ut eos ad æternum amorem erudiret cui vivebat ipsa et cui mortua est pridie Nonas Februarii 1672.

Ici reposent les entrailles d'Anne-Marie Martinozzi, princesse de Conti, lesquelles après avoir été ci-devant embrasées du feu de l'amour divin, sont encore vivantes, parce que la charité ne peut mourir. Après la mort de son illustre époux, qu'elle avoit uniquement aimé, elle se choisit l'Époux immortel, pour qui vivent les veuves chrétiennes. Princesse et veuve, elle soutint plus volontiers le caractère de veuve que celui de princesse, et fut d'autant plus véritablement princesse qu'elle s'éleva plus haut par sa foi. Riche seulement pour les pauvres, et pauvre pour elle-même, elle méprisa sans peine la gloire et les richesses que le monde admire, et sçut admirer dans la pauvreté et l'humilité de Jésus-Christ des richesses qui sont plus estimables et qui ne sont pas assez chéries de ceux mêmes qui ont le bonheur d'en jouir. Elle supporta sa dignité avec force et avec patience, se prêtant même aux hommages qu'on lui rendoit, non parce qu'elle y prenoit plaisir, mais parce qu'elle étoit mère. Car, enflammée si vivement de l'amour divin, qui, après avoir tout soumis, ne sçait pas toujours se commander à lui-même, si elle n'a pas fui le monde avec toute la liberté d'une âme qui se hâte d'arriver à Dieu, ce fut à ses enfans que le monde en eut l'obligation. Mère aussi chrétienne que veuve, elle les préféra toujours à tout ce qui pouvoit faire son contentement particulier, mais non à Jésus-Christ, et la tendresse courageuse et sainte qu'elle avoit pour eux n'eut pour but que de leur apprendre à aimer les biens éternels, pour lesquels elle vivoit elle-même, et dans l'attente desquels elle mourut, le 4 février 1672.

IV.

DISCOURS LATIN

SUR

LA MORT DE LA PRINCESSE DE CONTI[1]

ADRESSÉ AUX PRINCES SES FILS

Par J.-B. DUBOYS
Secrétaire du roi.

Ad serenissimos principes Borbonios de Conty et de la Roche sur Yon, super obitu serenissimæ principis de Conty, matris suæ, Annæ Mariæ Martinozzi, serenissimi Armandi Borbonio principis de Conty viduæ, consolatoria.

Ad obitum serenissimæ principis, matris amantissimæ, lacrymas ex oculis vestris tenerrime et justissime erumpentes, serenissimi principes, quis pius retinere vellet, qui proprias vestro et universo Franciæ, addam Romæ, cæterique orbis christiani, ubi christiana pietas refulget, luctui immiscet?

---

[1] Bibl. nat., imprimés, Lⁿ 27,482 4., une feuille in-folio sans nom d'imprimeur.

Mors sanctorum semper lacrymis decorata; ipse primogenitus et princeps hominum, homo Deus, Jesus, flevit super Lazaro amico, sororiis lacrymis infremente spiritu. Nimirum quia pretiosa in conspectu Dei, quæ vitam christianissimam conclusit. Pretiosum momentum efflandæ animæ purissimæ et æternitatis felicissimæ! Et hæc est prima et exsuperans consolatio, quæ animis vestris lenitatem et patientiam instillat, cogitando quod amittendo nihil amisistis. Cecidit mater amantissima et piissima; sed in manum amicam Dei in qua nihil perit; quæ suorum semper fidelissima custos fuit eritque, amisistis ejus præsentiam, sed non personam. Ex caducis bonis in hæreditatem incorruptibilem transmissa, ἀπόδημος ἀφ' ὑμῶν, ἔνδημος πρὸς Χριστὸν, sed fini cœlesti quam præstans initium, et totum stadium vitæ! quod breviter attingo.

Nata est Romæ, nobilissimis et piissimis parentibus, antiquam virtutem romanam conservantibus, ut Paula, Eustachia, Marcella et Fabiola, piissimi Hieronymi alumnæ. Statim nata, statim anima et corpore pulcherrima; statim fonti fidei orthodoxæ immersa; statim sub regiis virtutibus, fide, spe et charitate, earumque comitissis, munditie, humilitate, et simplicitate, omnibus virginalibus documentis christianissimis innutrita et educata. Mirum quantum crescente ætate crevere virtutes; ita ut parentes mirati dicerent : Flores omnium virtutum apparuerunt in terra nostra. Ipsa vero ad cœlestem sponsum dicente : Ordinavit in me Deus charitatem. Juveni quem diligit anima mea, etc. Nec minus pensa fœminea quæ Magnatum filias decent tractavit. Imitatrix facta κεχαριτωμένης Mariæ, suæ nostræque et totius orbis dominæ, quam sine intermissu cum aula cœlesti orabat. Sic primos peregit annos.

Mox ubi firmata ætate maturuere virtutes, ex urbe Roma, religionis orthodoxæ capite, ad urbem Parisiam, Gallorum imperii caput, emigravit. Statimque reginæ matris evocantis regalibus amplexibus honorata, et a magno Francorum et Navarræ rege benignissime quantis laudibus excepta! Eminentissimo Cardinali avunculo, regalibus honestamentis in sororiam neptem toto animo perfruente. Totam aulam regiam, immo totam regalem urbem et totum regnum, addam Romam et Hesperiam, amissa prole Galliæ invidiosam, etiamque Iberiam, et ubi ex fama virtutibus honos, mirantes habuit. Ipsaque invidia, irradiata suis virtutibus, suoque decore, oculos etiam mirantes et linguam laudantem habuit in ea, oblita sui. Quam vestitu, incessu, gestu et ornatu virgineo pudicissimo et modestissimo inter seculi pompas decora! Ut margarita pretiosa, in medio mari, rore cœlesti tantum pasta et innutrita; quanto pudore, quanta verecundia, fœminearum virtutum apicibus, pulcherrimo vultu et pudicissimis oculis oculos intuentium perstrinxit, purumque suæ lucis et mentis mentibus eorum impressit! Sic contextum omnium virtutum, felicibus additamentis, divitiorem de die in diem reddidit. Sic vixit innupta.

Sed aliis principiis ipsamet invidia, felicitate regni livida, fremit; collidunt nubes et cogitat ipsa Erinnys malum, et Deus vertit illud in bonum et incipit per ipsam sedare ex parte motus incompositos suis felicibus nuptiis cum serenissimo et fortissimo Armando Borbonio principe de Conty. Nimirum bellorum omnium tota placatio debebatur nuptiis pulcherrimæ Hispaniarum infantis, Mariæ Theresiæ Austriacæ cum ingenti Galliarum Navarræque rege. Ex quibus Delphin sperandus, parentibus par, qui tempestates omnes sedare, tumida æquora placare, collectas nubes fugare, cœlum serenum reducere, et solem haud pluribus imparem, lumen et vitam orbi terreno diffundentem, ostendere deberet, ex eo regali conjugio gemina proles nasci inter palmam et olivam, Delphinum Infantum liliatam, inter palmam victoriarum regis parentis, et olivam pacis matris reginæ. Ut profana antiquitas dixit de Apolline et Diana, ex summo Jove et Latona natis, quod alibi a me propriis laudibus eis dicatis consecrandum. Sed redeundo : quam felix συζύγιον! Quod ex duplici felici partu prolem geminam dedit parentibus parem. Tacetis, Serenissimi principes, sed non tacet tota Gallia. Verum et quæ fortissimus princeps gessit in Catalonia, dux factus exercituum regis invictissimi, quanta fortitudine! quanto successu! et in gubernanda ingenti Occitana provincia, quanta justitia et benignitate, celsitudinis suæ pene immemor! Et hoc quoque, propensis animi notis, partita est serenissima conjux, felici connubio virtutum, est animarum et corporum. In quo statu infirmatur princeps, et præsagia mortis futuræ apparent ipsa vero, quanta constantia christiana, sic quanto dolore et quantis lacrymis, suspiriis, gemituque mortem advenientem charissimo conjugi intuita est! Omnibus officiis pietatis ipsa perfuncta est, vitam exhalantem inter castissimos conjugales amplexus torrentibus lacrymarum pene suffocata, pene non sensit, statimque animam cœlestem ad cœlum emigrantem suspiriis, gemitibus, precibus et votis ad Trinitatis adorandæ sinum comitata est et prosecuta. Et mortuum lugens ipsa pene dolore enecta; stetitque media aut sequendi conjugem ad cœlestem felicitatem evolantem, aut hic remanendi, propter charissima castissimi thori conjugalis pignora, serenissimos principes filios, relinquens optionem non sibi sed Deo. Supervixit igitur, et jam viduos annos attigit, tota ad Deum consolantem conversa, et in educandis serenissimis principibus filiis quantos christianos magnos principes decet, totam animam impendens, quanto felici successu! scit totus orbis, vos intuendo. Illaque duplex Borbonia laurus.

Parva, sub ingenti matris se sustulit umbra, sed seriem virtutum suarum sequendo, ab illo momento, ut ἄγαμος, nihil aliud cogitavit nisi ut placeret Deo. Et ex fonte pulcherrimo infiniti istius amoris, natus est in corde suo fons divinæ gratiæ, ubi anima sua vidit salutem suam, et armata fide, spe elevata, tota igne charitatis accensa fuit, et talibus fontibus intus et extra innutrita, nihil aliud poposcit a Deo nisi redire ad cœlestem nidum, sicut columba pura, et ad illum fontem aquarum viventium, et ex una stillula infiniti illius amoris satiare ardentem sitim, et vinculis corporeis soluta degustare venam illius limpidissimæ aquæ salientis in vitam æternam et facientis in æternum voluntates beatas.

Infinitum est quod dici posset de suo charitatis amore. Sed addamus paucissima de suis piis exercitiis. Pauperum mater, pupilli, pupillæ, et orphanæ, non discedens ab ecclesia, sicut Anna prophetissa orans et serviens Deo, nec a nosocomiis, brephotrophiis et ptochotrophiis; ipsa vel jejuniis et macerationibus obitum, aut verius cœlestis sponsus tempus coronandæ christianissimæ vitæ accelerasse creditur. Videnssque se mori morte justorum, accersitis serenissimis principibus filiis, benedicens signo crucis dæmonum triumphanti, eos vel fidelissimos esse Ecclesiæ catholicæ romanæ solius orthodoxæ et veræ filios, vel fidelissimos regi, reginæ et delphino christianissimis, et observantissimos principis de Condé patrui et serenissimi ducis d'Enghien consobrini, et serenissimæ ducissæ de Longueville amitæ, nec unquam ab eis avelli, totque principum cognatorem et affinium amantissimos, et omnibus bonis faventissimos, nec minimum quemquam aspernari, rogans et obtestans.

Moritur igitur morte immatura ætate et tempore,

sed virtute et sanctitate vitæ quantum matura! In mediis lacrymis serenissimorum filiorum principum, omnium gemitu, fidelissimo cœlesti sponso cœlestem animam ab angelicis spiritibus ad cœlum evectam recipiente.

O felicissimam christianam principem! O felicissimas principis serenissimæ virtutes! Nulla dies unquam memori vos eximet ævo, dum summus æternum imperium religionis orthodoxæ pater romanus habebit, dum Borbonia liliata proles, æternum imperium Galliarum et armorum rex summus habebit.

Recogitate jam nunc, serenissimi principes, totos serenissimæ parentis annos et vitæ purissimæ variis gratiarum Dei floribus, quarum fuit dispensatrix pro diverso statu intertextæ. Partita est Roma cum Lutetia, Ausonia cum Gallia. Illa nascentes et dimidiatos primos; hæc dimidiatos secundos et finientes habuit. Illa nascentem recepit, et originem fidei suæ dedit; hæc morientem excepit et coronam charitati suæ imposuit. Utraque purissimis et ζωοποίοις Christi salvatoris œcumenici sacramentis, ambo ex semisse hæredes, nisi verius dicendus est solus hæres ex solido asse, divinus ille sponsus, spiritus animæque purissimæ ex tot virtutum possessione recepta; corporis sanctissimi terræ legato jure ad tempus, interim adimpleto et illi demandato, quoad ipsemet hæres cœlestis in sæculo consummando depositum suum reposcat, usumfructum denuo ad proprietatem consolidando, et ad felicem animam corpus beatum redintegrando, apud se prœlii et coronæ, et æternitatis felicissimæ ambo consortes.

Jam nunc, serenissimi principes, tempus est lacrymas sistendi. Intuemini serenissimam parentem in cœlesti patria in æternum commorantem, cum serenissimo principe conjuge in sinu adorandæ Trinitatis, apud quam plus nunc possunt pro celsitudine vestra cœlites a Deo facti principes, quam prius ab eo facti terreni principes. Illud tamen orant et obtestantur : imitamini parentes, et quod vivis eis fecistis, et quod decessis facturi estis, memores regii sanguinis, fortitudinis, pietatis et generosi pectoris amborum, totque virtutum in quibus nati estis; quæ accepistis ab eis, et quæ posteritati vestræ liliatæ debetis velut æternum fideicommissum. Celsitudo vestra humilitati meæ permittat audax dictum, sed verum, ad utrumque.

Macte pia virtute, puer, sic itur ad astra, serenissimi principes.

Celsitudini vestræ humillime submissus, JOAN. BAPT. DUBOYS, nuper regis secretarius, reginæ matris gloriosissimæ memoriæ à consiliis et in senatu parisiensi advocatus.

Parisiis, februarii 1672.
Cun permissu et privilegio.

V.

DISCOURS

SUR

LA CONVERSION DU PRINCE DE CONTI.

Nous avons dit que le prince de Conti avait écrit une savante controverse sur la vraie doctrine de la grâce d'après saint Augustin. Elle parut sous forme de lettres échangées entre lui et le P. de Champs[1], supérieur de la maison des Jésuites de Paris. Ce volume a été imprimé à Cologne en 1690, chez Nicolas Schouten, sous le titre de : « Lettres du prince de Conti, ou l'Accord du libre arbitre avec la grâce de Jésus-Christ enseigné par S. A. S. au P. de Champs, jésuite. » Il se compose d'un « Discours sur les lettres de S. A. S. Armand de Bourbon, prince de Conti, et sur la double conversion de son cœur et de son esprit » ; — d'un éclaircissement sur le sujet de la « dispute » ; — d'un précis de la première lettre perdue, précis écrit d'après une note,

---

[1] Étienne de Champs, né à Bourges en 1613, jésuite à dix-sept ans, professeur de théologie, trois fois provincial. Il avait donné des leçons au prince de Conti; il mourut à la Flèche le 31 juillet 1701. Il composa une tragédie que Richelieu fit représenter chez lui.

par le prince lui-même ; — de neuf lettres du prince, d'un nombre égal du révérend Père, écrites du 5 août au 22 septembre 1662, pendant le séjour du prince à Noisy : elles sont très-curieuses, excessivement travaillées et, qu'on nous passe le mot, bourrées de notes ; — enfin le volume est terminé par deux longs mémoires du prince adressés également au P. de Champs, l'un est intitulé : « Saint Augustin justifié du soupçon ou d'une apparence de calvinisme contre ce que le P. de Champs lui a imputé dans ses deux dernières lettres » ; l'autre : « Les Jésuites obligés à être disciples de saint Thomas, aux jeunes théologiens de la Compagnie de Jésus. »

Nous croyons intéressant de reproduire le discours préliminaire, qui contient d'importantes appréciations sur la conversion du prince, et a par conséquent une importance directe pour l'étude de la vie de sa femme.

DISCOURS

Sur les lettres de S. A. S. Armand de Bourbon, prince de Conti et sur la double conversion de son cœur et de son esprit.

On ne voit guère de princes d'un sang royal au nombre des écrivains ecclésiastiques, et on en voit moins encore écrire des matières les plus sublimes de la théologie, et le faire avec autant de force, de pénétration et de subtilité qu'on en trouve dans les lettres que nous donnons au public. Cela ne doit pas faire craindre qu'on les attribue faussement au sérénissime prince dont elles portent le nom ; car ceux qui ont connu la beauté, l'élévation, l'étendue de son esprit, ou qui ont lu les autres ouvrages de sa main, n'auront pas de peine à le reconnoître ici, quand les originaux de ces lettres, qu'une personne de mérite conserve avec soin, n'en rendroient pas un témoignage auquel on ne peut rien ajouter. La matière de la grâce, que ce grand prince y traite, est une des plus épineuses de toute la théologie dont les difficultés inépuisables seront peut-être jusqu'à la fin du monde un sujet de dispute entre les humbles défenseurs de la grâce divine et les superbes protecteurs de la liberté humaine. On aura donc sujet de s'étonner qu'un prince séculier, que son état n'appliquoit point à l'étude de la théologie, et qui, par les grands emplois où sa naissance l'engageoit, ne devoit pas avoir le temps de s'en occuper beaucoup, ait entrepris d'entrer dans une dispute qui sembloit ne lui pas convenir, et on aura peine à se persuader qu'ayant eu affaire avec un professeur des plus exercés au métier, et dont il avoit été le disciple, il ait pu sortir avec avantage du combat où il s'étoit engagé avec lui.

Mais c'est un préjugé très-faux de croire qu'il faille être ecclésiastique ou docteur en théologie pour pouvoir bien juger des vérités les plus sublimes de la religion, quand on a reçu de Dieu un esprit solide, et que l'on s'est appliqué à lire avec soin et avec foi ce que l'Écriture et la tradition de l'Église nous en ont appris. Comme si les premiers et les plus célèbres apologistes de la foi n'avoient pas été de simples laïques!

C'est aux évêques, il est vrai, comme aux premiers architectes de l'Église, d'en poser le fondement qui est la foi, de déterminer les vérités catholiques qui en sont l'objet, et de condamner avec autorité les erreurs qui la blessent. A cela près, il ne paroît point que Dieu se soit lié les mains pour ne répandre les lumières de la vérité que sur ceux qui sont appelés au gouvernement de l'Église ou au ministère ecclésiastique. Le talent de la bien connoître et de la bien expliquer, joint au besoin de l'Église et aux engagements de la Providence, suffit pour donner à un séculier une vocation et une mission sur cela, et pour faire d'un bon laïque un excellent coopérateur de la vérité, soit par des entretiens particuliers ou par des ouvrages publics.

M. le prince Conti avoit tout cela. On pourroit même dire qu'il avoit quelque chose de plus, s'il n'étoit point contre son esprit de vouloir faire valoir un commencement de vocation extérieure, qui parut comme un éclair aux yeux des hommes dans sa jeunesse ; car chacun sait que M. le prince son père l'avoit destiné à l'Église, et qu'il en vouloit faire un docteur de Sorbonne. Il le fit étudier pour cela en théologie, et comme sa naissance le mettoit au-dessus des lois les plus indispensables de la Faculté de théologie de Paris, il eut la liberté de faire au Collége des Pères Jésuites les études nécessaires pour être reçu bachelier, et il y eut pour maître le R. P. Estienne de Champs, alors professeur en théologie dans leur Collége de Paris.

Il n'y avoit que trois ou quatre ans que les contestations avoient commencé à s'échauffer, tant sur la matière de la grâce à l'occasion de l'*Augustin* de M. l'Évêque d'Ipres qui combattoit directement la doctrine de la Société, que sur les règles de la pénitence et de la communion, que M. Arnauld, docteur de Sorbonne, avoit expliquées dans son excellent livre *De la fréquente communion,* en réfutant un écrit du Père de Sesmaisons, jésuite, sans toutefois le nommer en aucune manière.

Il n'est pas nécessaire de dire combien ces deux querelles remuoient alors les esprits, ni combien les Jésuites les prirent à cœur. Les grandes suites qu'elles ont eues dans l'Église, depuis près de cinquante ans qu'elles durent, ont fait assez connoître au monde que la Société avoit résolu d'y mettre le tout pour le tout. C'est pourquoi ils furent bien aises de l'occasion qui se présentoit d'y faire entrer le fils du premier prince du sang. Ils lui firent donc prendre parti pour leurs sentiments sur ces matières, et lui firent soutenir en Sorbonne avec tout l'éclat possible ses thèses de Tentative sur la grâce, sur la pénitence et sur l'eucharistie, le 10 juillet 1646, où il eut pour président M. le cardinal de Retz, alors seulement archevêque de Corinthe et coadjuteur de Paris. Afin qu'une action, dont ils prétendoient se faire honneur et tirer de grands avantages dans les siècles suivants si Dieu n'eût point rompu leurs mesures, ne fût point ensevelie dans l'oubli où tombent les thèses ordinairement, le P. de Champs faisant réimprimer cette même année, pour la troisième fois, son livre latin du Libre arbitre sous le nom d'Antoine Richard, y fit ajouter les thèses soutenues par M. le prince de Conti. Les Jésuites en ont encore conservé la mémoire en les faisant imprimer dans leur « Bibliothèque antijansénienne », et dans leur prétendu « Triomphe de la vérité catholique », et ailleurs où ils ont inséré ces thèses de S. A. et l'ont mis lui-même au rang des docteurs catholiques parce qu'ils prétendent que leurs adversaires ont été terrassés.

Quoiqu'on ne puisse pas dire raisonnablement que c'étoient là les sentiments de ce prince, étant clair qu'ils n'étoient pas de son choix et qu'il n'étoit alors que l'écho du P. de Champs, on n'auroit peut-être pas laissé de croire un jour qu'il n'en a jamais eu d'autres, si la Providence n'avoit permis qu'il s'en fût expliqué lui-même de manière à ne laisser aucun doute de son changement.

Ce changement ne commença pas par l'esprit. La lumière de la grâce, avant que d'y entrer, passa par son cœur. Car après que Dieu, par une conduite qu'il faut adorer, eut abandonné l'un et l'autre à ses propres ténèbres durant plusieurs années, les desseins de miséricorde que Dieu avoit eus de toute éternité sur son âme éclatèrent enfin par une conversion qui fait l'édification de tout le royaume, et qui lui fit connoître par expérience que Dieu est vraiment le maître du cœur de l'homme et qu'il en dispose toujours avec une facilité toute-puissante, soit qu'il soit déjà assujetti à sa grâce ou qu'il soit encore esclave de sa propre cupidité; car il reconnoissoit avec joie, aussi bien que saint Augustin, qu'il devoit à cette grâce et tout ce qu'il avoit fait de bien depuis sa conversion, et tout ce qu'il n'avoit pas fait de mal avant son changement.

Il avouoit même confidemment à ceux à qui il ouvroit son cœur pour rendre gloire à Dieu, que lorsqu'il étoit le plus éloigné de lui et qu'il cherchoit dans les créatures un bonheur qu'il n'y pouvoit trouver, il avoit fait tous ses efforts pour se défaire de ces remords importuns de la conscience qui troublent le pécheur au milieu de ses plaisirs ; jusque-là, qu'il avoit entrepris d'étouffer et d'éteindre ce qui lui restoit de foi ; mais en vain : Dieu conserva toujours dans son âme, malgré ses efforts contraires, cette petite étincelle dont il se vouloit servir pour y rallumer un jour le feu de sa charité.

C'est ordinairement dans le temps de la tribulation que Dieu choisit ses moments pour faire miséricorde. Quand il veut guérir une âme de l'amour du monde et de ses cupidités, une affliction préparée par la main de ce souverain médecin y vient répandre de salutaires amertumes qui suspendent son application et, diminuant la sensibilité pour les plaisirs, lui laissent plus d'attention pour Dieu et pour sa parole ; car c'est cette parole divine qui est le précurseur ordinaire de la grâce de la conversion et qui prépare la voie du Seigneur dans les cœurs qu'il veut attirer à lui. Un premier jour de mai, fête des apôtres saint Jacques et saint Philippe, fut donc pour le prince de Conti le jour du salut. Alors cette étincelle de la foi, que Dieu s'étoit réservée en lui pour ce moment, se prit à cette parole de l'évangile du jour : *Tanto tempore vobiscum sum, et non cognovistis me :* Il y a longtemps que je suis avec vous, et vous ne me connoissez pas encore. Hélas ! s'écria-t-il, il y a longtemps que

Jésus-Christ est avec moi : *Cum ipso sum in tribulatione*, et je ne le connoissois pas. D'autres lectures de piété contribuèrent à faire prendre feu à cette parole dans son cœur, et le premier qui servit à éclairer son âme et à lui faire goûter les voies du salut fut un petit livre de méditations chrétiennes composé par un très-pieux docteur de Sorbonne qui vit encore et qui mériteroit assurément un meilleur sort que celui qu'il souffre depuis plusieurs années, si on en pouvoit souhaiter un meilleur en cette vie que de souffrir en paix pour la vérité [1].

Mais ce qui fit connoître l'abondance de la miséricorde de Dieu sur ce prince, et qui fit voir qu'il ne vouloit pas que sa conversion fût du nombre de ces conversions inconstantes et passagères qui ne sont que comme de courtes trêves suivies pour l'ordinaire d'une guerre plus cruelle et plus funeste, c'est la grâce que Dieu lui fit de l'adresser à un des plus éclairés et des plus saints évêques de l'Église [2], en qui il trouvoit pour lui tout ce que saint Augustin avoit trouvé pour lui-même dans le saint prêtre Simplicien, depuis évêque de Milan. « Vous me mîtes dans le cœur, dit à Dieu ce grand saint, de m'adresser à Simplicien, et je ne crus pas pouvoir mieux faire après y avoir pensé devant vous. C'étoit un de vos plus fidèles serviteurs et en qui

---

[1] M. Feydeau, théologal de Beauvais, que les jésuites ont fait reléguer en Vivarois, n'ayant pu le souffrir à Bourges son premier exil, et qu'ils menacent encore tous les jours de quelque chose de pis.

[2] M. Nicolas Pavillon, évêque d'Aleth.

votre grâce reluisoit plus visiblement. Je savois même qu'il avoit commencé dès sa jeunesse à se donner à vous, et qu'il avoit toujours vécu depuis dans une grande piété; et, comme il étoit déjà vieux, je crus qu'après une si longue expérience et une application de tant d'années à étudier vos voies, il y devoit être fort savant, et je ne me trompois pas. Ce fut ce qui me fit prendre la résolution de lui découvrir toutes les agitations de mon cœur afin qu'il me marquât ce qu'il jugeoit le plus propre pour ouvrir le chemin du salut à un homme dans la disposition où j'étois. »

Il avoit entendu prêcher ce saint prélat plusieurs fois pendant la tenue des États de Languedoc, et il lui avoit toujours paru prêcher comme un homme persuadé. Un domestique fidèle lui ayant fait comprendre que ce seroit tout autre chose de le voir et de l'entendre en particulier, ce prince connut bien qu'il étoit enfant d'Adam; car, semblable à notre premier père, qui eut honte de paraître devant Dieu après son péché, il eut peine, sentant le reproche de sa conscience et connoissant la nudité de son âme, à se résoudre d'entrer en conférence avec cet homme de Dieu, dont la conduite trop évangélique pour les gens du monde l'avoit même effrayé de loin lorsqu'on lui avoit proposé de suivre ses conseils. Le respect humain à l'égard du public soutenoit cette mauvaise honte; car lier commerce avec un si saint homme, c'étoit faire profession publique de piété et vouloir se déclarer contre le vice, et il n'étoit pas encore à l'épreuve des discours du monde. Il fallut au moins le ménager en faisant venir le prélat par un escalier dérobé : ménagement qui seroit toujours louable si les grands ne s'en servoient que pour ouvrir avec liberté leur cœur à des personnes éclairées, et pour apprendre des vérités qui leur sont cachées par ceux qui sont plus obligés de les en instruire.

Si ce prince pénitent trouva un Simplicien dans Mgr l'évêque d'Alet, ce prélat trouva un Augustin dans son pénitent, un cœur qui cherchoit sincèrement la voie de Dieu et le chemin du salut, un malade qui ne vouloit pas qu'on flattât ses plaies, mais qu'on les guérît. Ce prélat mettant donc en usage à l'égard de ce prince les saintes règles de la pénitence qu'on lui avoit fait combattre autrefois au sujet du livre de la fréquente communion, il lui fit trouver par une conduite sage et mesurée, qui sait proportionner les remèdes aux maux et aux malades, le seul moyen de rendre sa réconciliation stable et salutaire, et de jouir pour toujours du véritable repos de la conscience.

« Ce véritable pénitent, dit un savant prélat[1], se soumit avec des sentiments dignes des premiers siècles, à ce grand évêque qui n'a pas moins hérité de l'humilité de S. Pierre, que de sa charité pastorale et de la sainteté de son sacerdoce. Il s'y

---

[1] Mgr l'évêque de Tournai, alors évêque de Comminges, dans l'Oraison funèbre prononcée le 5 juin 1666, au grand couvent des Carmélites de Paris.

soumit pour suivre par son ordre les lois les plus austères de la pénitence, et Théodose n'obéit pas plus fidèlement à saint Ambroise que ce prince n'obéit à ce prélat, qu'il regardoit comme un ange que Dieu lui avoit envoyé pour contribuer à son salut. Au lieu qu'avant de le bien connoître, il avoit appréhendé l'austérité de sa conduite, il commença de craindre qu'il ne lui fût trop indulgent, et il entra de lui-même dans cette règle de saint Augustin, que nous devons être sévères contre nous-mêmes, si nous voulons que Dieu nous fasse ressentir les effets de sa miséricorde.

« On auroit peine à comprendre quelle fut la reconnoissance de son cœur pour une telle miséricorde : miséricorde si singulière dans un prince de son rang, qu'à peine en trouve-t-on des exemples. C'est ce qui lui donnoit une compassion plus sensible pour ceux qu'il voyoit entre les mains de guides ou peu vertueux, soit que la crainte d'en trouver qui resserrassent trop leurs passions, leur eût donné de l'éloignement des confesseurs exacts et fidèles à leur ministère, ou que quelque autre rencontre les eût fait tomber en des mains peu propres à travailler solidement à l'édifice de leur salut.

« La lumière et l'expérience, la fermeté et la douceur, la piété et le désintéressement parfait de celui que Dieu lui avoit donné, le mirent à couvert des suites funestes d'une conduite relâchée. Il ne lui dissimula point la sainte sévérité de l'Évangile. Il lui découvrit les piéges et les périls inévitables de la voie large, que Jésus-Christ a déclarée si ouvertement être la voie de la perdition et le chemin de l'enfer. Il lui fit envisager tous ses devoirs, lui donna le temps nécessaire pour bien connoître son cœur, pour gémir devant Dieu de ses misères passées, pour en faire de dignes fruits de pénitence, pour obtenir par des prières ferventes et assidues cet amour de Dieu et cette haine du péché qui sont la vraie pénitence et ce cœur nouveau en quoi consiste la conversion et la justification du pécheur ; pour prendre enfin toutes les mesures nécessaires, soit pour réparer les scandales et les injustices passées, ou pour dresser le plan d'une vie toute nouvelle.

« Je ne m'écarterai point de mon dessein, qui est que de ne parler guère de ce qui concerne la conversion de ce prince, si je rapporte que pour l'affermir davantage il prit dans sa maison, par le conseil de M. d'Alet, deux gentilshommes des plus braves et des plus chrétiens qui fussent dans le royaume, afin qu'ils veillassent sur sa conduite et qu'ils l'avertissent de ses défauts et de ses mauvaises habitudes. Il savoit que les grands sont ordinairement environnés de flatteurs, qui ne sont appliqués qu'à leur plaire aux dépens de la vérité, et qu'à les empoisonner par des louanges, dont l'art et le but consistent à leur faire passer leurs vices mêmes pour des vertus héroïques. Il trouva moyen d'éviter ces piéges funestes par les avis qu'il recevoit de ces deux moniteurs domestiques, qui se montroient d'autant plus dignes de cet emploi, qu'ils s'acquittoient de leur commission avec plus de liberté et avec la fidélité la plus exacte et la plus désintéressée.

« Cet excellent évêque se crut d'abord obligé de suspendre la réconciliation de ce prince, continue son panégyriste, parce que, le connoissant encore foible dans la vie de la grâce, il craignit de le nourrir trop tost de la viande des forts et de l'engager par une indulgence précipitée à la profanation du plus saint de nos mystères. Et comme il fut contraint pour satisfaire aux obligations de sa charge pastorale de se séparer de lui, il confia le soin de sa conscience à un très-pieux et savant ecclésiastique, M. l'abbé de Ciron, chancelier de l'université de Toulouse. Le prince, dont le cœur n'étoit pas encore tout à fait réformé, eut une extrême peine de se voir renvoyé à un homme qui, étant obligé par sa qualité de lui faire une harangue lorsqu'il étoit venu à Toulouse, avait eu assez de générosité pour refuser de la faire parce que ce prince avoit alors une compagnie qu'il ne devoit pas avoir. Il surmonta cette répugnance et il eut depuis ce temps-là une confiance entière en la sagesse de ce guide éclairé, qui lui avoit donné l'absolution qu'il comptoit pour la première, et qui lui fut encore envoyé au lit de la mort, par un rencontre particulier de la providence, pour lui donner la dernière et le remettre entre les mains de celui qui lui avoit confié ce précieux dépôt.

« Je ne doute point que ce grand prince ne me sache bon gré et que ce ne soit honorer sa mémoire de la manière qu'il le désire, de remarquer que le malheur qu'il avoit eu de s'écarter du devoir le plus indispensable dans un sujet et dans un prince du sang envers le roi et envers l'État, fut une de ses fautes qu'il se pardonna le moins. C'est après Dieu au saint prélat qui conduisoit cette grande âme, que la postérité sera obligée d'un exemple des plus rares et des plus nécessaires au public qu'il lui a donné de son repentir sincère et de la réparation la plus exacte et la plus extraordinaire que jamais prince ait faite, tant à l'égard des biens ecclésiastiques dont il avoit joui fort longtemps, que des dommages causés par une guerre civile où le malheur des temps l'avoit engagé.

« Il remit et abandonna quarante mille écus de pension que le pape lui avoit permis de retenir, même dans l'état du mariage, sur les bénéfices qu'il avoit quittés. Comme ce prince n'avoit pas moins de lumières que de vertus, il connut aisément que, puisque, lorsqu'il étoit ecclésiastique, il n'avoit pas bien usé des revenus de ses bénéfices, il devoit beaucoup moins s'en charger dans une condition séculière ; et cette raison l'obligea de résister aux sentimens de ceux qui estimoient qu'il pouvoit se servir de cette dangereuse grâce pour les œuvres de piété qu'il vouloit faire. Il ne voulut pas que son action, dont tout le monde n'auroit pas connu les motifs, pût favoriser l'abus que d'autres auroient peut-être fait d'une chose que ces conseils indulgens estimoient pouvoir être innocente en sa personne. Il ne se contenta pas d'avoir fait une si grande action ; il regarda ses propres biens comme tributaires à l'Église, et il ne pensa plus qu'à envoyer dans tous les bénéfices qu'il avoit possédés pour y répandre dans le sein des pauvres ce qu'il avoit usurpé sur eux, rendre aux autres ce que la somptuosité de ses dépenses superflues leur avoit ôté, procurer la réformation des monastères, qu'il avoit négligée lorsqu'il en devoit prendre soin et sanctifier par des missions continuelles les peuples qu'il avoit dû édifier par son exemple dans le temps qu'il ne pensoit qu'à satisfaire ses passions[1]. »

Les millions répandus dans les provinces durant sa vie, et les ordres donnés par son testament pour continuer après sa mort ce qu'il n'avoit pu achever lui-même, seront un monument éternel de la fidélité et d'un prince converti aux devoirs qui coûtent ordinairement le plus aux personnes de sa naissance, et de son illustre épouse, qui, ayant vendu ses pierreries pour soulager les pauvres de la province du Berri, n'avoit garde de ne pas exécuter ponctuellement les ordres d'un époux qu'elle n'avoit aimé que pour Dieu et pour le ciel. L'un et l'autre fut le fruit de la conduite du saint prélat qui lui avoit fait connoître la nécessité de ces restitutions. Tant il est vrai que cette morale, que l'on décrit partout comme une morale outrée, est le repos des

[1] Oraison funèbre ci-dessus citée.

consciences, le bien des États et le plus sûr garant que puissent avoir les souverains de la fidélité de leurs sujets.

On peut regarder comme une autre sorte de réparation le traité contre la comédie, l'excellent livre du devoir des grands et celui qui contient le règlement de sa maison, qu'il a tous composés lui-même; et, ce qui n'est pas commun aux auteurs de ces sortes d'ouvrages, qu'il avoit mis en pratique avant de les composer. Car ce n'est pas une idée en l'air qu'il ait formée pour se divertir, ni un plan de conduite qu'il ait fait pour les autres. C'est l'idée et le plan de sa propre conduite. C'est comme l'histoire de sa vie, telle qu'il l'avoit menée depuis sa conversion et qu'il l'a continuée jusqu'à la mort avec une fidélité inviolable. Ce n'est pas qu'on ne dût voir encore tout autre chose, si quelqu'un, bien informé des mouvements de son cœur et du détail de sa vie, nous en pouvoit faire un portrait fidèle. On est assuré que ce seroit le modèle le plus accompli de la conduite d'un prince chrétien et pour le particulier de sa maison et pour ses devoirs publics, particulièrement dans le gouvernement des provinces. Je me contenterai de remarquer sur ce dernier point que l'idée qu'il avoit de ses devoirs en qualité de gouverneur de la province du Languedoc étoit si parfaite que, quelque grandes que fussent son application, sa vigilance, son exactitude, son zèle pour le service du roi, son attention aux intérêts de la religion, son amour pour la justice, sa tendresse pour le peuple, il n'en étoit jamais content, pendant que tous ceux qui le voyoient agir admiraient en lui tout ce qu'on peut désirer dans un sage gouverneur et même dans un grand évêque. La fidélité à ses devoirs et le sentiment de ses obligations allèrent enfin si loin que, ne croyant pas y pouvoir satisfaire avec les infirmités continuelles de ses dernières années, il crut devoir quitter son gouvernement. C'est la résolution où il se trouva dans sa dernière maladie, résolution de supplier Sa Majesté de le décharger de ce fardeau, si son saint directeur, qui savoit conduire chacun selon son état et sa condition, ne l'eût obligé de quitter ce dessein en lui faisant connoître qu'il devoit consumer sa vie dans les travaux de son gouvernement et faire sa pénitence en prince, en servant jusqu'au dernier soupir le roi et l'État.

Est-ce donc là ce même prince qui peu d'années auparavant faisoit tant d'efforts pour étouffer en lui-même, par avance, tous les principes de sa conversion et pour faire, s'il eût pu, de son propre cœur comme une ville imprenable et un fort inaccessible à la grâce? O grâce divine, grâce du Sauveur, toujours victorieuse des résistances du cœur humain, c'est vous qui vous rendîtes maîtresse de celui de ce prince et le changeâtes en un autre homme. Que ceux-là vous connoissent peu qui vous disputent votre pouvoir absolu et votre souveraine efficacité sur les âmes! Il n'en faudroit point d'autres preuves que ces sortes de conversions éclatantes, que Dieu fait voir de temps en temps, comme pour enseigner, à ceux qui ne le peuvent apprendre dans les livres, que la grâce est vraiment l'opération invincible de la volonté de Dieu sur celle de sa créature, dont il triomphe par lui-même quand il lui plaît et comme il lui plaît, sans avoir besoin pour exécuter immanquablement ses desseins, ni pour sauver la liberté de l'homme, de ces espèces de petits artifices, de ménagements politiques qu'on lui attribue par un esprit trop humain, et qui sont indignes de la toute-puissance d'un Dieu à qui rien ne résiste quand il veut faire miséricorde. Car cette opération n'étant autre chose que l'inspiration d'un saint amour en la place d'un amour déréglé, peut-on dire que la volonté aura pu se donner ce mauvais amour contre l'inclination naturelle de son être et contre son propre bien, sans agir néanmoins sur elle-même d'une manière violente et nécessitante, et que Dieu, qui est plus intime à la volonté de ce qu'elle a de plus intime et qui lui est une cause plus naturelle qu'elle-même dans l'état où elle est maintenant, ne puisse, sans blesser sa liberté, lui inspirer un bon amour, un amour salutaire qui lui a été autrefois naturel et qui est la perfection de sa liberté et le commencement de sa béatitude?

C'est pour honorer cette grâce divine que je me suis un peu étendu en cet endroit, pour suivre en cela l'intention de Dieu même, qui veut être d'autant plus glorifié dans la conversion des âmes, que ces âmes lui ont pour ainsi dire plus coûté et que les fruits de sa victoire sont plus considérables, comme il arrive dans la conversion des grands; car la conversion d'un homme de cette fonte, dit saint Augustin, est assurément une plus grande conquête que celle d'un homme du commun : parce que c'est remporter une plus grande victoire sur l'ennemi, que de lui enlever ceux qu'il tient le mieux et par qui il en tient un plus grand nombre. Or il n'y en a point qu'il tienne si bien que les grands, parce qu'il les tient par l'orgueil, suite ordinaire de la grandeur; et comme ils ont beaucoup d'autorité dans le monde, il n'y en a point aussi par qui il en tienne tant d'autres (liv. VIII de ses Confessions, chap. 4). Ce furent de semblables pensées qui inspirèrent à M. le prince de Conti le désir d'une espèce de réparation envers Dieu, bien différente de celles dont nous avons parlé. Instruit de la grâce par ce que la grâce même avoit fait en lui, et convaincu des vraies maximes de la pénitence par les fruits qu'il en avait lui-même recueillis, il n'avoit garde d'avoir d'autres sentiments que ceux que Dieu avoit gravés dans son cœur par tous les traits dont il l'avoit touché et par tous les pas qu'il lui avoit fait faire pour retourner à lui. La méditation de la parole de Dieu, dont il se nourrissoit avec beaucoup de soin et de lumière, la lecture des ouvrages des saints Pères et des plus savants écrivains de l'Église, anciens et nouveaux, dont il fit une étude solide autant que ses occupations le lui permettoient, lui firent connoître que c'étoit la doctrine des saints et les sentiments des écoles les plus catholiques.

Comme sa reconnoissance pour la grâce de son Sauveur étoit vive, ardente et éclairée, il auroit souhaité d'une part pouvoir effacer par les larmes de sa pénitence ce qu'il avoit soutenu publiquement dans sa jeunesse de contraire à la vérité de cette grâce divine, et de l'autre pouvoir en imprimer les vrais sentiments dans l'esprit et dans les cœurs de tous les chrétiens. Ce dernier désir lui donna la pensée de traduire en françois l'ouvrage de saint Augustin, *De la prédestination des Saints et du don de la persévérance*. Il l'entreprit et l'acheva heureusement, et si le public ne jouit pas du présent que ce prince reconnoissant lui vouloit faire, c'est qu'une autre traduction de ces livres, parfaitement belle, parut avant que l'on eût connoissance de celle-ci, et l'a rendue moins nécessaire qu'auparavant.

Quant aux thèses, il n'y avoit pas lieu d'espérer d'en effacer la mémoire, ayant été jointes à d'autres ouvrages imprimés du P. de Champs. Il y en avoit encore moins de s'attendre à faire changer de sentiment à un vieux professeur engagé si publiquement et depuis tant d'années à soutenir les opinions de la Société. Le prince n'a pas laissé de chercher l'occasion de le tenter sur ce dernier article, persuadé que, s'il ne pouvoit rien gagner sur lui en faveur de la vérité, ses lettres demeureroient après lui pour rendre témoignage des efforts que sa charité l'avoit engagé de faire pour inspirer à ses anciens maîtres de meilleurs sentiments que ceux qu'ils lui avoient fait prendre et soutenir publiquement en Sorbonne. Elles serviront au moins de protestations contre les engagements où il étoit entré par une espèce de surprise et de séduction, et on les pourra regarder comme une rétractation publique de ses thèses qui empêchera les PP. Jésuites d'en triompher, comme ils avoient déjà commencé de faire. Car on ne croit pas qu'il se trouve personne assez ennemi du bon sens pour prétendre que l'on doive avoir plus d'égard à des sentiments empruntés d'un autre, reçus avec la docilité d'un disciple, dans un âge où on n'est guère capable d'en prendre par soi-même, qu'à ceux qu'il a pris depuis par son propre choix dans un âge avancé, après avoir pesé avec maturité les fondements des opinions différentes, après avoir étudié en lui-même, à l'exemple de saint Augustin, la manière dont la grâce avoit opéré et y opéroit encore tous les jours, après avoir examiné tout cela sur ce que le Saint-Esprit nous en apprend dans les Écritures saintes et sur ce qui en a toujours été enseigné dans les plus savantes écoles de l'Église. On peut dire assurément que dans ce second âge, revêtu, nourri, pénétré qu'il étoit des sentiments de la piété et de la doctrine de saint Augustin, touchant la grâce, telle qu'on la voit dans ses lettres, il ressembloit un peu mieux à ce saint docteur que lorsqu'à l'âge de seize il soutenoit dans les thèses du P. de Champs des opinions qui n'étoient pas fort éloignées du demi-pélagianisme, si ce n'étoit pas le demi-pélagianisme même. Cependant nous nous garderons bien de l'appeler un Augustin. Ce sont de basses flatteries que nous laissons volontiers à ceux qui ne se mettent pas en peine de se faire aimer des princes en leur faisant aimer la vérité, mais qui ne sont appliqués qu'à acheter leur faveur par des louanges fausses et outrées qui flattent leurs inclinations. Je suis assuré que celui dont nous parlons a eu horreur de cet encens criminel s'il s'est souvenu que le P. de Champs, enivré du plaisir de voir un prince du sang soutenir avec tout son esprit les thèses moliniennes dont il l'avoit rempli, avoit écrit[1] dans une épître dédicatoire qu'Armand de Bourbon, au jugement du clergé de France, étoit un Augustin : *Armandus gallicani Cleri suffragio Augustinus habetur.*

Quant à ses lettres, on ne peut guère douter qu'il n'ait eu intention qu'elles fussent rendues publiques après sa mort, ayant laissé parmi ses papiers les originaux des lettres du P. de Champs avec des copies authentiques des siennes, apostillées de sa main, et ayant fait une teste à ce recueil avec un titre aussi de sa main, pour faire connoître l'occasion et le sujet de la dispute et pour suppléer en abrégé le contenu d'une première lettre qui s'est perdue. Cependant, comme on n'aime point à écrire

---

[1] Épître dédicatoire à M. le prince au commencement de la troisième édition du livre du *Libre arbitre.*

ni à publier des écrits sur ces matières contestées sans quelque nécessité ou quelque engagement du côté de la Providence, on n'auroit peut-être jamais pensé à faire imprimer ceux-ci, si le P. de Champs n'y avoit donné une occasion qu'on a cru ne devoir pas passer. On entend bien que je veux parler de ce ramas de calomnies qu'il fit imprimer il y a près de quarante ans sous le titre de *Secret du Jansénisme,* et qu'il s'est avisé de faire imprimer de nouveau il y a environ un an sous le titre de *Tradition,* etc. On y répondit par un volume in-quarto de huit cents pages, il y a plus de 35 ans. Sa dernière édition a été repoussée presque aussitôt qu'elle a paru au jour, à la fin d'une apologie pour les censures de Louvain et de Douai, et on ne croit pas qu'il prenne envie au P. de Champs de répondre au peu qu'on en a dit. Ce peu étoit encore trop pour ruiner absolument un méchant libelle qui ne roule que sur des calomnies cent fois réfutées. On en seroit donc demeuré là si ces lettres n'avoient paru une réponse toute faite qui, en couvrant de confusion l'auteur de ces calomnies, donnera en même temps au public la joie de voir un prince du sang renverser les sophismes d'un vieux professeur et expliquer les vérités de notre religion d'une manière si digne et de son sujet et de sa naissance.

Je ne m'arrêterai point à remarquer ici l'avantage que les disciples de saint Augustin pourroient prendre de ces lettres. Il est clair que ce grand prince a défendu leur cause en défendant celle des Thomistes. Car, quoiqu'ils ne conviennent pas en tout, ils sont parfaitement d'accord sur le point capital et qui fait toute la difficulté, qui est de soutenir que la grâce efficace nécessaire depuis le péché pour faire toute action utile au salut, tire son efficacité de la toute-puissance de Dieu et de l'intention qu'il a de produire infailliblement le bien dans le cœur de ceux à qui il la donne. C'est ce que les disciples de saint Augustin et de saint Thomas ont toujours soutenu inviolablement, embrassant les uns et les autres avec joie le titre du chapitre cinquième de l'*Écrit* du pape Clément VIII tel qu'on le voit dans la première réponse de M. le prince de Conti, p. 18 et 19, et les Jésuites au contraire ayant toujours inflexiblement refusé de le recevoir. Voilà en deux mots en quoi consiste le fond du jansénisme et du molinisme. Le reste, en quoi les Thomistes diffèrent des disciples de saint Augustin, ne fait rien pour les contestations d'entre les Augustiniens et les Molinistes. Les disciples de saint Augustin, qui n'admettent de prédétermination physique ni dans les anges ni dans Adam innocent, et qui ne la reconnoissent nécessaire que pour les actions de piété à l'égard desquelles la volonté est devenue foible et impuissante, croient par là avoir beaucoup d'avantages sur les Thomistes pour résoudre plusieurs difficultés considérables. Et il faut avouer que les endroits où M. le prince de Conti est obligé de se passer de saint Augustin pour s'attacher uniquement aux Thomistes, il faut, dis-je, avouer que ce n'est pas ce qu'il y a de plus fort et de plus hors d'atteinte dans les lettres de S. A.

Ce n'est pas néanmoins qu'il ait jamais rien soutenu qu'il n'ait cru conforme à la doctrine de saint Augustin pour quoi on voit assez qu'il avoit beaucoup de vénération ; mais on ne laisse pas de voir, et il l'avoue lui-même, qu'il faisoit profession d'être Thomiste et qu'il avoit étudié saint Augustin avec des yeux thomistes. Et cela sert moins à faire connoître que ce qu'il avoit des sentiments opposés à ceux des Jésuites ne lui avoit pas été inspiré par ceux qu'on appelle Jansénistes, quoiqu'il les ait toujours honorés d'une estime très-particulière et qu'il suivît leurs avis dans sa conduite.

On ne dit rien du caractère des lettres de S. A. ni de celles du P. de Champs. On ne veut point prévenir ici les esprits par la comparaison qu'on en pourroit faire. C'est au lecteur de juger dans lesquelles il trouvera plus d'esprit, de jugement, de solidité et de lumière, plus de principes théologiques, de raisonnements, d'autorités et de preuves; et en même temps aussi plus d'honnesteté, de modestie, de retenue et de sagesse.

J'avoue que tout n'y est pas de la portée de tout le monde. Il traite même les choses d'une manière si subtile et qui tient si fort d'un maistre du métier, que plusieurs de ceux qui n'en sont pas auront quelquefois peine à le suivre. En effet, il faut un peu savoir les matières pour comprendre les raisonnements. Cependant les choses un peu plus obscures dans les premières lettres s'éclaircissent dans celles qui suivent, et on n'y en trouve même de si agréables qu'on se paye en chemin faisant de l'application plus grande qu'on est obligé d'avoir dans les précédentes.

Il eût été facile de leur ôter cet air de l'école que leur donne le mélange du langage latin avec le françois, en substituant la traduction françoise au latin. Mais on a voulu être fidèle et exact, et on a cru qu'il valoit mieux renvoyer au bas de la page ceux qui auront besoin de la traduction que d'y faire le moindre changement. — Amen !

VI.

RÈGLEMENTS

POUR LA MAISON DU PRINCE DE CONTI.

Nous croyons curieux de reproduire le règlement que le prince et la princesse de Conti rédigèrent, après leur conversion, pour la tenue de leur intérieur. C'est à tous les égards un document intéressant, mais dont la place est particulièrement indiquée dans ce livre.

Il a été publié en 1667, avec privilège du roi, par M. du Vigan, ancien gouverneur des pages du prince, à la suite du « Mémoire de Mgr le prince de Conty, touchant les obligations des gouverneurs de province ». Tous deux forment un volume in-12, édité chez Barbin, mais chacun avec un titre ; le premier porte pour vignette les armes du prince, avec insignes, manteau et supports ; le second, une vue du Pont-Neuf, prise en deçà de la tour de Nesle.

Nous laissons de côté la première partie du volume, comprenant « *les obligations d'un gouverneur de province* », laquelle nous a paru trop générale : une note fait observer que « plusieurs articles sont propres au Languedoc, qui est un païs d'estat où les gouverneurs ont droit d'une portion sur la levée des deniers royaux ».

MÉMOIRES

DE MONSEIGNEUR

LE PRINCE DE CONTI

TOUCHANT LES CHOSES QU'IL VOULOIT ESTRE OBSERVÉES
DANS SA FAMILLE ET DANS SES TERRES,
TANT A L'ÉGARD DU CHRISTIANISME, QUE DES AFFAIRES TEMPORELLES.

PREMIÈREMENT.

De faire en sorte que tous mes domestiques vivent chrétiennement : de n'en recevoir aucun dans ma maison, qui mène une vie scandaleuse, et de faire sortir ceux qui osteront l'espérance qu'on les puisse corriger.

II. — Gardez une grande justice à l'égard de mes domestiques, les faisant payer régulièrement de ce qui leur est dû et les récompensant selon leurs services.

III. — Avoir soin de leur faire faire des catéchismes par mes aumôniers une fois la semaine et les faire instruire exactement en la loi de Dieu, prenant soin qu'on instruise, même en particulier, ceux qui ont l'esprit trop grossier pour profiter des instructions publiques.

IV. — Leur faire entendre la messe tous les jours, mais indispensablement les fêtes et dimanches : et, s'il se peut, les envoyer par bandes à la paroisse, commettant chaque dimanche un des plus pieux pour y mener ceux qui y doivent aller; comme aussi leur faire observer exactement tous jeûnes et abstinences de l'Église, à la réserve de ceux qu'on reconnoîtra n'y être pas obligés par leurs infirmités.

V. — Procurer qu'outre l'instruction des choses générales qu'ils doivent savoir, on les instruise particulièrement sur les obligations de leur état.

VI. — Les faire assister tous les jours à la prière et à l'examen de conscience, même pendant les voyages, et, s'ils sont logés fort loin les uns des autres, faire faire la prière au logis principal, où ceux qui seront logés le plus près assisteront, et la faire faire aussi au logis marqué pour l'écurie, afin que les gens de livrée y puissent assister.

VII. — Lorsqu'ils sont malades, les faire assister temporellement et spirituellement avec le plus de soin qu'il se pourra.

VIII. — Empêcher toutes les inimitiés et querelles entre eux et les pacifier avec grand soin. Pour faire que la jalousie ne mette pas de la haine entre eux, les considérer et les avancer, non par faveur, mais à proportion de leur vertu et de leurs services.

IX. — Faire coucher les pages et les valets de pied dans des lits séparés, et avoir, s'il se peut, quelque personne sage pour coucher dans la chambre des pages.

X. — Prendre garde, autant que l'on pourra, lorsqu'on mettra des valets de pied en métier, que ce soit chez des gens de bien.

XI. — Ne se contenter pas de donner de bons ordres, mais veiller à leur exécution ou inexécution, entrer dans ce détail avec soin et se faire rendre compte souvent par ceux qui sont préposés sur les domestiques, dans les mœurs de leurs subalternes.

XII. — Devant que de prendre des domestiques, il faut garder cet ordre :
1) Les demander à Dieu pendant quelque temps, plus ou moins, selon l'importance de leurs emplois.
2) S'informer de leurs mœurs, non pas en passant, mais à fond.
3) Leur faire savoir, auparavant que d'entrer, les règlements de la maison, leurs obligations particulières, et leur donner le loisir d'y entrer.

XIII. — Ne garder jamais chez moi un homme qui se sera battu en duel, qui sera convaincu d'impureté, de blasphème, de concussion ou de volerie, ny même adonné à l'yvrognerie.

XIV. — Songer à employer les domestiques la plus grande partie du jour, pour leur faire éviter l'oisiveté, qui est la mère de tous les vices.

XV. — Les faire confesser et communier à Pâques, et les exhorter à se rendre dignes, par une vie vraiment chrétienne, de s'approcher plus souvent des sacrements.

XVI. — Payer exactement mes dettes et surtout les marchands et artisans, qui servent journellement et qui sont ruinés quand ils attendent longtemps. Pour cela il faut tenir les affaires de ma maison en si bon état par le retranchement, non-seulement de ce qui sert au luxe et à la vanité, mais même de tout le superflu, qu'on puisse les payer tous les mois : se souvenant de ces paroles de saint Bernard : « Les pauvres et nos créanciers crient après nous. » Ce que l'on dépense nous appartient, on nous arrache avec cruauté tout ce que l'on employe vainement en des choses superflues.

XVII. — Voir mes affaires avec mon intendant, au moins une fois la semaine.

XVIII. — Assister à mon conseil le plus que je pourrai, de peur que ceux qui le composent par trop de chaleur pour mes intérêts ne fassent injustice à quelqu'un.

XIX. — Tenir la main à ce que mes intendants, mes maîtres d'hôtel, mes fermiers et les gens préposés à la perception de mon bien, ne vexent et ne violentent leurs subalternes, surtout les pauvres et mes débiteurs, en leur tenant la dernière rigueur;

mais leur ordonner d'exiger les droits avec charité et justice, et qu'on ne se serve point du droit de *Committimus* pour de petites sommes et contre les pauvres.

XX. — Il faut de temps en temps faire visiter mes terres et me faire rapporter exactement, par des personnes affidées, l'état spirituel et temporel de ceux qui y sont; la capacité des curés et de leurs vicaires; leur piété et le soin qu'ils prennent en l'instruction de leurs paroissiens, afin que, s'il y a quelque désordre en leurs mœurs ou qu'ils soient incapables ou négligents, on puisse en donner advis à l'évêque ou à son grand vicaire.

XXI. — L'état et la ruine des églises, s'il y a des ornements, ciboires, calices et de quoi entretenir honnêtement les prêtres, afin qu'on advertisse ceux qui sont obligés d'y contribuer, et même qu'on les poursuive pour les y faire condamner, ou que le seigneur le fasse lui-même dans les lieux où il possède les dixmes inféodées.

XXII. — S'il y a des huguenots, des entreprises qu'ils pourront avoir faites, comme construction de temples contre les Édits, prières publiques et autres choses de pareille nature, qu'il faut empêcher et prendre en main les procès qui seront commencés à cet effet.

XXIII. — Avoir soin qu'il y ait de bons juges dans mes terres, les faire soigneusement examiner, afin qu'on soit assuré de leur capacité, choisir toujours les plus gens de bien et en être moralement asssuré, après une exacte et non superficielle perquisition de leurs mœurs sans avoir aucun égard aux recommandations.

XXIV. — Ne vendre jamais les charges, parce qu'outre que l'exercice de la justice ne peut être estimé à prix d'argent, dès qu'on introduit la vénalité des offices ou bannit la considération du mérite et de la capacité.

XXV. — Les châtier quand ils font des injustices ou qu'ils manquent à leur devoir, et les déposséder quand on prévoit qu'ils ne s'amenderont pas.

XXVI. — Prendre garde que les fermiers n'exigent pas des droits non légitimes, et que les capitaines, concierges et autres officiers ne vexent et n'oppriment les vassaux, et qu'ils ne se fassent soulager aux tailles pour les faire rejeter sur les pauvres.

XVII. — Prendre garde que les tailles soient égalées et en écrire aux intendants et autres qu'il appartiendra, afin que les paroisses ne soient point trop chargées, non plus que les particuliers.

XXVIII. — Envoyer dans toutes mes terres les édits du roi contre les blasphèmes et jurements, et les faire observer ponctuellement, en faisant châtier les infracteurs.

XXIX. — Poursuivre à mes dépens les crimes où il n'y a point de partie civile. Cette obligation est très-étroite, et il ne s'en faut relâcher pour quelque sujet que ce soit.

XXX. — Faire observer les fêtes et dimanches, empêcher les œuvres serviles; faire fermer les cabarets, au moins pendant l'office ; faire transférer les foires et marchés à d'autres jours qu'aux susdits.

XXXI. — Faire chasser et châtier les femmes débauchées et empêcher les brelans publics et les saltimbanques.

XXXII. — Procurer des missions de temps en temps aux lieux qui en ont besoin.

XXXIII. — Avoir soin de mettre aux lieux où la nomination des cures m'appartient, toujours le plus digne, sans avoir acception de personnes, ni considération d'aucune prière ; me regardant dans ce droit, comme chargé du salut de toutes les âmes de cette paroisse, desquelles je dois répondre à Dieu sur la bonne ou mauvaise collation de la cure. Que si elle ne dépend pas de moi, il faut écrire à l'évêque ou au collateur, pour lui demander en général qu'il la pourvoie d'un digne pasteur.

XXXIV. — Tâcher de porter doucement les curés avant ou après leur installation à passer quelque temps dans les séminaires.

XXXV. — Ne se contenter pas de donner de bons ordres, mais avoir soin de leur exécution et s'y appliquer solidement.

XXXVI. — Faire dresser des instructions des obligations des officiers des terres, leur en donner une copie à chacun et envoyer de temps en temps des personnes pour savoir leurs déportements.

XXXVII. — S'informer exactement s'il n'y a point de biens ecclésiastiques usurpés par mes prédécesseurs, desquels je jouisse, et, en cas que cela soit, restituer le fonds et les arrérages, dont on a joui induement.

POUR LE CONSEIL PENDANT MON ABSENCE.

Comme je sais qu'ils examinent toutes les affaires en esprit de véritables juges, je n'ai rien à leur recommander là-dessus ; mais seulement je leur marquerai en particulier ce qui suit :

I. — De prendre garde de mesurer toujours les affaires par le droit de la chose et non par mon authorité ou utilité.

II. — Accepter toujours avec facilité les bonnes ouvertures d'accommodements ; et aux affaires douteuses, pencher plutôt pour les autres que pour moi, surtout lorsque ce sont des pauvres.

III. — Châtier sévèrement les mauvaises procédures des officiers de mes terres.

IV. — Accorder des diminutions raisonnables aux fermiers ruinez avec connoissance de cause.

V. — Être très-réservé à accorder des interventions et à permettre aux fermiers de se servir de *Committimus* pour les personnes éloignées et aux affaires de petite conséquence.

VI. — Prendre avec empressement le fait et la cause des oppressés.

VII. — Éviter surtout d'entreprendre sur les droits de l'Église et y donner promptement les mains quand ils sont clairs et même douteux.

VIII. — Ne se point servir de prescriptions contre personne et principalement contre l'Église lorsque le droit est bien établi et qu'il est évident.

IX. — Examiner soigneusement ceux qui se présentent pour les charges, leur probité, vie et mœurs et leur capacité, non-seulement par une simple information, mais aussi par des témoignages assurés ; et en cas de concurrens donner toujours la préférence au mérite sans s'arrester aux recommandations.

X. — Expédier le plus promptement qu'il se pourra ceux qui viennent, et surtout les plus éloignés.

L'on prendra aussi le soin de m'envoyer tous les quinze jours le résultat du conseil.

INSTRUCTIONS POUR LES OFFICIERS DE MES TERRES.

Comme j'ai résolu de donner gratuitement toutes les charges de judicature de mes terres, je désire que mes officiers les exercent avec une si grande exactitude qu'on n'ait rien à censurer ny en leur conduite ny en leurs mœurs, et ils doivent se regarder non-seulement comme des officiers établis pour administrer saintement la justice, sans acception des personnes, mais aussi comme des gens choisis et préposés pour veiller à ce qu'il ne se passe rien dans mes terres qui soit contre la gloire de Dieu et contre les bonnes mœurs. Qu'ils soient enfin persuadés que je charge leurs consciences de toutes les obligations qui sont attachées à la qualité de seigneur particulier d'une terre.

I. — Je leur ordonne, en qualité d'officiers de justice, de garder soigneusement les ordonnances pour la sanctification des dimanches et des fêtes.

II. — De ne souffrir aucunes danses et jeux publics, ny l'entrée des cabarets, pendant les temps du service divin.

III. — De garder aussi avec beaucoup de soin les ordonnances qui ont été faites pour l'abrégement des procès.

IV. — De faire résidence actuelle dans les lieux

où ils sont obligés de rendre la justice, et ne manquer jamais à s'y trouver aux jours ordinaires.

V. — D'informer diligemment des crimes et délits à la charge et à la décharge; d'expédier sommairement les procès criminels préférablement aux autres affaires.

VI. — D'être aussi fort diligents à faire de bons et fidèles inventaires des biens des mineurs et à pourvoir leurs personnes de tuteurs et curateurs qui soient gens de probité connue et notamment solvables.

VII. — D'être toujours enclins à protéger les pauvres et les foibles contre les riches et les puissants.

VIII. — De chastier sévèrement les blasphémateurs suivant les ordonnances.

IX. — De n'avoir aucunes inimitiés et de s'appliquer à réconcilier ceux qui en ont contracté les uns contre les autres.

X. — De prendre garde fort soigneusement que mes gens d'affaires et fermiers n'entreprennent rien au préjudice de l'Église; et s'ils découvrent quelque usurpation qui ait été faite par le passé, sur les droits et biens ecclésiastiques, qu'ils m'en informent aussitôt sans connivence et sans s'en remettre les uns sur les autres.

XI. — De ne prononcer jamais en ma faveur dans les choses douteuses, sans faire savoir premièrement, ou à moi ou à mon conseil, les raisons de leur doute et éclaircir bien nettement la justice des affaires qui seront sous mon nom.

XII. — De prendre soin d'examiner et approfondir les causes des diminutions qui seront prétendues par les fermiers et sous-fermiers de mes terres, afin d'en instruire mon conseil.

XIII. — De donner avis à mondit conseil des réparations nécessaires pour empêcher la ruine des maisons.

XIV. — Ne pas souffrir qu'on se serve de mon nom pour faire préjudice à personne.

XV. — Et en qualité de gens préposés pour veiller surtout ce qui regarde mes obligations particulières, je désire qu'ils prennent soin :

XVI. — De m'informer des choses qu'ils ne pourront faire par eux-mêmes, et qu'ils croiront se pouvoir faire par moi, soit pour éviter le mal, soit pour procurer le bien;

XVII. — De m'advertir si Messieurs les curés et vicaires sont bien fidèles à remplir les obligations de leur ministère;

XVIII. — Si ceux qui administrent mes affaires prennent des pots-de-vin, s'ils ont aucune part et intérêt dans mes fermes, et s'ils font quelque tort ou à moi ou à mes justiciables;

XIX. — S'il y a des querelles et des inimitiés qui ne se puissent pacifier que par mon authorité.

RÈGLEMENTS GÉNÉRAUX QUE JE VEUX ÊTRE OBSERVÉS DANS MA MAISON.

Tous mes domestiques doivent savoir que je ne souffrirai point dans ma maison aucuns jurements, blasphèmes, impiétés, railleries des choses saintes, ni l'impureté.

Je leur défends, sous peine d'être chassés, les mauvais lieux, l'ivrognerie, la comédie, les jeux de cartes et de dez, la lecture des romans et mauvais livres, les querelles tant dedans que dehors la maison, les duels, et d'appuyer ou retirer chez moi quelque malfacteur.

Je veux que tous mes domestiques entendent la messe tous les dimanches et fêtes, sans y manquer, sous quelque prétexte que ce soit; que chacun se confesse et communie à Pâques dans la paroisse et qu'on observe exactement le caresme et les autres jeûnes de l'Église, avec tous les jours auxquels elle commande l'abstinence de viande.

Je les exhorte tous d'employer les saints jours de dimanches et de fêtes à assister aux offices divins de la paroisse, aux sermons, aux catéchismes et aux autres œuvres pieuses et de fréquenter les saints sacrements de pénitence et d'eucharistie.

Tous se trouveront à la messe du matin en la chapelle et à la briève instruction qui s'y fera, comme aussi le soir à la prière et le samedi au catéchisme, et pour cela tous se retireront le soir avant six heures en hiver, à huit en été, et ne sortiront point le matin qu'après la messe dite, hors ceux qui sont obligés d'aller à la halle.

Les suisses fermeront la porte à six heures en hiver et rendront les clefs à mon concierge à dix; lesquelles ils reprendront le matin quand il sera jour, et il en demeurera toujours un à la porte; en été ils la fermeront à huit heures du soir et rendront les clefs à onze. Si aucun découche du logis, à la réserve de ceux qui sont mariés, il sera chassé sans rémission.

Les valets de tous mes gentilshommes et autres domestiques observeront les présents règlements : autrement on ne les souffrira pas.

Que tous mes domestiques sachent que s'ils font des insolences ou des injustices au dehors, ils ne trouveront point de protection, et qu'on fera justice à ceux qui se viendront plaindre.

Les pages, les valets-de-pied, les cochers et les palfreniers, pour lesquels on a dressé des règlements particuliers, les observeront ponctuellement.

Et afin qu'on soit certain que je veux qu'on observe tout ce que dessus, je veux qu'on en lise le règlement en public le premier jour de chaque mois, après la prière du soir.

RÈGLEMENTS POUR LES PAGES.

Ils se lèveront, depuis Pâques jusqu'à la Toussaints, à six heures ; depuis la Toussaints jusqu'à Pâques, à six heures et demie.

Ils s'habilleront avec modestie, diligence et recueillement pour se rendre au plus tôt dans la chapelle, pour y entendre dès le commencement l'instruction qui se fera devant la messe qu'ils entendront avec grande révérence, attention et silence, tant les jours ouvriers que les jours de fêtes, sans qu'aucun y manque, sinon par un légitime empêchement ou congé exprès.

La messe finie, ils iront déjeûner et ensuite ils s'exerceront à faire des armes, et de trois en trois alternativement ils iront à l'académie. Quant au surplus du temps jusqu'au dîner, ils l'employeront à lire ou à étudier aux mathématiques.

Après dîner ils auront deux heures de récréation ; ils s'abstiendront des jeux de cartes, de dez, de la lecture des romans, des paroles injurieuses et déshonnêtes, des querelles et des jurements.

Ils ne sortiront point sans congé ; ils n'iront point aux comédies, bals et cabarets ; ils ne sortiront point pour aller jouer hors du logis et n'iront point aux jeux de paume.

La récréation de l'après-dîner finie, ils s'occuperont à lire, à écrire et aux mathématiques.

Les fêtes solennelles, ils assisteront à la grande

messe et à vespres. Après le souper ils se récréeront jusqu'à la prière qui sera faite et ils seront ordinairement couchés à dix heures.

Je leur défends de sortir du logis pour aller à la ville sans congé de leur gouverneur, et sans être suivis d'un de leurs valets, qui leur sera indiqué par leurdit gouverneur; quand même ils iront voir leur père, parents, etc.

Que si ledit valet est enquis où ledit page a été, et qu'il ne dise pas la vérité, il sera mis dehors sur-le-champ, après que la vérité aura été reconnue et le page châtié.

Il ne leur sera pas permis de manger dehors pour y dîner ou souper, sans congé de leurdit gouverneur.

POUR LES MAÎTRES D'HÔTEL.

Je veux que mes maîtres d'hôtel, aussi bien que les controlleurs de ma maison, assistent aux exercices de piété, comme entendre la sainte messe, les exhortations, les catéchismes; qu'ils assistent aux prières du soir et qu'ils y fassent venir tous les officiers et autres qui sont sous leur charge.

Qu'ils advertissent ceux qui contreviendront à mes ordres que, s'ils n'obéissent, on les mettra dehors en leur faisant payer les gages qui seront dus.

Qu'ils ayent un soin particulier de faire livrer à chacun ce qu'il conviendra, conformément à ce qui est couché sur l'état de ma maison, et que le tout soit bon et recevable, autrement je m'en prendrai à eux quand on s'en plaindra.

Que tous mes officiers sachent que ceux qui sortiront de ma maison pour fautes notables n'auront aucune reconnoissance, mais seulement ce qui leur sera du.

ORDRE QUE MON ESCUYER FERA TENIR A MES VALETS DE PIED.

Il faut que mon escuyer ait l'œil sur eux et soit exact à les châtier lorsqu'ils feront des fautes. Je ne veux pas qu'ils sortent du logis à moins qu'ils n'ayent congé et qu'on ne sache où ils vont.

Ils se retireront pour le plus tard à sept heures et on prendra garde qu'aucun ne découche. On ira tous les soirs dans leurs chambres voir s'ils y sont tous.

Je veux qu'il y en ait toujours deux dans mon antichambre.

S'ils sont filoux, ivrognes, blasphémateurs ou hantant les mauvais lieux, ils seront chassés sans rémission.

On leur ordonnera de suivre mon carrosse, parce qu'ils s'écartent pendant la journée, en sorte qu'il n'y en a jamais auprès de moi que deux ou trois, et mon escuyer chargera le premier d'entre eux de lui rendre compte de ceux qui auront manqué à me suivre.

Il faut leur faire apprendre à lire et à écrire le matin, et leur faire entendre la messe.

Mon escuyer défendra aux Suisses, sur peine d'être chassés sans rémission, d'ouvrir la porte la nuit à qui que ce soit, de quelque condition qu'il puisse être, passé onze heures du soir, à moins que ce ne fût pour des malades ou pour mes affaires, et il ordonnera aussi que pendant le jour il y en ait pour le moins un à la porte.

Et qu'aucun valet de pied ne prenne de volontaire sur peine d'être chassé.

Mon escuyer aura soin aussi de prendre garde qu'ils aillent tous les soirs à la prière, qui se fait dans la chapelle, et à la messe du matin, avant laquelle il ne leur donnera jamais congé de sortir.

Lorsqu'il se fera des instructions dans la chapelle, on les y fera trouver.

Lorsqu'on prendra des valets de pied nouveaux, on leur fera voir ce règlement afin qu'ils n'en prétendent cause d'ignorance.

RÈGLEMENTS POUR LES COCHERS, POSTILLONS ET PALFRENIERS.

On leur fera donner à chacun un formulaire de prières qu'ils feront en leur particulier tous les matins.

Il faut les exhorter à entendre la messe tous les jours, mais il faut avoir soin qu'ils l'entendent sans faillir toutes les fêtes et dimanches, dans la chapelle ou en la paroisse : à quoi mon escuyer prendra garde.

Ils se lèveront du matin pour penser les chevaux, afin qu'ils assistent à la messe, qui se dit tous les matins dans la chapelle, et les soirs à la prière et aux catéchismes lorsqu'on en fera.

On les fera confesser et communier à Pâques.

Qu'on les advertisse aussi de se retirer tous les soirs à six heures en hiver et à huit en été dans le logis et de ne jamais découcher hors ceux qui sont mariés.

Qu'ils sachent que s'ils hantent de mauvais lieux, qu'ils soient ivrognes et qu'ils jurent, on les chassera sans rémission.

Je veux que le controlleur de l'écurie prenne garde s'ils observent les règlements, et en cas de contravention qu'il en donne advis à mon écuyer. On prendra soin de faire instruire en particulier ceux qui ne sauront pas suffisamment les devoirs du chrétien et l'on tâchera de les disposer à communier aux bonnes fêtes.

Mon écuyer prendra soin de les occuper pendant le jour à quelque travail, pour leur faire éviter l'oisiveté.

VII.

LOUIS-ARMAND DE BOURBON

PRINCE DE CONTI

(1661 — 1685).

Louis-Armand, né le 4 avril 1661, eut une assez triste et assez inutile existence. Nous avons dit que la princesse de Conti en mourant confia l'éducation de ses deux fils à la duchesse de Longueville qui choisit le savant Père Lancelot pour leur servir de précepteur. Nous avons peu de détails sur leur enfance à l'un et à l'autre : Mme de Sévigné nous parle du violent chagrin que leur causa la mort de leur mère qui paraît s'être beaucoup occupée d'eux. La première fois que les mémoires contemporains prononcent leurs noms, c'est pour mentionner qu'en 1672 ils refusèrent de déférer aux vœux de la famille Séguier en conduisant le deuil du chancelier, honneur qu'elle réclamait, à l'exemple de ce qui s'était passé pour les obsèques des chanceliers de Birague et de Bellièvre. Mais le prince de Condé, auquel on s'était d'abord adressé, se déclara malade; le duc de Bourbon répondit que cela était bon « pour le temps passé, et que les seigneurs de ce siècle-ci sont plus grands seigneurs qu'ils n'étoient ». Les princes de Conti se retranchèrent derrière l'impossibilité de faire ce que M. le Duc refusait [1].

Armand de Bourbon eut de bonne heure une excellente situation à la cour. Beau cavalier, aimant le plaisir et les aventures, il avait l'esprit vif, la réplique prompte, et Mme de Sévigné enregistre avec plaisir quelques-uns de ses mots. Un jour le Dauphin lui parlait d'un petit chariot traîné par des puces qu'on montrait dans les salons de Paris, et il lui demanda qui avait pu fabriquer les harnais. — « Quelque araignée du voisinage, » répondit le prince. Un autre jour, à propos d'un bal qui devait avoir lieu à la cour vers le temps de son mariage avec Mlle de Blois : « Ah! si vous entrez, dit-il à Guilleragues qui voulait y aller, ce bal deviendra une comédie et peut-être même une farce. » — A M. de Marsan, mal habillé à son gré et passablement difforme dans sa très-petite taille : « Ah! que vous soutenez mal l'honneur des mirmidons! » — Enfin au petit duc de Roquelaure, qui se vantait beaucoup de l'habit neuf qu'il étrennerait à cette fête : « Ayez un nez, je vous en prie, » et Mme de Sévigné ajouta : « Il ne dit rien qui ne soit à écrire [2] ! »

[1] Mme de Sévigné, 23 mars 1672.
[2] Lettre du 26 janvier 1674.

LE PRINCE DE CONTI.

Le prince s'éprit fortement de Mlle de Blois, fille de Louis XIV et de Mlle de la Vallière, et on devine quelle faveur il conquit auprès du roi en se montrant disposé à épouser une de ses légitimées. Nous ne parlerons pas particulièrement d'elle ici, nous réservant d'étudier sa vie dans un travail spécial. Mais nous constaterons que, se modelant sur l'attitude du grand roi, la cour montra une bruyante satisfaction à la déclaration du mariage. « Ils s'aiment comme dans les romans ; le roi s'est fait un grand jeu de leur inclination ; il parla tendrement à sa fille, et qu'il l'aimoit si fort qu'il n'avoit pas voulu l'éloigner de lui : la petite fut si attendrie et si aise qu'elle pleura, et le roi lui dit qu'il voyoit bien qu'elle avoit de l'aversion pour le prince de Conti ; elle redoubla ses pleurs ; son petit cœur ne pouvoit contenir tant de joie. Pour M. le prince de Conti, il étoit transporté : il ne savoit ni ce qu'il disoit ni ce qu'il faisoit ; il passoit par-dessus tous les gens qu'il trouvoit en son chemin pour aller trouver Mlle de Blois [1]. » Mme de Colbert, gouvernante de la jeune princesse, voulait vainement s'opposer aux visites du soir : « Le prince força les portes et se jeta à ses pieds, et lui baisa la main ; elle sans autre façon l'embrassa et la revoilà encore à pleurer. Cette bonne petite princesse est si tendre et si jolie qu'on la voudroit manger [2]. » Le roi s'amusait de cette ardente passion : excessive-

---

[1] Mme de Sévigné, 27 décembre 1679.
[2] Lettre du 5 janvier 1680.

ment satisfait lui-même de cette alliance, il cherchait à alarmer le prince, « à lui donner des transes, » en lui faisant dire que les articles du contrat demandaient à être étudiés, qu'il faudrait peut-être retarder le mariage d'un an : « là-dessus le prince tombe comme évanoui, la princesse l'assure qu'elle n'aura jamais d'autre mari. Cette fin s'écarte un peu dans le roman, mais, dans la vérité, il n'y en eut jamais de si joli. »

Le prince de Conti avait hérité des idées religieuses de ses parents ; il voyait beaucoup Mlle de la Vallière retirée chez les Carmélites : « Elle est son directeur, dit Mme de Sévigné ; il est dévot et le sera comme son père ! » Et, depuis son mariage décidé, il venait sans cesse au couvent où la marquise le trouva un jour.

Les fiançailles furent célébrées le 15 janvier 1680 « en grande cérémonie » ; le mariage eu lieu le lendemain « à la face du soleil dans la chapelle de Saint-Germain. Un grand festin comme la veille ; l'apèrs-dîner une comédie, et le soir coucher et leurs chemises données par le roi et par la reine[1] ». Le cardinal de Bouillon bénit le lit. Le prince montra un grand luxe : « Ses habits étoient inestimables ; c'étoit une broderie de diamants fort gros qui suivoit les compartiments d'un velouté noir sur un fond de couleur de paille. Son manteau étoit doublé

---

[1] Lettre du 17 janvier 1680. « Le roi embrassa tendrement la princesse quand elle fut au lit et la pria de ne rien contester à M. le prince de Conti, et d'être bonne et obéissante : nous croyons qu'elle l'a été. »

d'un satin noir piqué de diamants comme de la moucheture. La princesse étoit romanesquement belle, et parée et contente[1]. » Mᵐᵉ de Sévigné ne tarit pas sur la joie du roi : « Il caresse et traite si tendrement Mᵐᵉ la princesse de Conti que cela fait plaisir; quand elle entre, il la baise et l'embrasse, et cause avec elle ; il ne contraint plus l'inclination qu'il a pour elle ; c'est sa vraie fille : il ne l'appelle plus autrement. » Du reste il avait fait royalement la chose : 50 000 écus pour les frais de noces ; 100 000 livres pour les habits de la mariée ; 50 000 écus au prince avec 25 000 écus de pension ; un million de dot, plus 100 000 livres de pension, le duché de Vaujours et beaucoup de pierreries[2]. La conduite des nouveaux époux leur conquit les sympathies de toute la cour : le caractère de la princesse paraissait charmant, et le prince était d'une générosité inouïe : « Il jette l'argent héroïquement, a des bontés de Henri IV, des procédés de Bayard et des justices de Sully[3]. »

Ces beaux commencements cependant durèrent à peine quelques semaines. La princesse ne tarda pas à se montrer sous un jour très-différent, et, dès le mois de juillet, Mᵐᵉ de Sévigné mande à sa fille qu'elle « est méchante comme une petite harpie pour son mari », qui partait à ce moment pour l'armée de Flandre. La marquise lui consacre dans une lettre

---

[1] Lettre du 2 février 1680.
[2] *Gazette de France*, année 1680, pages 33-36.
[3] Lettre de Mᵐᵉ de Sévigné, 24 juin 1680.

de cette période un passage passablement fâcheux, quoique fort mystérieux : « Pour le prince, c'est une chose étrange que les mauvais bruits qui courent de lui : cela commence à l'embarrasser. Ce jeune prince de la Roche-sur-Yon le désole : l'autre jour, Mme la princesse de Conti dansoit, il dit tout haut : Vraiment, voilà une fille qui danse bien. — Cette folie toute simple et toute brusque fit rougir ce pauvre frère aîné et le défit à plate couture[1]. » Et plus tard : « Que dites-vous de ce mariage, sur qui toutes les fées avoient soufflé[2]? »

Nous n'entendons plus parler des jeunes époux pendant quelque temps. La princesse s'était liée très-intimement avec la Dauphine et s'amusait beaucoup à la cour. Sa coquetterie se donnait libre cours, et il paraît qu'elle ne cachait pas une sympathie vive pour son beau-frère. Un beau jour le chevalier de Lorraine, dont la réputation n'était pas de nature à compromettre une femme, mais dont la malignité était très-connue, s'avisa de s'exprimer publiquement de la manière la plus fâcheuse sur cette intimité; les propos parvinrent au prince de Conti qui, en présence de leur persistance, ne put faire la sourde oreille. Un beau jour il aborda le chevalier dans le jardin de Versailles, et lui dit « qu'il vouloit lui faire l'honneur de se battre avec lui parce qu'il l'avoit offensé par ses discours ». Le chevalier le remercia « de cet honneur », mais pré-

---

[1] Lettre du 22 mars 1680.
[2] Du 7 juillet 1680.

tendit se justifier. Le prince ne voulut rien entendre : il choisit pour second le comte de Soissons, tandis qu'il désignait M. de Marsan pour son adversaire, et le rendez-vous fut fixé. Mais le chevalier, dont le courage était au-dessus du soupçon, prit peur des suites d'un tel duel, et il s'empressa d'aller conter l'affaire à Monsieur qui courut en informer le roi. « Vous pouvez penser tout ce qu'il dit à son gendre ; il lui parla pendant deux heures avec plus de gaieté que de colère, mais d'un air de maître qui a dû causer de grands repentirs[1]. » L'affaire n'eut pas de suite, mais elle indisposa vivement le prince, et presque immédiatement un autre froissement vint mettre le comble à son irritation.

Le 24 mai 1682 mourut le comte de Verneuil qui avait reçu, après le premier prince de Conti, le gouvernement du Languedoc. Le jeune prince s'empressa de le demander, et sa femme insista de toutes ses forces auprès de son père ; mais Louis XIV n'écouta rien et en disposa sur l'heure en faveur du duc du Maine. Les deux époux en furent profondément irrités et le montrèrent hautement. A ce moment le prince de Conti avait notablement perdu dans l'esprit du roi. Il hantait ostensiblement des gens qui ne lui plaisaient pas : il dépensait avec une véritable prodigalité, empruntant à tort et à travers sans savoir comment il pourrait se libérer. Puis il avait complétement abandonné ses idées et ses ha-

---

[1] Lettre du 28 juillet 1682.

bitudes de dévotion. « Il avoit planté là tout d'un coup ses amis, dit Mademoiselle qui nous apprend tous ces détails, qui étoient peu réglés en la religion, pour être toujours avec des débauchés, et se piquoit de l'être ». Mademoiselle ajoute : « Il étoit beau et bien fait, mais on voyoit bien à sa taille qu'il étoit fils d'un bossu. Il avoit beaucoup d'esprit, mais un esprit savant, contraint, distrait, qui convenoit mieux à la dévotion qu'à la galanterie. » Cette attitude indisposa le roi, et l'affaire du duel acheva de le mécontenter tout à fait. Ne comptant pas sur l'exacte exécution de ses ordres, Louis XIV prit le parti de faire suivre par un exempt le prince afin de prévenir toute possibilité d'un nouveau duel.

Le séjour de la cour devint insupportable au prince de Conti. Il venait cependant de faire bravement ses preuves au siége de Luxembourg, et Mademoiselle dit « qu'il fit des merveilles à la tête de ses régiments. Il préféroit s'éloigner, et la pensée d'aller guerroyer en Hongrie le tenta ». Il partit un beau jour sans prévenir personne; mais le comte de Soissons, auquel il s'en était ouvert, le dénonça au roi qui fit courir après lui, et on le rejoignit en Lorraine « étant au jeu à table, je ne sais chez qui c'étoit, raconte Mademoiselle; il dit que ceux qui l'avoient décelé étaient des coquins et des malhonnêtes gens. M. le comte de Soissons y étoit. Comme il fut un peu embarrassé et qu'on disoit dans le monde que c'étoit lui qui avoit donné cet avis au roi, ceux qui étoient là rompirent la conversation et on accommoda l'affaire ». Le prince se décida alors à demander au roi la permission d'aller servir en Pologne avec son frère qu'il ne se souciait probablement pas de laisser sans lui en France. Louis XIV consentit à accorder la même permission au prince de Turenne, fils aîné du duc de Bouillon (mars 1685). Les trois princes s'empressèrent de partir, de peur de voir le roi revenir sur sa décision, et ils négligèrent de prendre congé de leur souverain (22 mars). Ils écrivirent bien des lettres d'excuses, mais Louis XIV les brûla devant la princesse de Conti qui les lui remit. La pensée de ces jeunes aventuriers n'était nullement de se rendre en Pologne, mais bien de se battre en Hongrie. Le prince de Condé leur dépêcha un courrier pour les presser de n'en rien faire en leur faisant connaître l'irritation du roi. Rien n'y fit : ils suivirent l'électeur de Bavière[1]. A Paris, beaucoup de gens les blâmèrent : « Vous conservez une approbation romanesque pour les princes de Conti, écrit Mme de Sévigné à sa fille le 19 juin 1685; pour moi, qui ne l'ai plus, je les blâme de quitter un tel beau-père, de ne pas se fier à lui pour faire cesser la guerre. Eh! mon Dieu! ils n'ont qu'à prendre patience et jouir de la belle place où Dieu les a mis : personne ne doute de leur courage ; à quel propos faire les aventuriers et les chevaux échappés? »

---

[1] Voir Dangeau, 20-37 mars, 14 avril, 2 mai 1685.

Mais le prince de Conti ne s'en tenait pas à faire bravement la guerre : il intriguait bel et bien, d'accord avec le cardinal de Bouillon qui était particulièrement désagréable au roi. Mme de Maintenon explique clairement le nœud de cette affaire dans une lettre du 27 septembre 1685, annonçant à son frère l'exil du prélat. Le roi avait appris que le prince de Conti envoyait de fréquents courriers à Paris : il voulut en savoir le motif et fit arrêter l'un d'eux, le page Merez, à Strasbourg. « On a pris toutes les lettres et l'on en a trouvé plusieurs pleines de ce vice abominable qui règne maintenant, de très-grandes impiétés et des sentiments pour le roi très-contraires à ceux que tout le monde lui doit, et bien éloignés de ceux que devroient avoir les enfants de gens comblés par lui de biens et d'honneurs ». Dangeau n'est pas moins explicite [1], et La Fare nous apprend que Mme de Maintenon était particulièrement maltraitée dans ces lettres qui compromettaient quelques-uns des principaux parmi les jeunes seigneurs de la cour. Ceux-ci cependant payèrent pour les deux princes auxquels Louis XIV n'osa trop s'en prendre : MM. de la Roche-Guyon et d'Alincourt furent exilés ; M. de Liancourt fut incarcéré à l'île de Ré. Les deux princes continuèrent leur campagne et se distinguèrent avec un véritable éclat à la bataille de Gran et au siége de Neuhausen (août 1685), puis ils

---

[1] Tome I, p. 202.

reprirent la route de France, où Mademoiselle nous dit « qu'ils ne furent pas trop bien reçus », ce que nous n'avons pas de peine à croire[1].

La cour s'installa alors à Fontainebleau. La princesse de Conti y tomba presque aussitôt malade, et la petite vérole se déclara. Elle fut promptement à toute extrémité et demanda alors instamment à voir son père, en lui faisant dire « qu'elle mourroit contente, pourvu qu'il lui pardonnât. Il lui dit qu'il lui pardonnoit avec beaucoup de tendresse[2]. » Elle guérit cependant; le prince, dès le premier jour, s'enferma auprès d'elle pour la soigner, et il gagna sa maladie. On n'était pas inquiet, l'éruption suivant un cours normal, quand tout à coup le cerveau se prit, la connaissance disparut, et le prince mourut sans même pouvoir recevoir l'extrême-onction, le 5 novembre 1685. « Quelle mort que celle de M. le prince de Conti, écrit Mme de Sévigné[3]! Après avoir essuyé tous les périls infinis de la guerre de Hongrie, il vient mourir ici d'un mal qu'il n'a quasi pas! Il est fils d'un saint et d'une sainte, il est sage naturellement, et, par une suite de pensées emmanchées à gauche, il joue le fou et le débauché, et meurt sans confession et sans avoir un seul moment, non-seulement pour Dieu, mais pour lui, car il n'a

---

[1] Dangeau nous apprend qu'ils rencontrèrent le 4 septembre le roi à Chartres, « se jetèrent à ses pieds et lui demandèrent pardon de lui avoir déplu. »

[2] Mademoiselle.

[3] Lettre du 24 novembre.

pas eu la moindre connoissance. » La princesse montra une grande douleur[1]. Restée veuve sans enfants, le roi lui conserva 100 000 écus de rente. On sait qu'elle vécut jusqu'en mai 1739.

[1] A propos de cette mort, La Bruyère a écrit dans ses *Caractères*, chap. XI, n° 64 : « Nous faisons par vanité ou par bienséance les mêmes choses et avec les mêmes dehors que nous le ferions par inclination ou par devoir. Tel vient de mourir à Paris de la fièvre qu'il a gagnée à veiller sa femme qu'il n'aimoit point. » Le jugement nous semble sévère.

VIII.

FERDINAND-LOUIS DE BOURBON, PRINCE DE LA ROCHE-SUR-YON

PUIS

PRINCE DE CONTI

(1664-1709).

François-Louis de Bourbon naquit le 30 avril 1664, et fut d'abord titré comte de la Marche, puis de Clermont, puis prince de la Roche-sur-Yon, par la gracieuseté de Mademoiselle : « Son père, n'ayant pas de nom à lui donner, me demanda la permission de lui faire porter celui-là dont j'ai la terre et qu'un cadet de la maison de Montpensier avoit porté. » Nous avons vu qu'il avait suivi son frère intimement tant que celui-ci avait vécu, trop intimement même peut-être, puisque son attitude envers sa belle-sœur provoqua à la cour de fâcheux bruits, qui ne paraissent pas cependant avoir eu de fondement sérieux. Enveloppé dans la disgrâce de son frère, il ressentit un violent chagrin de sa mort et vécut pendant quelque temps après dans une retraite absolue, sans que le roi voulût d'abord se départir de la rigueur que sa conduite lui avait méritée. Au bout d'un an cependant Louis XIV se décida à se montrer clément : « Le prince de Conti est enfin revenu à la cour, écrit Mme de Sévigné le 25 avril 1686. Il est ce soir à Versailles, et le roi, comme un véritable père, l'a fait revenir auprès de lui après l'avoir exilé quelque temps pour lui donner le loisir de faire des réflexions. Il les a faites sans doute, et la cour sera bien parée et bien brillante de son retour. » Il fut immédiatement compris dans la promotion des chevaliers des Ordres qui eut lieu pour la Pentecôte suivante. Restait encore à obtenir du roi qu'on songeât à l'employer activement. Le prince de Condé, quelques jours avant sa mort, le demanda comme une dernière grâce au roi qui, naturellement, ne sut ni ne put le lui refuser[1]. Le prince de Conti avoit passé tout le temps de son exil à Chantilly, « faisant un usage admirable de tout l'esprit et de toute la capacité de M. le Prince, puisant à la source de tout ce qu'il y avoit de bon à apprendre sur un grand maître dont il étoit chèrement aimé[2] ».

Cette mort causa une vive douleur à son neveu, qui comprenait quelle perte immense il faisait ; aussi Mme de Sévigné, en parlant de sa rentrée définitive en grâce, dit-elle très-justement, que « jamais une joie n'a été noyée de tant de larmes ». Il resserra encore le lien qui l'unissait aux Condé

---

[1] Le prince mourut le 11 décembre 1686.
[2] Mme de Sévigné, 13 décembre 1686.

en épousant, le 25 juin 1688, Mlle de Bourbon, sœur de la duchesse du Maine, ce qui ne l'empêchait point, quelques semaines après, de partir pour l'armée et de se conduire avec une grande bravoure; au siége de Philipsbourg, notamment, il s'exposa dans la tranchée avec une ardeur que Mme de Sévigné trouve exagérée[1]. Depuis ce moment nous voyons le prince constamment à l'armée et s'y comporter toujours avec une réelle distinction. Il eut une large part à la victoire de Nerwinden (27 juillet 1691), où il commandait les gardes françaises et suisses. L'attaque de ce village avait d'abord échoué, et le marquis de Montchevreuil ayant été tué à la tête de sa division, le trouble se mit dans nos troupes; le prince marcha bravement avec ses gardes et enleva Nerwinden avec un admirable élan et au prix de pertes sérieuses : lui-même reçut une balle morte au côté et sur la tête un coup de sabre que le fer de son chapeau para. Après ce premier succès il emmena quelques escadrons et acheva de balayer l'ennemi.

Chaque année depuis, le prince prit part à la campagne de Flandre; mais bientôt des événements se produisirent qui faillirent le faire monter sur un trône. En 1696, l'électeur Frédéric-Auguste de Saxe, roi de Pologne, mourut et le roi conçut la pensée de faire élever le prince de Conti à sa place. L'abbé de Polignac, ambassadeur à Varsovie,

[1] Lettre du 25 octobre 1588. « M. le duc et M. le prince de Conti ont aussi fort bien et trop bien fait. »

lui présenta les choses sous un jour assez favorable, et Louis XIV embrassa avec empressement un projet qui, en même temps qu'il devait servir à la grandeur de la maison de Bourbon, l'aurait décemment débarrassé d'un prince dont la popularité dans l'armée commençait à lui déplaire. Cinq autres candidats briguaient en même temps les suffrages des diètes : l'électeur palatin, les électeurs de Saxe, de Bavière, le duc de Lorraine et le prince Louis de Bade. Le prince de Conti semblait en effet pouvoir avoir des chances : il s'était fait brillamment connaître dans la guerre de Hongrie ; il était neveu du plus grand capitaine du siècle, cousin du comte de Saint-Paul, qui avait réuni la grande majorité des suffrages pour cette même couronne quand il fut tué au passage du Rhin. Polignac y apportait tous ses soins, espérant obtenir par ce succès le chapeau de cardinal. Louis XIV poussa vivement les choses, stimula le zèle du prince, lui promit un concours actif : celui-ci entra résolûment dans cette voie et commença par vendre *à réméré* pour 600,000 livres de terres de la succession du duc de Longueville, que le Parlement venait précisément de lui adjuger contre la duchesse de Nemours, et il envoya immédiatement cette somme à notre ambassadeur. Dans cette circonstance cependant il agissait plus par contrainte que par entraînement. Saint-Simon, qui nous a fait connaître les causes du désir du roi, nous révèle aussi les motifs des hésitations du prince. « Il alloit jusqu'à craindre le succès. Il étoit prince du sang, et, quoique mal voulu du roi, il jouissoit de l'estime et de l'affection publiques. Il profitoit encore de la compassion de sa situation délaissée et de son espèce de disgrâce, du parallèle qu'on faisoit entre lui si nu et M. du Maine si comblé, de la préférence sur lui de M. de Vendôme pour le commandement de l'armée et de l'indignation qui en naissoit. Élevé avec Monseigneur, extrêmement lié avec lui et dans toute sa privance, il comptoit sur le dédommagement le plus flatteur et le plus durable sous son règne. » Enfin il étoit surtout passionnément épris de Mme la duchesse de Bourbon[1] : « Quoique M. le Duc fût fort étrange et extrêmement jaloux, M. le prince de Conti ne laissoit pas d'être parfaitement heureux. » Aussi apportait-il aux négociations une visible lenteur, une prudence exagérée, et chacun devinait aisément sa profonde répugnance à un avenir brillant assurément, mais qui devait l'expatrier. Cependant les choses marchaient en Pologne à l'encontre de son véritable désir. Le roi déployait une grande volonté, et son envoyé spécial, l'abbé de Châteauneuf, le secondait habilement. L'électeur de Saxe était demeuré seul candidat en face du prince. De part et d'autre on déployait une prodigieuse activité et on jetait l'argent à pleines mains. L'élection eut lieu le 27 juin 1697, et le soir même les deux partis

[1] Mademoiselle de Nantes, légitimée de Louis XIV, mariée le 24 juillet 1685.

élurent chacun leur candidat. Mais le chef du parti français, le cardinal-primat Radziewski, fut plus habile et plus prompt ; il gagna rapidement Varsovie et fit ratifier la proclamation du prince de Conti selon la loi en usage. Le secrétaire de l'abbé de Polignac arriva le 11 juillet à Marly : le prince apprit la nouvelle en revenant de la chasse et fut mandé dans le cabinet du roi qui le voulut aussitôt traiter en souverain. « Mais le prince le supplia d'attendre que cette élection fût plus certaine et hors de toute crainte de revers pour n'être point embarrassé de lui si, hors de toute espérance, il arrivoit quelque révolution en faveur de l'électeur de Saxe. » Le roi y consentit, mais ne voulut pas cependant tenir la nouvelle secrète : sortant donc de la chambre de Mme de Maintenon pour entrer dans le grand cabinet rempli de courtisans, il leur dit en montrant son cousin : « Je vous amène un roi ! » Le prince « fut étouffé de compliments ». Peu de temps après, on apprit que l'électeur résistait et rassemblait des troupes. Louis XIV décida alors que le nouveau roi devait immédiatement partir, et il fallut bien obéir, mais ce ne fut pas sans regret, car Saint-Simon nous dit que le 1er septembre le prince sortit le matin du cabinet du roi « les larmes aux yeux ». Il venait encore de le prier de ne pas traiter sa femme en reine tant que tout ne serait pas complétement fini. Louis XIV lui remit 2,000,000 livres en traites, 400,000 en or et 100,000 pour ses équipages. Le 3, le prince s'embarqua à Dunkerque sur une escadre que Jean Bart fit bravement passer sans coup férir à travers la flotte ennemie qui croisait devant le port.

Le roi se sentit véritablement délivré par le départ d'un prince auquel il n'avait point pardonné le voyage de Hongrie et dont la valeur militaire, nous l'avons dit, lui portait ombrage. Il ne pouvait même cacher assez sa satisfaction, facile heureusement à expliquer pour la cour par la gloire de voir un membre de sa maison régner sur un grand peuple. La princesse de Conti parut ravie de ce qui arrivait à un mari qu'elle aimait. Le prince de Condé était également flatté de ce qui élevait si prodigieusement son gendre, et le duc de Bourbon « nageoit entre la rage de la jalousie » et la satisfaction de se voir à l'abri de ses inquiétudes conjugales. Quant à sa femme, elle était condamnée à une cruelle contrainte. « Elle aimoit, elle étoit aimée, elle ne pouvoit douter qu'elle ne le fût plus que l'éclat d'une couronne. Il falloit prendre part à une gloire si proche, à la joie du roi, à celle de sa famille qui l'observoit dans tous les moments, qui voyoit clair, mais qui ne put mordre sur les bienséances. »

L'escadre arriva sans encombre le 17 décembre à Copenhague et le 25 à Dantzick, où l'abbé de Châteauneuf attendait le prince et lui apprit les préparatifs de l'électeur pour soutenir la lutte. Les bourgeois de la ville, dévoués à la Saxe, reçurent si mal le nouveau roi qu'ils refusèrent des vivres aux vaisseaux. Une ambassade polonaise arriva sur ces entrefaites, mais, sans montrer d'empressement, ses membres vinrent saluer le prince sur la frégate qu'il n'avait pas encore quittée, et, avant de mettre pied à terre, il put se convaincre des difficultés considérables, sinon insurmontables, en présence desquelles il allait se trouver et dont la plus grave était l'impossiblité de répondre aux prodigieuses promesses d'argent faites par l'abbé de Polignac : on en évaluait le total à 10,000,000 de livres. Faute même de répondre immédiatement aux plus pressés, le prince Sapieha refusa d'amener l'armée de Lithuanie, comme il en avait pris l'engagement. Le prince qui, nous le savons du reste, ne souhaitait nullement cette couronne, devina l'issue de l'affaire dans laquelle il était embarqué, et, avant de quitter son navire, il n'eut qu'une pensée, celle de trouver un moyen d'opérer une retraite honorable. Il en informa sans tarder Louis XIV, lui représentant son humiliante situation, « accueilli de personne, dit Saint-Simon, aboyé de tous et n'osant mettre pied à terre dans un parage hostile ». Le roi était probablement renseigné de même d'autre part, car il approuva le parti que prenait le prince et parut se consoler facilement. « Il loua tout haut les raisons du prince et envoya Torcy faire compliment de sa part à Mme la princesse de Conti sur sa douleur de ce qu'elle ne seroit point reine et sur le plaisir de revoir bientôt M. le prince de Conti. » Il rappela aussitôt les abbés de Polignac et de Châteauneuf, en apprenant que son cousin avait failli être enlevé; le bruit avait couru qu'il allait descendre à l'abbaye d'Oliva, et trois régiments de cavalerie saxonne vinrent en effet se cacher dans les environs pour s'emparer de sa personne; le prince bien avisé ne quitta pas le bord, et Jean Bart remit à la voile le 6 novembre, se vengeant sur sa route en prenant cinq navires de Dantzick. On échoua en vue de Copenhague, où il fallut passer une semaine incognito, mais du moins où le roi fit une bonne réception. Le 12 décembre, le prince de Conti arriva à Paris « où il se trouva plus à son gré qu'il n'eût fait roi à Varsovie. Le lendemain, il salua le roi qui le reçut à merveille, au fond bien fâché de le revoir. Quant à lui, qui n'avoit pu cacher sa douleur à son départ, il ne put empêcher à son retour qu'on ne démêlât son contentement extrême[1] ».

L'abbé de Polignac paya cher son imprudente illusion : il s'échappa d'abord à grand'peine de Pologne, vit tous ses équipages pillés à Dantzick, et en arrivant fut, avec de rudes paroles, exilé dans son abbaye de Pont-de-l'Arche, sur la demande formelle du prince.

L'année suivante ne fut pas plus heureuse pour M. de Conti. Il gagna au parlement et en dernier ressort son grand procès contre la duchesse de Nemours, et en tira la prétention de revendiquer également la possession, au moins viagère, de la

[1] Saint-Simon.

principauté de Neufchâtel, qui appartenait à sa cousine : le roi s'étant désintéressé dans cette question, les deux adversaires se rendirent en même temps dans la capitale qu'ils se disputaient ; mais, tandis que la duchesse y était reçue avec les plus grands honneurs et une sympathie universelle, le prince y était dans une situation vraiment fâcheuse pour un membre de la maison de France, et Louis XIV, le sentant et redoutant même des manifestations hostiles de quelques-uns des cantons voisins, signifia un ordre de retour auquel il fallut obéir. « L'acquisition de Neufchâtel ne l'éloignoit pas de France pour toujours comme la couronne de Pologne, aussi en eut-il plus d'envie et le roi infiniment moins [1]. »

Quand la duchesse de Nemours mourut, au commencement de l'année 1707, le prince de Conti reprit espoir et se rendit immédiatement à Pontarlier, mais il fut encore plus mal traité et les bourgeois de Neuchâtel se donnèrent à l'électeur de Brandebourg : le roi dut s'incliner pour ne pas entamer une lutte dont il n'avait nulle envie et qui, vu l'humeur des cantons suisses, pouvait prendre les plus fâcheuses proportions.

Pendant toutes ces années le prince de Conti avait été tenu éloigné des armées. Tout d'un coup un appui lui vint d'une main de laquelle il ne devait certainement pas l'attendre. Mme de Mainte-

---

[1] Saint-Simon.

non, jalouse du crédit pris par Vendôme, chercha à le faire rappeler, en 1708, en lui substituant le prince de Conti, qui avait toujours soutenu le duc de Bourgogne en Flandre, où ce prince était en butte à de criantes injustices. Mais en même temps les princes ligués en Italie le demandaient pour couper court aux disputes de préséance qui surgissaient à chaque instant entre des chefs militaires égaux. Le roi hésitait ; le duc du Maine redoutait le succès du prince de Conti, mais il semblait que ses intrigues dussent échouer en présence de l'influence de la toute-puissante marquise, qui reçut le prince chez elle « audience qui fit beaucoup parler ». Et en effet, huit jours après, le maréchal de Tessé était envoyé en Italie en qualité de plénipotentiaire et de général en chef « en attendant le prince de Conti promis, mais non encore déclaré [1] ». Chamillart cependant sentit que le prince serait plus utile en Flandre et il décida le roi à le nommer au commandement en chef de cette armée : la maladie vint rompre ce retour de fortune : une hydropisie se déclara, après de violentes attaques de goutte qui avaient réduit le prince à ne plus pouvoir prendre que du lait. Il mourut presque subitement, le jeudi 21 février 1709, à peine âgé de quarante-cinq ans, et Saint-Simon n'hésite pas à attribuer sa fin à l'ignorance du médecin qui le traitait et à l'obstination incroyable avec laquelle

[1] Saint-Simon.

on lui refusa la permission de faire venir un docteur français réfugié en Suisse, dans lequel il avait la plus grande confiance.

Saint-Simon a laissé un portrait des plus flatteurs de ce prince : « Sa figure avoit été charmante. Jusqu'aux défauts de son corps et de son esprit avoient des grâces infinies. Des épaules trop hautes, la tête un peu penchée de côté, un rire qui eût tenu du braire dans un autre, enfin une distraction étrange. Galant avec toutes les femmes, amoureux de plusieurs, bien traité de beaucoup, il étoit encore coquet avec tous les hommes.

« Il prenoit à tâche de plaire au cordonnier, au laquais, au porteur de chaise, comme au ministre d'État, au grand seigneur, au général d'armée, et si naturellement que le succès étoit certain. Il fut aussi les constantes délices du monde, de la cour, des armées, la divinité du peuple, l'idole des soldats, le héros des officiers, l'espérance de ce qu'il y avoit de plus distingué, l'amour du parlement, l'ami avec discernement des savants, et souvent l'admiration de la Sorbonne, des jurisconsultes, des astronomes et des mathématiciens les plus profonds. C'étoit un très-bel esprit, lumineux, juste, exact, vaste, étendu, d'une lecture infinie, qui n'oublioit rien, qui connoissoit les généalogies, leurs chimères et leurs réalités, qui savoit où il avoit appris chaque chose et chaque fait, qui en discernoit les sources, et qui retenoit et jugeoit de même tout ce que la conversation lui avoit appris, sans confusion, sans mélange, sans méprise, avec une singulière netteté.

« Chez lui l'utile et le futile, l'agréable et le savant, tout étoit distinct et en sa place. Il avoit des amis ; il savoit les choisir, les cultiver, les visiter, vivre avec eux, se mettre à leur niveau sans hauteur et sans bassesse. Il avoit aussi des amies indépendamment d'amour. Il en fut accusé de plus d'une sorte, et c'étoit un de ses prétendus rapports avec César.

« Doux jusqu'à la complaisance dans le commerce, extrêmement poli, mais d'une politesse distinguée selon le rang, l'âge, le mérite, et mesuré avec tous. Il ne déroboit rien à personne. Il rendoit tout ce que les princes du sang doivent rendre, et qu'ils ne rendent plus ; il s'en expliquoit même et sur leurs usurpations et sur l'histoire des usages et de leurs altérations. L'histoire des livres et des conversations lui fournissoit de quoi placer, avec un art imperceptible, ce qu'il pouvoit de plus obligeant sur la naissance, les emplois, les actions. Son esprit étoit naturel, brillant, vif ; ses reparties promptes, plaisantes, jamais blessantes : le gracieux répandu partout sans affectation ; avec toute la futilité du monde, de la cour, des femmes, et leur langage avec elles, l'esprit solide et infiniment sensé ; il en donnoit à tout le monde, il se mettoit sans cesse et merveilleusement à la portée et au niveau de tous, et parloit le langage de chacun avec une facilité non pareille. Tout en lui prenoit un air aisé. Il avoit la valeur des héros, leur maintien à la guerre, leur simplicité partout, qui toutefois cachoit beaucoup d'art. Les marques de leur talent pourroient passer pour le dernier coup de pinceau de son portrait, mais comme tous les hommes il avoit sa contre-partie.

« Cet homme si aimable, si charmant, si délicieux, n'aimoit rien. Il avoit et vouloit des amis, comme on veut et comme on a des meubles. Encore qu'il se respectât, il étoit bon courtisan, il ménageoit tout et montroit trop combien il sentoit ses besoins en tout genre de choses et d'hommes : avare, avide de biens, ardent, injuste. Le contraste de ses voyages en Pologne et de Neufchâtel ne lui fit pas d'honneur. Son procès contre Mme de Nemours, et ses manières de le suivre, ne lui en firent pas davantage, bien moins encore sa basse complaisance pour la personne et le rang des bâtards qu'il ne pouvoit souffrir, et pour tous ceux dont il pouvoit avoir besoin, toutefois avec plus de réserve, sans comparaison, que M. le Prince.

« Le roi étoit vraiment peiné de la considération qu'il ne pouvoit lui refuser, et qu'il étoit exact à n'outre-passer pas d'une ligne. Il ne lui avoit jamais pardonné son voyage de Hongrie. Les lettres interceptées qui lui avoient été écrites et qu'avoient perdu les écrivains, quoique fils de favoris, avoient allumé une haine dans Mme de Maintenon, et une indignation dans le roi, que rien n'avoit pu effacer. Les vertus, les talents, les agréments, la grande réputation que ce prince s'étoit acquise, l'amour général qu'il s'étoit concilié, lui étoient tournés en crimes. Le contraste de M. du Maine excitoit un dépit journalier dans ses gouvernants et dans son tendre père, qui lui échappoit malgré eux. Enfin la pureté de son sang, le seul qui ne fût point mêlé avec la bâtardise, étoit un autre démérite qui se faisoit sentir à tous moments. Jusqu'à ses amis étoient odieux, et le sentirent.

« Toutefois, malgré la crainte servile, les courtisans même aimoient à s'approcher de ce prince. On étoit flatté d'un accès familier auprès de lui ; le monde le plus important, le plus choisi, le couroit. Jusque dans le salon de Marly, il étoit environné des plus exquis. Il y tenoit des conversations charmantes sur tout ce qui se présentoit indifféremment : jeunes et vieux y trouvoient leur instruction et leur plaisir par l'agrément avec lequel il s'exprimoit sur chaque matière, par la netteté de sa mémoire, par son abondance sans être parleur. Ce n'est point un figure, c'est une vérité cent fois éprouvée, qu'on y oublioit l'heure du repas. Le roi le savoit, il en étoit piqué, quelquefois même il n'étoit pas fâché qu'on pût s'en apercevoir. Avec tout cela on ne pouvoit s'en déprendre ; la servitude si régnante jusque sur les moindres choses y échoua toujours.

« Jamais homme n'eut tant d'art caché sous une simplicité si naïve, sans quoi que ce soit affecté en rien. Tout en lui couloit de source. On n'ignoroit pas qu'il n'aimoit rien, ni ses autres défauts. On les lui passoit tous et on l'aimoit véritablement, quelquefois jusqu'à se le reprocher, toujours sans s'en corriger.

« Monseigneur, auprès duquel il avoit été élevé, conservoit pour lui autant de distinction qu'il en étoit capable, mais il n'en avoit pas moins pour M. de Vendôme, et l'intérieur de son cœur étoit partagé entre eux. Le roi porta toujours en tout M. de Vendôme; la rivalité étoit donc grande entre eux. On a vu quelques éclats de l'insolence du grand prince. Son aîné, plus sage, travailloit mieux en dessous. Son élévation rapide, à l'aide de la bâtardise de M. du Maine, surtout la préférence au commandement des armées, mit le comble entre eux, sans cependant rompre les bienséances.

« Mgr le duc de Bourgogne, élevé de mains favorables au prince de Conti, étoit en dehors fort mesuré avec lui; mais la liaison intérieure d'estime et d'amitié étoit intime et solidement établie. Ils avoient l'un et l'autre mêmes amis, mêmes jaloux, mêmes ennemis, et, sous un extérieur très-uni, l'union était parfaite.

« M. le duc d'Orléans et M. le prince de Conti n'avoient jamais pu compatir ensemble : l'extrême supériorité de rang avoit blessé par trop le prince du sang. M. le prince de Conti s'étoit laissé entraîner par les deux autres. Lui et M. le duc l'avoient traité un peu trop en petit garçon à sa première campagne, et à la seconde avec trop peu de déférence et de ménagement. La jalousie d'esprit, de savoir, de valeur, les écarta encore davantage. M. le duc d'Orléans, qui ne sut jamais se rassembler le monde, ne se put défaire du dépit de le voir bourdonner sans cesse autour du prince de Conti. Un amour domestique acheva de l'outrer. Conti charma une personne qui, sans être cruelle, ne fut jamais prise que par lui : c'est ce qui le tenoit sur la Pologne, et cet amour ne finit qu'avec lui. Il dura même longtemps après dans l'objet qui l'avoit fait naître, et peut-être y dure-t-il encore après tant d'années au fond d'un cœur qui n'a pas laissé de s'abandonner ailleurs. M. le Prince ne pouvoit s'empêcher d'aimer son gendre, qui lui rendoit de grands devoirs. Malgré de grandes raisons domestiques, son goût et son penchant l'entraînoient vers lui. Ce n'étoit pas sans nuages. L'estime venoit au secours du goût, et presque toujours ils triomphoient du dépit. Ce gendre étoit le cœur et toute la consolation de Mme la Princesse.

« Il vivoit avec une considération infinie pour sa femme, même avec amitié, non sans être souvent importuné de son humeur, de ses caprices, de ses jalousies. Il glissoit sur tout cela et n'étoit guère avec elle. Pour son fils, tout jeune qu'il étoit, il ne pouvoit le souffrir et le marquoit trop devant ses domestiques. Son discernement le lui présentoit par avance tel qu'il devoit être un jour. Il eût mieux aimé n'en avoir point, et le temps fit voir qu'il n'avoit pas tort, sauf pour continuer sa branche. Sa fille, morte duchesse de Bourbon, étoit toute sa tendresse; l'autre, il se contentoit de la bien traiter.

« Pour M. le Duc et lui, ils furent toujours le fléau l'un de l'autre, et d'autant plus fléau réciproque que la parité de l'âge et du rang, la proximité la plus étroite redoublée, tout avoit contribué à les faire vivre ensemble à l'armée, à la cour, presque toujours dans les mêmes lieux, quelquefois encore à Paris. Outre les causes les plus intimes, jamais deux hommes ne furent plus opposés. La jalousie dont M. le Duc fut transporté toute sa vie étoit une sorte de rage qu'il ne pouvoit cacher, de tous les genres d'applaudissements qui environnoient son beau-frère. Il en étoit d'autant plus piqué que le prince de Conti vouloit tout avec lui et l'accabloit de devoir et de prévenances. Il y avoit vingt ans qu'il n'avoit mis le pied chez Mme la Duchesse lorsqu'il mourut. Elle-même n'osa jamais envoyer savoir de ses nouvelles pendant sa longue maladie. Elle n'apprit qu'en cachette, le plus souvent par Mme la princesse de Conti sa sœur. Sa grossesse et sa couche de M. le comte de Clermont lui vinrent fort à propos pour cacher ce qu'elle auroit eu trop de peine à retenir. Cette princesse de Conti et son beau-frère vécurent toujours avec union, amitié et confiance. Elle entendit raison sur la Choin[1] que le prince de Conti courtisa comme les autres, et qu'il n'y avoit pas moyen de négliger.

[1] On sait que Mlle de Choin fut la Maintenon du grand Dauphin. Voir notre étude sur ce curieux personnage, in-8°, chez Techener, 1873.

« Avec M. du Maine il n'y avoit que la plus indispensable bienséance : pareillement avec la duchesse du Maine; peu de crainte d'ailleurs. M. le prince de Conti en savoit et en sentoit trop là-dessus pour ne pas s'accorder quelque liberté qui lui étoit d'autant plus douce qu'elle étoit applaudie.

« Quelque courtisan qu'il fût, il lui étoit difficile de se refuser toujours de toucher par l'endroit sensible, et qu'on n'osoit guère relever, le roi, qu'il n'avoit jamais pu se réconcilier, quelque soin, quelque humiliation, quelque art, quelque persévérance qu'il y eût constamment employés, et c'est de cette haine si implacable qu'il mourut à la fin, désespéré de ne pouvoir atteindre à quoi que ce fût, moins encore au commandement des armées, et d'être le seul prince sans charge, sans gouvernement, même sans régiment, tandis que les autres, et plus encore les bâtards, en étoient accablés.

« A bout de tout, il chercha à noyer son déplaisir dans le vin et dans d'autres amusements qui n'étoient plus de son âge et pour lesquels son corps étoit trop faible et que les plaisirs de sa jeunesse avoient déjà altéré. La goutte l'accabloit. Ainsi privé des plaisirs et livré aux douleurs du corps et de l'esprit, il se mina, et, pour comble d'amertume, il ne vit un retour glorieux et certain que pour le regretter.

« On a vu qu'il fut choisi pour commander en chef toutes les diverses troupes de la ligue d'Italie. Ce projet, qui ne fut jamais bien cimenté, n'y subsista pas même longtemps en idée. Chamillart, qui, trop gouverné, trop entêté, avec des lumières trop courtes, avoit le cœur droit et françois, alloit toujours au bien autant qu'il le voyoit, sentoit le désordre des affaires, les besoins pressants de la Flandre et se servit de ce premier retour forcé vers le prince de Conty sur l'Italie pour porter Mme de Maintenon, et le roi par elle, à sentir la nécessité de relever l'état si fâcheux de cette frontière et de l'armée qui la défendoit, par ce même prince dont la naissance même cédoit à sa réputation. Il l'emporta enfin et eut la permission de l'avertir qu'il étoit choisi pour commander l'armée de Flandre.

« Conti tressaillit de joie : il n'avoit jamais trop compté sur l'exécution de la ligue d'Italie; il en avoit vu le projet s'évanouir peu à peu. Il ne comptoit plus être de rien : il se laissa donc aller aux plus agréables espérances. Mais il n'étoit plus temps ; sa santé étoit désespérée : il le sentit bientôt, et ce tardif retour vers lui ne servit qu'à lui faire regretter davantage la vie. Il périt lentement dans le regret d'avoir été conduit à la mort par la disgrâce, et de ne pouvoir être ramené à la vie par ce retour inespéré du roi et par l'ouverture d'une brillante carrière.

« Il avoit été, contre l'ordinaire de ceux de son rang, extrêmement bien élevé ; il étoit fort instruit, Les désordres de sa vie n'avoient fait qu'offusquer ses connoissances sans les éteindre ; il n'avoit pas laissé de lire souvent de quoi les réveiller. »

Le prince mourut en effet très-chrétiennement, en se souvenant probablement des excellents conseils de sa pieuse mère. Il s'adressa au Père de la Tour pour l'aider dans ce redoutable moment, se résignant difficilement à mourir si jeune encore. Saint-Simon nous assure que pendant trois mois la foule assiégea son palais, que le populaire se rassemblait devant sa porte, et que les églises « retentissoient de prières et de vœux. Et il est arrivé plusieurs fois aux gens des princesses, sa femme et ses filles, d'aller d'église en église de leur part pour faire dire des messes, et de les trouver toutes retenues pour lui ». Un mieux se produisit un moment, mais pour faire place à une recrudescence qui amena une prompte fin. Le prince, dans les derniers jours de sa vie, reçut des visites fréquentes du duc de Bourgogne ; il vit aussi ses fils, assez souvent le duc de Bourbon « qui garda la bienséance », un peu le duc du Maine : tous les soirs quelques amis l'entouraient, et la princesse de Conti, sa belle-sœur, passait toutes ses nuits à son chevet. Dans les derniers jours cependant il ne voulut plus absolument voir que son confesseur Fleury, son ami et précepteur, « et deux ou trois gens de bien ». Il conserva sa présence d'esprit jusqu'à la dernière minute et mourut dans son fauteuil de la façon la plus sincèrement édifiante.

Saint-Simon constate l'universalité des regrets, mais il ajoute que le roi se sentit « soulagé », comme Mme de Maintenon ; le duc de Bourbon « infiniment davantage ». Louis XIV vint rendre visite le surlendemain à la princesse de Conti[1].

Le prince avait ordonné qu'on l'enterrât à l'église Saint-André-des-Arcs auprès de sa mère, sans aucune pompe. Mais le duc de Bourbon ne l'entendit pas ainsi, et les choses se passèrent au contraire avec le plus grand cérémonial, ce qui donna lieu à des discussions de préséance dont Saint-Simon raconte tous les détails. Les obsèques furent célébrées le 21 juin en présence d'une foule nombreuse : la vieille église était splendidement décorée : des inscriptions et des trophées rappelaient les faits d'armes du prince, et un « cabinet de livres » constatait les goûts lettrés du défunt. L'archevêque de Narbonne officia, et Massillon prononça l'oraison funèbre[2], qui fut un magnifique éloge et qui est certainement un des plus brillants morceaux de notre grand orateur catholique. Massillon le termine par ces dernières paroles du prince : « Si l'on pouvoit comprendre l'état où l'on se trouve dans ces

---

[1] Le prince eut sept enfants : quatre moururent au berceau. Louis-Armand, l'aîné (1695-1727), lui succéda comme prince de Conti et fut l'aïeul du dernier prince, mort en 1814 sans postérité. — Marie-Anne, mariée en 1713 au prince de Condé. — Louise-Adélaïde, Mademoiselle de La Roche-sur-Yon, morte sans alliance le 20 novembre 1750.

Le dernier prince de Conti a laissé deux fils qui furent légitimés par ordonnance royale du 17 novembre 1815. Un seul se maria et n'eut pas d'enfant de Mlle de Vertillac, veuve en 1840 et remariée au duc de Doudeauville.

[2] Cette oraison funèbre est un des rares écrits que Massillon fit imprimer lui-même : elle parut en 1709, chez Maizieres, à Paris.

moments, on verroit qu'il n'y a de ressources que dans la religion ! »

Le marquis de Lassay, qui fut un des amis les plus constants du prince, a fourni à Massillon les éléments de son discours, et tracé un portrait qui corobore complétement le jugement favorable de Saint-Simon quant aux bonnes qualités du prince, mais qui est évidemment beaucoup plus vrai quant à sa valeur personnelle, tout en étant passablement sévère.

« Je suis persuadé qu'il est à la place du monde qui lui convient le mieux, et, s'il en occupe quelque jour une plus considérable, il perdra la réputation et diminuera l'opinion qu'on a de lui ; car il est bien éloigné d'avoir les qualités nécessaires pour commander une armée ou pour commander un État : il ne connoît ni les hommes ni les affaires, et n'en juge jamais par lui-même ; il n'a point d'opinion qui lui soit propre; il ne sait point la vérité : on lui ôte ses sentiments et ses pensées, et souvent il n'a que celles qu'on lui a données qu'il s'approprie si bien, et qu'il explique avec tant de grâce et de netteté qu'il n'y a que les gens qui ont de bons yeux et qui l'approfondissent bien qui n'y soient pas trompés : on peut même dire qu'il les embellit. Il ne sait ni bien aimer ni bien haïr; les ressorts de son âme sont si hauts qu'ils en sont foibles ; ce défaut contribue encore à le rendre aimable; mais il est bien dangereux dans un homme qui remplit la première place. De plus, il est paresseux, il craint les affaires et il aime les plaisirs ; peut-être que de grands objets pourroient l'obliger à se vaincre là-dessus; mais on ne se donne ni la fermeté ni le discernement, et, quand ces deux choses manquent, quelque perfection qu'on ait d'ailleurs, on n'est pas un homme de premier ordre. »

IX.

CONTRAT DE MARIAGE

DU PRINCE ET DE LA PRINCESSE DE CONTI.

―――

« Furent présens en leurs personnes très-illustre Éminentissime Monseigneur Jule, cardinal Mazariny, stipulant en cette partie pour Mademoiselle Anne-Marie Martinozzi, sa nièce, et très-hault et très-puissant prince Monseigneur Armand de Bourbon, prince de Conty, prince du sang, pair de France, gouverneur et lieutenant général pour le roy en Champagne et Brie, d'une part, lesquels en présence et du consentement et vouloir de très-hault et très-puissant et très-excellent prince Louis, par la grâce de Dieu, roy de France et de Navarre ; et de très-haulte, très-puissante et excellente princesse Anne, par la même grâce de Dieu, reyne de France et de Navarre, mère de Sa Majesté, et en la présence de très-hault et très-puissant et illustre prince Monseigneur le duc d'Anjou, fils de France, frère unique de Sa Majesté ; de haulte et puissante dame Laurence de Clermont, veufve de hault et puissant seigneur messire Henry de Montmorency, duc, pair et connestable de France; de haulte et puissante dame Margueritte de Montmorency, duchesse douairière de Vantadour, et comte de la Voulte (*sic*) et chanoine de l'Église de Paris; de hault et puissant seigneur messire Anne de Lévy, archevêque et patriarche de Bourges, conseiller ordinaire du roy en son conseil d'Estat et privé; de hault et puissant seigneur, messire François-Christophle de Lévy, duc de Dampville, pair de France et ministre d'Estat; de haulte et puissante princesse dame Françoise de Nargonne, duchesse douairière d'Angoulême[1]; de hault et excellent prince Louis de Lorraine, duc de Joyeuse, pair et grand chambellan de France, collonel de la cavalerie légère; et de plusieurs autres princes et seigneurs, ont fait les accords et conventions de mariage qui s'ensuivent, c'est à sçavoir que mondit seigneur Armand de Bourbon, prince de Conty, a promis et promet de prendre à femme et légitime espouse ladite demoiselle de Martinozzi, laquelle de sa part et pareillement a promis et promet de prendre ledit prince de Conty pour son mary et légitime espoux, et respectivement faire et solenniser ledit mariage en face de nostre mère la

---

[1] Il se rapporte à Mme de Nargonne une bizarrerie assez peu connue : son tombeau existe encore dans l'église du bourg de Mont-Mort (Marne), et l'inscription constate que, veuve du fils de Charles IX et de Marie Touchet, elle mourut en 1719, c'est-à-dire *cent trente-neuf ans* après son royal beau-père. Le duc d'Angoulême avait en effet soixante-douze ans quand il se remaria avec elle et elle mourut à soixante-neuf ans.

sainte Église le plus tost qu'il se pourra faire, et qu'il plaira à Leurs Majestés; et pour d'autant plus faire voir le contentement que sadite Majesté a dudit mariage, comme aussi pour l'honneur que ledit seigneur et prince de Conty a de luy appartenir de sang et lignage, luy accorde et fait don en faveur d'iceluy de la somme de 150,000 livres, laquelle sera particullièrement affectée et hypothéquée par privilége spécial aux conventions matrimoniales qui s'ensuivent :

Seront les futurs espoux communs de tous biens, meubles et conquêts immeubles du jour de la bénédiction nuptialle, selon la coutume de la prévosté et vicomté de Paris, au désir de laquelle les articles et conventions dudit mariage seront réglés, encore qu'il fût faict acquisition ailleurs, desrogeant pour cet effet à tous droits et coutumes à ce contraires.

Et néanmoins lesdits futurs espoux ne seront tenus des debtes l'un de l'autre faictes, contractées auparavant la bénédiction nuptiale, mais sy aucune y a seront payées par celui qui en sera le débiteur sans que l'autre ni son bien en soient tenus.

En faveur duquel mariage le cardinal Mazariny, oncle de ladite demoiselle future espouse, voulant témoigner la singulière affection qu'il luy porte, fait don de la somme de 600,000 livres en deniers comptant dont il promet bailler aux futurs espoux 300,000 livres la veille des espousailles, et les autres

300,000 livres ès deux suivantes esgallement, de laquelle somme de 600,000 livres et le surplus montant à 400,000 livres, ensemble tout ce qui escherra à ladite demoiselle future espouse par succession, donnation ou autrement, tant meubles qu'immeubles, demeureront propres à ladite demoiselle future espouse et aux siens de son costé et lignée[1].

De laquelle somme de 600,000 livres, il en sera employé 400,000 en acquisition de terres qui sortiront nature de propre à ladite demoiselle future espouse et aux enfans qui naîtront dudit mariage, et à ceux du costé et lignée dudit cardinal, et à cette fin seront faites les déclarations nécessaires en faisant lesdites acquisitions.

Sera ladite demoiselle future espouse douée de

---

[1] Le cardinal donna en outre l'hôtel du comte de Brienne, sis quai Malaquais, — n° 11 actuel, — après l'avoir fait reconstruire. C'était un grand bâtiment à trois corps, dont deux en retour vers le quai, terminé par deux pavillons, reliés par une terrasse, d'ordre dorique, comme la grande porte ; il y avait deux étages. La princesse l'échangea vers 1669 avec M. de Guénégaud auquel elle céda en outre sa terre du Bouchet ; depuis il appartint au duc de Créquy, au duc de la Trémoille, au duc de Lauzun, à Mlle de la Roche-sur-Yon, à M. des Mazois ; il servit d'hôtel au ministre de la police sous le premier empire ; il a été démoli en 1840.

La princesse s'installa alors dans l'hôtel Guénégaud qui avait été rebâti par Mansard : la façade était alors perpendiculaire au quai avec une porte dorique très-remarquable ; une balustrade italienne ornait la façade du jardin, au fond duquel s'élevait le petit hôtel Conti, dû également à Mansard. Après le prince, cet hôtel appartint au grand prieur de Conti qui le vendit en 1751, pour 1,300,000 livres, à la ville ; l'hôtel servit alors de garde-meuble de la couronne. Le roi le fit reconstruire en 1768. La Monnaie y est actuellement installée.

20,000 livres de rente et revenu commun à jouir par sa main sur la terre et baronnie de Fère en Tardenois, le surplus fourny sur autres terres nobles appartenant à présent audit seigneur prince et qui lui appartiendront lors de son décès de proche en proche de douaire préfix par chacun an, en l'évaluation duquel revenu sera comprise sa part, mais ne seront compris les chasteau, jardins, basses-cours et colombier d'iceluy, dont ladite demoiselle future espouse jouira par droit d'habitation durant sa vie, et sera ledit chasteau meublé de meubles convenables à sa dignité jusqu'à la valeur de 15,000 livres; lesquels meubles lui demeureront en pleine propriété. Duquel douaire et habitation elle aura la jouissance du jour où il y aura ouverture dudit douaire sans qu'il soit besoing d'en faire demande en justice : et sera iceluy douaire propre aux enfans qui naîtront dudit mariage suivant la coutume de Paris, nonobstant toute coutume à ce contraire, auxquelles il est expressément dérogé.

Le survivant desdits espoux prendra préciput sur la communauté, sçavoir ledit seigneur-prince pour ses armes, chevaux et meubles, et ladite demoiselle pour ses bagues, joyaux et meubles jusques à la concurrence de la somme de 75,000 livres suivant la prisée de l'inventaire sans crue, ou bien ladite somme au choix du survivant, et outre aura ladite demoiselle future espouse, ses carrosses, littières, chevaux et mullets servant à son usage.

Sy devant le mariage sont vendus et aliénés

aucuns héritages ou rentes racheptées propres desdits futurs espoux, remploy en sera faict en autres héritages ou rentes qui sortiront de pareille nature de propre à celuy ou celle à qu'ils appartenoient, et aux siens de son costé. Et si les remploys n'en estoient faicts, les deniers seront repris sur les biens de la communauté avant part s'ils suffisent, sinon pour le regard de ladite demoiselle des siens de son costé et ligne sur le propre dudit seigneur prince : encore qu'elle eust consenty à l'alliénation de ses propres, lesquels deniers qui seront ainsi repris, et même l'action du remploy, sortiront nature de propres audit futur espoux et à ceux du costé et ligne dont ils procéderont.

Sera loisible à ladite demoiselle et aux enfans qui naistront dudit mariage d'accepter la communauté ou d'y renoncer, et en y renonçant reprendre franchement et quittement lesdites 600,000 livres ou les terres et rentes à quoy elles auront esté employées jusques à la concurrence de ce que l'employ en aura esté faict suivant le prix des contrats, et le surplus en deniers, ensemble tout ce qui sera advenu et eschu à ladite demoiselle pendant ledit mariage, tant en meubles qu'en immeubles par succession, donation ou autrement, même ladite demoiselle en cas de survie, ses douaires, préciputs, habitations et meubles, tels que dessus sans estre tenue d'aucune debte de la communauté encore qu'elle y eust partie et s'y fust obligée, dont elle et ses enfans seront acquités indemnes, il y aura hipothecque du jour du contrat de mariage. Et en cas que ladite demoiselle vienne à décéder sans enfans auparavant, ledit seigneur cardinal a esté accordé que ladite somme de 600,000 livres par luy donnée ou les terres et rentes qui seroient acquises d'icelle somme ainsy que dit est, retourneront audit seigneur cardinal franches et quittes de touttes charges et debtes et hipotecque sans que lesdits futurs espoux en puissent disposer au préjudice dudit retour ou reversion à la réserve de 100,000 livres qui demeureront audit futur espoux desdits 600,000 livres. Et pour faciliter la reprise des sommes et choses cy-dessus a esté accordé que ladite future espouse, ses enfans, ledit seigneur cardinal et héritiers, au cas de dissolution de mariage chacun à son esgard pour le droit et intérêts qu'il y pourra avoir, seront saisis à jouir par leur main des terres et biens appartenant audit futur espoux, sçavoir ladite future espouse et ses enfans jusqu'à la valeur de 30,000 livres, ledit seigneur cardinal de 25,000, et les héritiers de 20,000 de rente et revenu annuel qui sera déduit et précompté sur le proffit et intérest des sommes sujettes à répétition, sans que pour ladite jouissance la poursuite qui sera faite pour la répétition des sommes et choses cy-dessus puisse estre retardée, tant en principal qu'intérest, car ainsy les choses ont été convenues, accordées et stipulées entre les parties et traitants ledit mariage qui autrement n'auroit esté faict, nonobstant toutes coutumes, lois, ordonnances et touttes choses au contraire, à quoy il est de présent dérogé par tout qu'il appartiendra. Ont lesdites parties constitué leur procureur le porteur d'icelles auquel ils donnent pouvoir de faire tout ce qui sera requis de nécessaire. Faict et passé à Paris au chasteau du Louvre, en présence de Leurs Majestés et devant le conseiller du roy et ses conseils et secrétaire de ses commandements, le 21e jour du mois de febvrier 1654.

Signé: DE GUÉNEGAUD[1]. »

[1] Archiv. nationales, K, carton 608. Nous devons la connaissance de ce document à M. Boutaric, chef de section de ce dépôt.

TABLE.

	Pages
Dédicace à Mme la comtesse de Mercy-Argenteau, née Choiseul-Praslin...........................	v
Préface...........................	ix

Chap. I. — Naissance de Mlle Martinozzi. — Le prince de Conti. — Négociation de leur mariage. — L'abbé de Cosnac. — Le duc de Candale. — Mariage. — Vardes. — Ses tentatives galantes. — Colère du prince. — Le prince en Catalogne. — Lettres de la princesse. — Séjour à Sedan. — Le roi en devient amoureux. — Éclat à Péronne. — Jalousie du prince. — Il la fait partir de la cour. — Un accident retarde le départ. — Séjour à Montpellier. — Mort de Sarrasin. — Cosnac négocie à la cour pour le prince. — Esprit. — Le prince retourne à l'armée. — La princesse à la Grange. — Reprise de la correspondance. — Cosnac à la Grange. — Retour du prince (janvier 1654 — octobre 1655)............ 1

Chap. II. — Conversion du prince. — Le P. de Ciron. — Ses hésitations, ses angoisses. — Le prince accepte toutes ses conditions. — Il devient austère janséniste. — Résistance de la princesse. — Sa conversion. — Elle se brouille avec l'évêque de Valence. — Scène de jeu. — Lettres de la princesse. — Son amour semble augmenter pour son mari. — Lettres du prince. — Il rentre en France. — Nouvelles hésitations de la princesse. — Naissance d'un fils. — Travaux religieux du prince. — Mme de Longueville. — Sa liaison avec sa belle-sœur. — Leur ardeur janséniste. — L'abbé de la Vergne. — Mme de Mondonville. — Austérité du prince (octobre 1655 — octobre 1657).................. 71

Chap. III. — Réunion des deux époux. — Dévotion ardente du prince. — Ses œuvres religieuses. — Ses lettres au P. de Ciron. — La princesse tout à fait convertie. — Ils dirigent le parti janséniste. — L'abbé de la Vergne. — La duchesse de Longueville reprend son influence sur son frère. — Sa liaison avec sa belle-sœur. — Gouvernement du Languedoc. — L'Institut de Mme de Mondonville. — Lettres de la princesse au P. de Ciron. — Mgr d'Aleth. — La princesse vend ses pierreries. — Redoublement d'austérité du ménage. — M. de Villars. — Réserve publique de la princesse. — Faveur du roi pour elle. — Voyages en Languedoc. — Retraites. — Maladie du prince. — Il rompt avec Mgr d'Aleth et rentre dans l'Église catholique. — Sa mort. — Opinion de Mme de Sévigné. — Mécontentement de la princesse (novembre 1657 — février 1666)......................... 139

CHAP. IV. — La princesse reste dévouée au jansénisme. — Elle conserve cependant une grande modération. — Sentiments du roi et de la cour en sa faveur. — Le duc d'Orléans demande sa main. — Sa conduite exemplaire. — Sa liaison de plus en plus intime avec sa belle-sœur. — Le P. Bourdaloue. — Sa mort subite. — Son testament. — Mot de Mme de Sévigné. — Jugement de Massillon. — Opinion des contemporains. — Appréciation générale de sa vie............... 169

APPENDICE..................... 191

I. — Lettres de la princesse de Conti à l'abbé de la Vergne.... 193
II. — Éloge de la princesse de Conti, composé par un des écrivains de Port-Royal...................... 233
III. — Épitaphe de la princesse de Conti............. 253
IV. — Discours latin sur la mort de la princesse de Conti, adressé aux princes ses fils, par J.-B. Duboys, secrétaire du roi.... 261
V. — Discours sur la conversion du prince de Conti....... 269
    Discours sur les lettres de S. A. S. Armand de Bourbon, prince de Conti, et sur la double conversion de son cœur et de son esprit................. 271
VI. — Règlement pour la maison du prince de Conti....... 297
    Mémoire de monseigneur le prince de Conti touchant les choses qu'il vouloit estre observées dans sa famille et dans ses terres, tant à l'égard du christianisme que des affaires temporelles................ 299
VII. — Louis-Armand de Bourbon, prince de Conti (1661-1685). 319
VIII. — Ferdinand-Louis de Bourbon, prince de Roche-sur-Yon, puis prince de Conti (1664-1709)................ 331
X. — Contrat de mariage du prince et de la princesse de Conti.. 355

FIN DE LA TABLE.

A LA MÊME LIBRAIRIE

Barthélemy (Ed. de). *Les Filles du Régent.* 2 vol. in-8°. 10 fr.

La duchesse de Berry, l'abbesse de Chelles, la princesse de Modène, la reine d'Espagne, la princesse de Conti, Mlle de Beaujolais.

Luynes (duc de). *Mémoires sur la cour de Louis XV (1735-1758),* publiés par MM. L. Dussieux et Eud. Soulié. 17 vol. in-8°. 102 fr.

Ces Mémoires, écrits par Charles-Philippe d'Albert, duc de Luynes et de Chevreuse, pair de France, chevalier des ordres du roi, commencent à la fin de l'année 1735, au moment où la duchesse de Luynes vient d'être nommée dame d'honneur de la reine Marie Leczinska, et s'arrêtent au mois d'octobre 1758, quinze jours avant la mort de l'auteur.

Marais (Mathieu), avocat au parlement de Paris. *Journal et Mémoires sur la Régence et le Règne de Louis XV (1715-1737),* publiés par M. de Lescure. 4 vol. in-8°. 24 fr.

Marie-Antoinette, reine de France. *Sa Correspondance avec Marie-Thérèse,* accompagnée des rapports secrets adressés par M. le comte de Mercy-Argenteau à l'impératrice. Ouvrage publié par M. d'Arneth, directeur des archives impériales de Vienne, et M. Geoffroy, de l'Institut, professeur à la Faculté des lettres de Paris. Deuxième édition, 3 vol. in-8°. 30 fr.

Quelques centaines de lettres inédites de Marie-Thérèse à Mercy, accompagnant les rapports secrets de cet ambassadeur, viennent donner ici un commentaire tout nouveau à chaque ligne des lettres entre Marie-Antoinette et sa mère. C'est là pleine lumière sur la cour de Versailles, sur Louis XVI, sur les périls qui entouraient la reine, sur sa conduite et ses pensées de chaque jour, sur les inquiétudes et les pressentiments de Marie-Thérèse, et en même temps, par occasions fréquentes, sur les grandes affaires d'alors, sur le partage de la Pologne, sur la rivalité de l'Autriche avec la Prusse, sur le caractère de l'impératrice, sur celui de Joseph II. La grande histoire côtoie sans cesse dans ces pages l'anecdote, les portraits individuels, l'étude morale et le détail le plus intime.

Paris. — Typographie Firmin-Didot et Cie, rue Jacob, 56.

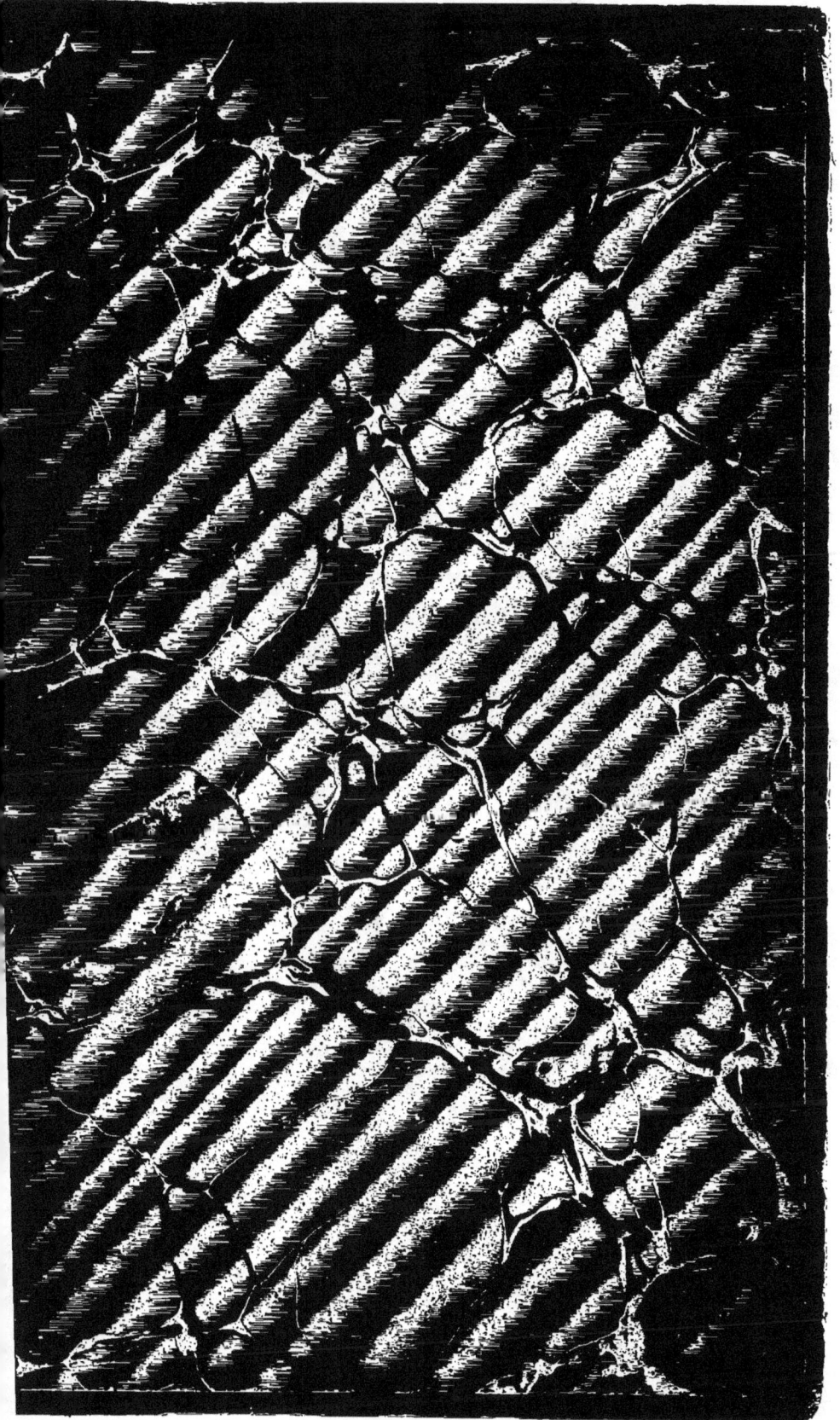

www.ingramcontent.com/pod-product-compliance
Lightning Source LLC
Chambersburg PA
CBHW050427170426
43201CB00008B/574